सुपर पर्सनैलिटी और अनलिमिटेड सफलता

सुपर पर्सनैलिटी और अनलिमिटेड सफलता

ममता मेहरोत्रा

www.prabhatbooks.com

प्रकाशक

प्रभात पेपरबैक्स

प्रभात प्रकाशन प्रा. लि. का उपक्रम

4/19 आसफ अली रोड, नई दिल्ली–110002

फोन : 23289777 • हेल्पलाइन नं. : 7827007777

इ–मेल : prabhatbooks@gmail.com ❖ वेब ठिकाना : www.prabhatbooks.com

संस्करण

प्रथम, 2021

मूल्य

दो सौ पचास रुपए

मुद्रक

आर–टेक ऑफसेट प्रिंटर्स, दिल्ली

———— ★ ————

SUPER PERSONALITY AUR UNLIMITED SAFALATA

by Smt. Mamta Mehrotra

Published by **PRABHAT PAPERBACKS**

An imprint of Prabhat Prakashan Pvt. Ltd.

4/19 Asaf Ali Road, New Delhi-110002

ISBN 978-93-90900-64-0

₹ 250.00

अपनी बात

जीवन में अभीष्ट सफलता के लिए व्यक्तित्व का सर्वांगीण विकास बेहद जरूरी है। ज्यादातर लोग व्यक्तित्व का अभिप्राय व्यक्ति के बाहरी पक्ष के आकर्षण से समझते हैं; लेकिन ऐसा नहीं है। व्यक्तित्व—बाहरी और भीतरी—सर्वांगोण विकास का नाम है। व्यक्तित्व-निर्माण का प्रश्न प्रत्येक व्यक्ति के लिए व्यक्तिगत सवाल है। इसका किसी दूसरे व्यक्ति से कोई संबंध नहीं है। दूसरा कोई भी व्यक्ति आपके मन तथा व्यक्तित्व को बलवान् एवं दृढ़ नहीं बना सकता। कोई भी व्यक्ति आपको दुर्बल से शक्ति-संपन्न, असफल से सफल और कुछ नहीं से सबकुछ नहीं बना सकता। आप स्वयं ही सबकुछ बन सकते हैं और आप में वह सब करने की शक्ति व सामर्थ्य मौजूद है।

व्यक्तित्व-विकास के प्रति निरंतर सजग रहकर आप सफलता व उपलब्धियों के क्षितिज पर अपने वर्चस्व के सुनहरे हस्ताक्षर दर्ज करा सकते हैं। व्यक्तित्व में श्रेष्ठता से आपका, आपके परिवार व संपर्क-क्षेत्र का तो भला होगा ही, आप और बेहतर सुंदर व सभ्य समाज निर्मित करने में अपना बेशकीमती योगदान देंगे। श्रेष्ठ और सक्षम मनुष्यों से भरी-पूरी दुनिया अनेक मायनों में स्वर्ग होगी।

क्रमशः व्यक्तित्व-विकास से क्रमशः सफलता की ओर ले जानेवाली एक उपयोगी पुस्तक।

—ममता मेहरोत्रा

अनुक्रम

1

सफल जीवन के आरंभिक सोपान

आप निश्चित ही जीवन में सफल बनना चाहते हैं तो सदैव सीखते रहें—यह एक महत्त्वपूर्ण सफलता का मंत्र है, जिसकी आप उपेक्षा नहीं कर सकते। अगर आप सर्वश्रेष्ठ निवेशक बनना चाहते हैं तो पढ़ें, कुछ कोर्स करें, कार्यशालाओं में भाग लें और निवेश के क्षेत्र में श्रेष्ठ उदाहरण प्रस्तुत करें। अपने उद्योग में शीर्षस्थ स्थान प्राप्त करने के लिए लगातार और निरंतर उन्नति करते रहना अत्यंत महत्त्वपूर्ण है।

अगर आप एक विफल व्यक्ति जैसा सोचते हैं तो आप वैसा ही व्यवहार करेंगे।

आपको विश्वास होना चाहिए कि आप अपने लक्ष्य प्राप्त कर सकते हैं और अपने सपने साकार कर सकते हैं। यदि आपको विश्वास नहीं है कि आप यह कर सकते हैं तो असंभव है कि आप सफलता का कोई भी मंत्र प्रयोग करके इसे हासिल कर सकें। आपको यह समझना होगा कि यदि आप किसी चीज में पक्का विश्वास रखते हैं तो आप अपनी सारी क्षमता उसमें झोंक देंगे और सफल होकर ही रहेंगे।

यदि आप निराश होते हैं, आपको लगेगा कि आप विफल हैं। यदि आप सोचते हैं कि आप विफल हो गए, आप निराश होंगे।

अतीत से मुक्त होने के लिए आपको पहले इनकार की अवस्था से बाहर आना होगा। पिछले दुःख का बोझ लेकर चलना अत्यधिक पीड़ादायक और निराशाजनक हो सकता है। बहुत से लोग हैं, जो पहले तो यह मानना ही नहीं चाहते कि उनका अतीत उन्हें डरा रहा है। वह इसे एक कल्पित कहानी

या कोई जालसाजी मानते हैं। अगर आप उन लोगों में से हैं तो पहले इस अस्वीकार्यता की मन:स्थिति से बाहर आएँ और इस तथ्य को स्वीकारें कि आपके लिए अतीत से छुटकारा पाना आवश्यक है।

अधिकारियों का आदर करें

उच्च पदों पर बैठे लोगों को आदर न देने से जीवन में अनेक मुश्किलें आ सकती हैं। इससे कोई फर्क नहीं पड़ता कि वह व्यक्ति आपका बॉस है, कोई पुलिस अधिकारी है या किसी विश्वविद्यालय का संकायाध्यक्ष (डीन) है। उच्च पदासीन लोगों को विशेष जिम्मेदारी का निर्वाह करना होता है और जिस हैसियत में वे आज हैं, वहाँ तक पहुँचने के लिए उन्होंने बहुधा कठिन परिश्रम किया होता है। उनके साथ शिष्टाचार एवं सम्मान पूर्ण व्यवहार किया जाना चाहिए। 'यस मैडम' और 'यस सर' सीख लें। इससे उनके मन में आपके बारे में अच्छी राय बनेगी।

उच्च पदों पर बैठे लोगों को आदर न देने से जीवन में अनेक मुश्किलें आ सकती हैं। इससे कोई फर्क नहीं पड़ता कि वह व्यक्ति आपका बॉस है, कोई पुलिस अधिकारी है या किसी विश्वविद्यालय का संकायाध्यक्ष (डीन) है।

अधीर न हों

बेचैनी और विफलता दिखानेवाली हरकतों से बचें और धीरे-धीरे उनसे पीछा छुड़ाएँ या इस आदत को बदलें, जैसे कि टाँग हिलाना या मेज पर तेजी से उँगलियाँ मारना। ऐसा करते हुए आप व्यग्र व आशंकित दिखेंगे और अधीरता उस समय रंग में भंग डाल सकती है, जब आप किसी का ध्यान खींचने या अपनी बात पहुँचाने की कोशिश करते हैं। यदि आप सब जगह हाथ-पाँव मार रहे हैं तो खुद को रोकें। तनाव-मुक्त होने, स्थिर होने और अपनी चेष्टाओं पर ध्यान केंद्रित करने का प्रयास करें।

अध्ययन करने की अच्छी आदतें सीखें

सार्थक अध्ययन करना एक विशिष्ट गुण है। जीवन का पूरा आनंद उठाते हुए जीनेवाले लोग जीवन भर सीखते रहते हैं। वे नई-नई बातों को सीखने से कभी रुकते नहीं हैं। प्रत्येक व्यक्ति को प्रभावकारी एवं कुशल ढंग से अध्ययन करना चाहिए तथा नई जानकारी हासिल करनी चाहिए। अध्ययन कैसे किया जाए और सफल होने के लिए वांछित ज्ञान किस तरह अर्जित किया जाए, यह समझ सहज रूप से नहीं आती है। इसके लिए शिक्षण आवश्यक है। अतः अध्ययन कला के किसी कोर्स में शामिल हो जाएँ या इस बारे में दूसरों से सुझाव लें कि आप अपने अध्ययन में किस प्रकार सुधार कर सकते हैं।

> *लोग बहुत गलत व्यवसाय चुन लेते हैं, क्योंकि उन्हें इस बात की जानकारी नहीं होती कि उन्होंने जिस विषय का अध्ययन किया है या कर रहे हैं, उसके दायरे में असंख्य व्यवसाय हैं। अकसर इसका नतीजा यह होता है कि व्यक्ति अनुपयुक्त रोजगार चुन लेता है और जल्दी ही उसका मन उचटने लगता है।*

अनुसंधान

लोग बहुत गलत व्यवसाय चुन लेते हैं, क्योंकि उन्हें इस बात की जानकारी नहीं होती कि उन्होंने जिस विषय का अध्ययन किया है या कर रहे हैं, उसके दायरे में असंख्य व्यवसाय हैं। अकसर इसका नतीजा यह होता है कि व्यक्ति अनुपयुक्त रोजगार चुन लेता है और जल्दी ही उसका मन उचटने लगता है। इसलिए यह बहुत जरूरी है कि आप जिस व्यवसाय में जाना चाहते हैं और जिस क्षेत्र में प्रवेश करना चाहते हैं, उसके बारे में ठीक तरह से छानबीन करने में समय लगाएँ। इस खोजबीन के दायरे में उन लोगों से आवश्यक जानकारी प्राप्त करने हेतु भेंटवार्त्ताओं को भी शामिल किया जाना चाहिए, जो वही काम कर रहे हैं, जिसे आप अपने जीवन-निर्वाह के लिए अपनाना चाहते हैं। इसके अलावा, वेबसाइट्स खोलकर देखें कि आपके चयनित क्षेत्र में लोगों ने क्या-क्या लिखा है और व्यापार संबंधी पत्रिकाएँ पढ़ें,

जिनमें आपके उद्योग में हो रही गतिविधियों के बारे में लेख छपते हैं।

अपनी आँखें जमीन पर न गड़ाएँ। इससे आपकी असुरक्षा और कुछ-कुछ खोए होने का भान हो सकता है। अपना सिर सीधा ऊँचा रखें। आपकी आँखें क्षितिज की ओर होनी चाहिए।

आध्यात्मिक आवश्यकताएँ

हम अपनी आध्यात्मिक अपेक्षाओं की उपेक्षा नहीं कर सकते और वास्तव में एक संतुष्ट व उद्‌देश्यपूर्ण जीवन जीने से मुँह नहीं मोड़ सकते। हमें इस बात का ज्ञान होना चाहिए कि हम सबसे ऊपर भी एक शक्ति है। अपने धर्म एवं अपनी आस्थाओं का हमें नियमित रूप से पालन करना चाहिए। जरूरी नहीं कि हम अपनी मान्यताओं का पालन बिल्कुल उसी विधि से करें; लेकिन हम अपने मनोनुकूल कोई उपाय खोज सकते हैं और उसकी तह तक जाने का प्रयास कर सकते हैं। एक विश्वस्त आध्यात्मिक जीवन आपके लिए अवश्य ही कल्याणकारी सिद्ध होगा।

> ***हम अपनी आध्यात्मिक अपेक्षाओं की उपेक्षा नहीं कर सकते और वास्तव में एक संतुष्ट व उद्‌देश्यपूर्ण जीवन जीने से मुँह नहीं मोड़ सकते। हमें इस बात का ज्ञान होना चाहिए कि हम सबसे ऊपर भी एक शक्ति है।***

अपनी क्षमताओं को पहचानें

एक के बाद एक अध्ययन से पता चलता है कि अपनी क्षमताओं का पूरा-पूरा उपयोग करना ही सफलता की कुंजी है। इसके साथ ही उन कार्यों से बचकर रहना भी अत्यावश्यक है, जो आपकी कमजोरियों को उजागर करते हैं। लोगों की प्रवृत्ति होती है कि वे कमजोरियों को क्षमताओं में बदलने की भूल करने लगते हैं। वे प्रयास व्यर्थ हैं। आपको अपना समय अपना सामर्थ्य, अपनी शक्तियों को बढ़ाने और उनका उपयोग करने में लगाना चाहिए, जो

आपकी आभ्यंतरिक सक्षमता का आधार हैं।

अपनी दीवानगी का पीछा करें और वही करें, जो आपको पसंद है। यह सफलता के महत्त्वपूर्ण मंत्रों में से एक है। यदि आप प्रोत्साहन और ऊर्जा का असीमित स्रोत पाना चाहते हैं तो आपको वही करना चाहिए, जो करना आपको पसंद है। जब आप अपनी रुचि का कुछ कर रहे होते हैं, आप अपनी आंतरिक ऊर्जा स्रोत का उपयोग करेंगे और पूरे समय प्रोत्साहित अनुभव करेंगे।

आपने शायद यह बात पहले भी सुनी होगी कि आपको अपनी बाँहें आड़ी नहीं करनो चाहिए, क्योंकि इससे आपके असुरक्षित होने या बचाव की मुद्रा में होने का संकेत मिलता है। यही बात आपकी टाँगों के संबंध में भी सही है। अपने बाजुओं और टाँगों को खुला रखें।

आपने शायद यह बात पहले भी सुनी होगी कि आपको अपनी बाँहें आड़ी नहीं करनी चाहिए, क्योंकि इससे आपके असुरक्षित होने या बचाव की मुद्रा में होने का संकेत मिलता है। यही बात आपकी टाँगों के संबंध में भी सही है। अपने बाजुओं और टाँगों को खुला रखें।

अपनी बुरी आदतों की सूची बनाएँ और उनसे छुटकारा पाने की कोशिश करें।

अपनी योजना बनाएँ

अपनी योजना बनाने का अत्यंत महत्त्वपूर्ण लाभ यह होता है कि इससे आपको उस दिशा का बोध हो जाता है, जिसमें बढ़ते हुए आप अपने लक्ष्यों तक पहुँच सकते हैं। जहाँ तक वास्तविक जीवन में जीविका विषयक योजना का संबंध है, हम उन्हीं मार्गों को चुनते हैं, जो हम समझते हैं कि वे हमें हमारी मंजिल तक ले जाएँगे। लेकिन हमें उन नए रास्तों पर चलने के लिए भी अपना मन खुला रखना चाहिए, जो हमारी यात्रा के दौरान सामने आ सकते हैं। एक योजना बनाकर चलना जितना जरूरी है, उतना ही उस योजना का लचीला होना भी आवश्यक है। इससे यह होगा कि संभावनाओं का पूरा टोकरा आपके सामने होगा, जिसमें से आप उपयुक्त विकल्प चुन

सकेंगे और अपने सही गंतव्य पर आसानी से पहुँच सकेंगे।

अपनी समस्याओं को रचनात्मक ढंग से हल करें। इनके कारण मित्रों के साथ अपने संबंधों को बिगड़ने न दें।

अपने उत्साह को मनोवांछित दिशा दें

जोश, उत्साह व उमंग के बारे में बहुत कुछ लिखा गया है। अपने दिल की मानें; वही करें, जो आपको अच्छा लगे आदि-आदि। यह पूर्णतया सच है। यहाँ मुख्य बात यह है कि अपनी उमंगों को सही मार्ग पर डालने में देरी न करें; हालाँकि आप जो करना चाहते हैं, उसकी शुरुआत करने के लिए कभी यह नहीं कहा जा सकता कि अब बहुत देर हो गई है। युवाओं के लिए अलग एवं अनेक अवसर हैं। युवा होने का लाभ उठाएँ। आपको जिस कार्य से बहुत लगाव है, उसे अपनाने में देरी करना व्यर्थ है। हर किसी में उत्साह होता है, लेकिन हर कोई अपनी उमंगों को सही दिशा नहीं दे पाता। उपयुक्त उत्साह और प्रतिभा उस फूल की कली के समान है, जो अपने पूरे सौंदर्य और भव्यता के साथ खिल नहीं पाती। जब तक आप अपनी उमंगों को किसी कार्य में लगाते रहते हैं, जिस कार्य के लिए आपको पैसा मिलता है या नहीं मिलता, तब तक आप उस कार्य में प्रशिक्षित होते रहते हैं, ताकि आपकी जीविका का महत्त्व बढ़ सके या उसे एक वैकल्पिक जीविका में बदला जा सके।

> ***जोश, उत्साह व उमंग के बारे में बहुत कुछ लिखा गया है। अपने दिल की मानें; वही करें, जो आपको अच्छा लगे आदि-आदि। यह पूर्णतया सच है। यहाँ मुख्य बात यह है कि अपनी उमंगों को सही मार्ग पर डालने में देरी न करें।***

यदि आप तनाव महसूस करते हैं तो यह तनाव आपके कंधों में चला जाता है और वे ऊपर उठ जाते हैं तथा कुछ बाहर निकलने लगते हैं। शिथिल होने की कोशिश करें। कंधों को थोड़ा आगे-पीछे हिलाएँ और ढीला छोड़ने की कोशिश करें।

अपनी ऊर्जा को बिखेरें नहीं। धीरूभाई अंबानी ऐसे ही एक व्यक्ति थे, उन्होंने अपनी संपूर्ण शक्ति रिलायंस को अपने व्यवसाय के क्षेत्रों में विश्व स्तर पर सबसे आगे रखने में लगा दी। टाइगर वुड्स के बारे में आप क्या सोचते हैं? वह अपनी शक्ति सिर्फ गोल्फ में लगाता है, न कि बास्केट बॉल या बेसबॉल में अथवा दोनों में एक साथ। आपको अपनी दिशा में ध्यान केंद्रित करना सीखना चाहिए।

मूल्य निर्धारित करें

सीधी-सी बात कि आपके लिए क्या महत्त्वपूर्ण है? क्या आप आजादी को महत्त्व देते हैं? क्या आपको स्वायत्तता पसंद है? या किसी टीम का एक सदस्य बनकर काम करना अच्छा लगता है? क्या एक ढाँचे में रहकर आप काम करना पसंद करते हैं या उसके बिना? एक साथ घंटों तक काम करना या निर्बंध कार्य-समय? क्या आप एक निश्चित वेतनवाला काम करना पसंद करते हैं या कोई ऐसा काम, जो आपके जीवन को महत्त्व दे? ये सभी बड़े जोखिम भरे सवाल हैं, जिनके उत्तर आपको अवश्य देने चाहिए; क्योंकि वे आपकी अल्पकालिक और दीर्घकालिक खुशी—दोनों को प्रभावित करेंगे। लोग अकसर इन सवालों के जवाब तब अधिक विश्वास एवं निश्चय के साथ दे पाते हैं, जब उन्हें विभिन्न कार्यों से संबंधित वातावरण एवं स्थितियों का अनुभव हो जाता है।

सीधी-सी बात कि आपके लिए क्या महत्त्वपूर्ण है? क्या आप आजादी को महत्त्व देते हैं? क्या आपको स्वायत्तता पसंद है? या किसी टीम का एक सदस्य बनकर काम करना अच्छा लगता है? क्या एक ढाँचे में रहकर आप काम करना पसंद करते हैं या उसके बिना?

बेचैनी में अपने हाथ मलने और अपना चेहरा खसोटने के बजाय अपने हाथों का उपयोग वह सब सूचित करने के लिए करें, जो आप कहने की कोशिश कर रहे हैं। अपने हाथों का उपयोग किसी वस्तु का वर्णन करने या उस विषय पर जोर देने के लिए करें, जो आप व्यक्त या सिद्ध करना चाहते

हैं; लेकिन हाथों का बहुत अधिक उपयोग न करें, अन्यथा परेशानी उत्पन्न हो सकती है। अपने हाथों को मुगदर जैसा घुमाएँ नहीं, कुछ संयम से उनका प्रयोग करें।

कुछ अभ्यास

एक पुस्तक लें और किसी एक पैराग्राफ में छपे शब्दों की गिनती करें। दोबारा गिनें, ताकि आपको विश्वास हो जाए कि आपने उनकी सही गणना की है। एक पैरे से शुरू करें और जब आसान लगने लगे तो पूरे पृष्ठ में शब्दों की गणना करें। यह गणना पृष्ठ पर दृष्टि रखते हुए मन-ही-मन करें—प्रत्येक शब्द पर अपनी उँगली रखे बिना।

> ***एक पुस्तक लें और किसी एक पैराग्राफ में छपे शब्दों की गिनती करें। दोबारा गिनें, ताकि आपको विश्वास हो जाए कि आपने उनकी सही गणना की है। एक पैरे से शुरू करें और जब आसान लगने लगे तो पूरे पृष्ठ में शब्दों की गणना करें।***

यह अभ्यास मन में कोई भी विचार लाए बिना कम-से-कम 5 मिनट तक अवश्य करें। यह अभ्यास ठीक से किया जाए तो आप में इतनी क्षमता आ जाएगी कि अपने विचारों को आप चुप करा सकें। समय के साथ-साथ यह अधिक आसान हो जाएगा।

कोई प्रेरक शब्द चुनें या सिर्फ एक सरल ध्वनि और उसे करीब 5 मिनट तक चुपचाप मन में दोहराएँ। जब आपका मन अधिक सहजता से एकाग्र होने लगे तो निर्विघ्न एकाग्रता का अभ्यास 10 मिनट तक करें।

कोई एक फल लें—सेब, संतरा, केला या कोई भी अन्य फल। उसे अपने हाथों में रखकर सभी तरफ से परखें, जबकि आपका सारा ध्यान फल पर ही लगा रहे। उसे जाँचते-परखते समय अपने मन में इस तरह के असंगत विचार न आने दें, जैसे कि आपने उसे किस दुकान से खरीदा, उसे कहाँ और किस तरह उगाया जाता है, उसमें पोषक तत्त्वों की मात्रा कितनी होगी इत्यादि।

उन विचारों को अनदेखा करते हुए शांत बने रहें और उसमें रुचि न लें। सिर्फ फल को देखें। किसी अन्य विषय के बारे में न सोचते हुए फल पर ही ध्यान लगाए रखें और उसके आकार-प्रकार, उसकी गंध, उसके स्वाद को परखें तथा यह भी देखें कि उसे छूने और पकड़ने से किस तरह की अनुभूति होती है।

अगले अभ्यास में आपको फल देखने के बजाय फल की कल्पना करनी है। आरंभ में फल पर दृष्टि डालें और दो मिनट तक उसे परखें। आँखें बंद कर लें और अपनी कल्पना में उस फल को देखने, सूँघने, चखने और छूने की कोशिश करें। फल को एकदम स्पष्ट और उसी रूप में देखने का प्रयास करें। अगर कल्पना में फल की छवि धुँधला जाती है तो आँखें खोल लें। कुछ क्षण के लिए फल को देखें और फिर अपनी आँखें बंद करके अभ्यास जारी रखें। यदि आप ऐसी कल्पना करें कि फल आपने हाथों में पकड़ रखा है, जैसा पिछले अभ्यास में था, या किसी मेज पर खड़े होकर फल की कल्पना करें तो सुविधा हो सकती है।

अगले अभ्यास में आपको फल देखने के बजाय फल की कल्पना करनी है। आरंभ में फल पर दृष्टि डालें और दो मिनट तक उसे परखें। आँखें बंद कर लें और अपनी कल्पना में उस फल को देखने, सूँघने, चखने और छूने की कोशिश करें।

कोई एक छोटी व साधारण वस्तु लें, जैसे कि एक चम्मच, एक काँटा या एक गिलास। इनमें से किसी एक वस्तु पर ध्यान केंद्रित करें। वस्तु को चारों तरफ से अच्छी तरह देखें—शब्दों में अभिव्यक्त किए बिना, अर्थात् आपके मन में कोई शब्द नहीं होने चाहिए। सिर्फ वस्तु को देखें, उसके बारे में कुछ शब्द न सोचें।

उपर्युक्त अभ्यासों में पारंगत हो जाने के बाद आप यह अभ्यास कर सकते हैं। ज्यामिति से संबंधित कोई छोटी आकृति बनाएँ, जैसे कि कोई त्रिभुज, कोई समकोण या कोई वृत्त। अपनी इच्छा से उसमें कोई भी रंग भर लें और फिर उस पर ध्यान केंद्रित करें। आपको सिर्फ वह आकृति देखनी

है, उसके अलावा कुछ नहीं। आपके लिए सिर्फ वह आकृति मौजूद है। ऐसा कोई विचार या विकर्ष आपके मन में नहीं होना चाहिए, जिसका उससे कोई संबंध नहीं है। अभ्यास के दौरान शब्दों के साथ सोचने का प्रयास न करें। आपके सामने जो आकृति है, बस, वही देखें। अपनी आँखों को थकाएँ नहीं।

ये अभ्यास एकाग्रता को बढ़ाते हैं, जिससे आपकी कार्य-क्षमता में निखार आता है।

अगर आप यह जताना चाहते हैं कि कोई जो कुछ कह रहा है, उसमें आपकी रुचि है तो बात करनेवाले व्यक्ति की ओर झुकें। अगर आप यह दिखाना चाहते हैं कि आपको अपने में विश्वास है और आपको कोई चिंता नहीं है तो थोड़ा पीछे टेक लें; लेकिन आगे की ओर इतना भी न झुकें कि ऐसा प्रतीत हो जैसे आप बहुत जरूरतमंद हैं और कुछ स्वीकृति पाने के लिए उतावले हो रहे हैं। अथवा इतने भी पीठ की ओर न झुक जाएँ कि ऐसा लगे कि आप दंभी हैं और चल रही बातचीत में आपकी कोई रुचि नहीं है।

कुल मिलाकर अपना व्यवहार सकारात्मक, खुला और तनाव-मुक्त रखें। आप जैसा अनुभव करेंगे, वैसा ही आपकी दैहिक भाषा से प्रकट होगा और उससे आप में एक बड़ा बदलाव आ सकता है।

□

2

बेहतर इनसान : बेहतर व्यक्तित्व

आज की दुनिया में किसके पास इतना समय है कि वह स्वयं पर ध्यान दे सके। हमें तो निश्चित समय तक काम पूरा करना होता है, लक्ष्य प्राप्त करने होते हैं। फिर भी, यह बहुत आवश्यक है कि आप यदा-कदा समय निकालकर अपनी भी जाँच-परख करें। ऐसा करके आप खुद पर नियंत्रण रख सकेंगे और इस प्रक्रिया में आप निश्चय ही एक बेहतर इनसान बन जाएँगे।

बेहतर इनसान

आप अत्यधिक व्यस्त रहते हैं या कुछ आलसी हो गए हैं या आप वास्तव में मित्रता स्थापित करने के लिए समय नहीं निकालते हैं, जिसकी बुनियाद रखी जा चुकी है।

आप असुरक्षित महसूस कर सकते हैं। आप स्वयं को यह विश्वास दिलाना चाहेंगे कि आपके नए मित्र वास्तव में आपको पसंद नहीं करते हैं और इस कल्पित तिरस्कार के प्रत्युत्तर में आप उनसे संपर्क करना छोड़ देते हैं।

आप एक स्थिर गति वाले दृढ़ निश्चयी व्यक्ति हैं। आप जानते हैं कि भावनाएँ स्वाभाविक होती हैं और आप उन्हें ग्रहण करते हैं, लेकिन आप उन्हें नियंत्रण में रखते हैं और अपने ऊपर हावी नहीं होने देते।

आप खतरों के खिलाड़ी हैं और खतरों से खेलना आपको अच्छा लगता है। इसका एक उदाहरण यह है कि आप कोई भी ऐसा काम हाथ में ले लेते

हैं, जिसे करने का अनुभव आपको बहुत कम या कतई नहीं है और उसे आप एक चुनौती समझकर लेते हैं।

आप पुनः संकोचग्रस्त हो सकते हैं और यह संकोच इतना घना हो सकता है कि आप उनको बुलाने एवं कार्यक्रम बनाने की बात सोचना ही छोड़ दें।

आप प्रोत्साहित हैं। आप में इतनी इच्छा-शक्ति है कि आप जुटे रहेंगे और कभी हिम्मत नहीं हारेंगे, भले ही आप अनेक बार विफल हो चुके हों। आप अपने लक्ष्य से अपनी दृष्टि नहीं हटाते हैं।

आप प्रोत्साहित हैं। आप में इतनी इच्छा-शक्ति है कि आप जुटे रहेंगे और कभी हिम्मत नहीं हारेंगे, भले ही आप अनेक बार विफल हो चुके हों। आप अपने लक्ष्य से अपनी दृष्टि नहीं हटाते हैं।

आप बहुत सकारात्मक हैं। आप नकारात्मक विचारों को अपने पास फटकने नहीं देते हैं। आप जीवन में इस सोच को लेकर चलते हैं कि गिलास आधा खाली नहीं, बल्कि आधा भरा हुआ है।

आपको ठीक पता होता है कि आपके सपने क्या हैं और एक दिन आप कहाँ पहुँचना चाहते हैं या आज आप वहीं हैं।

आपके जीवन का मंत्र होना चाहिए—चलते रहो। खुद को अपने अतीत का मारा हुआ समझना छोड़ दें। आत्मदया का शिकार बनने और सारा दिन रोने-पीटने में बिताने के बजाय पिछले अनुभव से सीख लें और पहले से अधिक ताकतवर बनकर निकलें। तब आप भविष्य का सामना कर सकेंगे और अपने व्यक्तित्व को एक अलग रंग दे सकेंगे।

आपको अपनी आरामगाह से बाहर निकलना, नए लोगों से मिलना और उन नई चीजों को अनुभव करना अच्छा लगता है, जिनकी जीवन में भरमार है। आप बहुत ऊर्जावान् हैं और बहुत कुछ करना चाहते हैं।

आपको अपनी क्षमता का ज्ञान है। आप जानते हैं कि वास्तव में आप किस कार्य में सिद्धहस्त हैं और उसे दूसरों के सामने सिद्ध कर सकते हैं—

अपना प्रभुत्व दरशाने के लिए। आप अपनी कमजोरियों को स्वीकार कर सकते हैं और क्षमताओं पर ध्यान केंद्रित कर सकते हैं।

जो चाहिए, उसी के बारे में सोचें

सफल व्यक्ति और साधारण व्यक्ति के बीच मुख्य अंतर यह है कि सफल व्यक्ति हर समय उसी के बारे में सोचता है, जो उसे चाहिए। जब आप अपने अभीष्ट के बारे में सोचते रहते हैं, आपके मस्तिष्क की पेशियाँ सुदृढ़ होती हैं और आप अपनी दिशा पर ध्यान लगाए रहते हैं।

उन लोगों के लिए अतीत की दुःखद यादों से पीछा छुड़ाना बहुत मुश्किल हो सकता है, जो सामान्यतः अपनी भावनाओं के बारे में चुप रहते हैं और उन्हें अपने मन में दबाए रहते हैं। आनको चाहिए कि आप अपने मन का गुबार बाहर निकालें, चीख-चिल्लाकर अपने दिल पर पड़ा बोझ हटाएँ, अन्यथा यह निश्चित है कि विषाद रूपी राक्षस आपको पाँव तले दबाकर रखेंगे। दूसरे के साथ अपना दुःख बाँटने से मन हलका हो जाएगा और आप हलका महसूस करेंगे। कौन जानता है, मन में भरा सारा विषाद उगल देने से आप अपने दुःखदायी अतीत को भूल जाएँ!

उन लोगों के लिए अतीत की दुःखद यादों से पीछा छुड़ाना बहुत मुश्किल हो सकता है, जो सामान्यतः अपनी भावनाओं के बारे में चुप रहते हैं और उन्हें अपने मन में दबाए रहते हैं। आपको चाहिए कि आप अपने मन का गुबार बाहर निकालें, चीख-चिल्लाकर अपने दिल पर पड़ा बोझ हटाएँ, अन्यथा यह निश्चित है कि विषाद रूपी राक्षस आपको पाँव तले दबाकर रखेंगे।

एक स्पष्ट एवं निश्चित लक्ष्य निर्धारित करें, ताकि आप अपनी दिशा को फोकस में रख सकें। अगर आपको स्पष्ट पता नहीं है कि आप किस दिशा में जा रहे हैं तो आपके लिए अपनी मंजिल पाना असंभव होगा। यह गाड़ी चलाने

जैसा है। आपको इस बात का ज्ञान होना आवश्यक है कि आपको जाना कहाँ है, ताकि आप सीधे उसी दिशा में जाएँ और पेट्रोल व समय नष्ट न हो।

कभी निराश न हों, हार न मानें

आप चाहे कुछ भी करें, आपको कभी हिम्मत नहीं हारनी चाहिए। अगर आप प्रत्येक सफल व्यक्ति की जीवनी पढ़ें तो आपको पता लग जाएगा कि कभी आशा न छोड़ना उनकी सफलता का एक मंत्र रहा। अगर आप हार मान लेंगे तो सफल होने के उद्‌देश्य से आपके द्वारा खर्च की गई सारी शक्ति और पहले किया गया सारा प्रयास विफल हो जाएगा। अतः अपने निश्चय पर अटल रहें और कभी आशा न छोड़ें, भले ही स्थिति कितनी भी कठिन हो जाए।

जीतनेवाले कभी मैदान नहीं छोड़ते और छोड़कर जानेवाले कभी जीतते नहीं हैं। यह एक प्रसिद्ध उद्धरण है और यह निश्चित रूप से सच है। जीवन में किसी भी प्रकार की सफलता का आनंद उठाने के लिए अध्यवसाय, अर्थात् दृढ़ता की आवश्यकता होती है।

जीतनेवाले कभी मैदान नहीं छोड़ते और छोड़कर जानेवाले कभी जीतते नहीं हैं। यह एक प्रसिद्ध उद्धरण है और यह निश्चित रूप से सच है। जीवन में किसी भी प्रकार की सफलता का आनंद उठाने के लिए अध्यवसाय, अर्थात् दृढ़ता की आवश्यकता होती है। जब कोई काम कठिन लगने लगता है, तब कर्मठ लोग आगे आते हैं। दृढ़ता एक आदत है। इस आदत को किसी भी अन्य आदत की तरह विकसित किया जा सकता है।

कुछ अनुभव प्राप्त करें

सरल भाषा में कहें तो अनुभव का कोई विकल्प नहीं है। आप जितना अधिक और जितनी जल्दी अनुभव प्राप्त कर सकें, उतना ही अधिक आपके लिए अच्छा होगा। प्रशिक्षणाधीन कार्य करना दोनों के लिए लाभप्रद होता

है—आपके लिए और भावी नियोक्ता के लिए भी; क्योंकि उन्हें आपकी मेहनत के लिए कुछ देना नहीं पड़ता है और आपको महत्त्वपूर्ण अनुभव प्राप्त होता है। इस अनुभव के बिना आप जिस भी व्यवसाय और उद्योग में काम करना चाहते हैं, उस उद्योग की कड़वी सच्चाइयों के बारे में अवास्तविक नहीं तो आदर्शवादी अवश्य बने रहते हैं। अनुभव प्राप्त करने से आप अपने हितों एवं लक्ष्यों का समर्थन कर सकेंगे या उनका दिशांतरण कर सकेंगे। जब तक आपको पूर्णकालिक रोजगार न मिले, तब तक काम की तंगी को देखते हुए प्रशिक्षणार्धन कार्य करते रहना ही श्रेष्ठ होगा।

अगर आप बैठे या खड़े हुए अपने हाथ-पाँव फैलाने के लिए कुछ जगह लेने में संकोच नहीं करते हैं तो इसमें आपका आत्मविश्वास झलकता है और यह भी पता चलता है कि आप चैन से जी रहे हैं।

कुछ लोग एक वक्तव्य विशेष को दोहराते रहते हैं और यह उनके स्वभाव का एक हिस्सा बन जाता है। किसी कथन को आप अधिक-से-अधिक दो बार दोहरा सकते हैं; लेकिन अगर आप उसे अधिक बार दोहराते हैं तो उसका बुरा असर पड़ता है।

अगर आप बैठे या खड़े हुए अपने हाथ-पाँव फैलाने के लिए कुछ जगह लेने में संकोच नहीं करते हैं तो इसमें आपका आत्मविश्वास झलकता है और यह भी पता चलता है कि आप चैन से जी रहे हैं। कुछ लोग एक वक्तव्य विशेष को दोहराते रहते हैं और यह उनके स्वभाव का एक हिस्सा बन जाता है।

कृतज्ञ होना सीखें

दूसरों के पास जो कुछ है, उसे देखकर ईर्ष्या करना बहुत आसान है। दूसरे के पाले की घास वैसे भी अधिक हरी दिखाई देती है। कृतज्ञता सीखना अत्यंत महत्त्वपूर्ण है। उन चीजों के बारे में सोच-विचार करना सीखें, जिनके लिए आपको आभार मानना चाहिए।

लक्ष्य दोष-दर्शी साथी खोजें

नेटवर्किंग का महत्त्व सब जानते हैं, लेकिन हर किसी को लक्ष्य दोष-दर्शी साथियों के महत्त्व की जानकारी नहीं होती है। पहली बात तो यह है कि अगर आपका कोई लक्ष्य (कोई योजना, जिसे आप जीवन में हर चीज से ऊपर रखते हैं) नहीं है, तब आपको किसी लक्ष्य दोष-दर्शी साथी की आवश्यकता नहीं है। लक्ष्य दोष-दर्शी साथी वे होते हैं, जिनके साथ हम महत्त्वपूर्ण संबंध बना लेते हैं। उनमें परामर्शदाता भी होते हैं और उनका समर्थन भी शामिल रहता है।

सोचें—

- क्या आप अपने परिवार के सदस्यों के साथ वैसा ही व्यवहार करते हैं, जैसा अपने मास्टर या अपने बॉस से करते हैं?
- क्या आप इस बात का ध्यान रखते हैं कि आपके कारण किसी को ठेस न लगे?
- क्या आप उनकी भावनाओं का ध्यान रखते हैं, जो आपसे छोटे हैं?
- क्या आप किसी ऐसी स्थिति में भी मजाक कर सकते हैं, जब आप जानते हों कि इससे किसी दूसरे की भावनाओं को ठेस लग सकती है?
- क्या आपको पता है कि अंततः वैयक्तिक वार्त्तालाप से अनेक समस्याएँ सुलझ सकती हैं? स्वयं से बातचीत करें और अपने अंदर की आवाज सुनें। अपने आपको बताते रहें कि आप एक दमदार व्यक्ति हैं। आप उस व्यक्ति जैसे नहीं हैं, जो कष्टप्रद स्मृतियों के दलदल में फँसकर रह जाता है।

चूँकि अब आपने स्थिति से समझौता कर लिया है, अतः यह जान लें कि आप अतीत को बदल नहीं सकते। हममें से बहुत लोग पीछे जाना चाहते हैं और अतीत को मिटा देना चाहते हैं। आपको यह समझने की जरूरत है कि जो हो चुका है, उसे अब बदला नहीं जा सकता। आप सिर्फ इतना कर सकते

हैं कि हालात के बारे में अपना नजरिया बदलें, अर्थात् उनके बारे में सोचने और अनुभव करने का तरीका बदलें।

जब कभी कोई व्यक्ति आपके लिए कोई उपहार लाए तो उसकी प्रशंसा करना न भूलें। यह न जताएँ कि आप किसी और चीज की आशा कर रहे थे।

जब बात कर रहे हों तो सिर हिलाकर सहमति प्रदान करें। कभी-कभी सिर हिलाकर संकेत दें कि आप सुन रहे हैं; लेकिन ऐसा बार-बार न करें और कठफोड़वा जिस तरह चोंच मारता है, कुछ-कुछ उसी तरह का इशारा करें। ढीले-ढाले होकर नहीं, बल्कि सीधे होकर बैठें; लेकिन शांत व संयत ढंग से बैठें, बहुत अधिक तनकर नहीं।

जब बात कर रहे हों तो सिर हिलाकर सहमति प्रदान करें। कभी-कभी सिर हिलाकर संकेत दें कि आप सुन रहे हैं; लेकिन ऐसा बार-बार न करें और कठफोड़वा जिस तरह चोंच मारता है, कुछ-कुछ उसी तरह का इशारा करें। ढीले-ढाले होकर नहीं, बल्कि सीधे होकर बैठें; लेकिन शांत व संयत ढंग से बैठें, बहुत अधिक तनकर नहीं।

थोड़ा धीमे चलें

यह बात बहुत चीजों पर लागू होती है। धीमी गति से चलने से आप न केवल शांत एवं आत्मविश्वासपूर्ण दिखते हैं, बल्कि ऐसा भी महसूस करते हैं कि आप कम दबाव में हैं। अगर कोई आपको संबोधित करता है तो एकदम अपनी गरदन उसकी दिशा में न घुमाएँ, बल्कि उस तरफ थोड़ा धीरे मुड़कर देखें।

दूसरों के बारे में कुछ भी कहते समय सावधानी बरतें, क्योंकि दूसरे लोग भी भिन्न-भिन्न समय और भिन्न-भिन्न स्थानों पर हमारे बारे में वैसी ही बातें कहेंगे और इस तरह हमारे संबंध में लोगों की एक राय बनाएँगे।

दृष्टि-संपर्क, घूरना नहीं

अगर आप कई लोगों से बात कर रहे हों तो सभी की ओर देखें, ताकि

आपके और उनके बीच बेहतर संपर्क बन सके और आपको भान हो सके कि वे आपकी बात सुन रहे हैं। बहुत अधिक आँख मिलाने का नतीजा यह हो सकता है कि लोग खिसकने लग जाएँ। बिल्कुल भी दृष्टि-संपर्क न करने का यह अर्थ निकाला जा सकता है कि आप आशंकित हैं। अगर आपको दृष्टि-संपर्क बनाए रखने की आदत नहीं है तो शुरू-शुरू में यह थोड़ा मुश्किल या डरावना लग सकता है; लेकिन अभ्यास करते रहें और जल्दी ही आपको इसकी आदत पड़ जाएगी।

एक अच्छा पाठक बनना एक कुशलता है, जो प्रायः अच्छे विद्यार्थियों को उनसे अलग करती है, जो संघर्ष कर रहे हैं। अच्छा पाठक बनने के लिए पढ़ने की आदत डालनी पड़ती है। आप जितना अधिक पढ़ते हैं और पढ़ाए जाते हैं, उतने ही बेहतर होते जाते हैं। पठन के अनेक लाभ हैं। इससे आपका शब्द-भंडार बढ़ता है, कल्पना का विस्तार होता है और रचनात्मकता को बढ़ावा मिलता है। पठन-पाटन को एक नित्यचर्या बनाएँ।

नियमित पाठक बनें

एक अच्छा पाठक बनना एक कुशलता है, जो प्रायः अच्छे विद्यार्थियों को उनसे अलग करती है, जो संघर्ष कर रहे हैं। अच्छा पाठक बनने के लिए पढ़ने की आदत डालनी पड़ती है। आप जितना अधिक पढ़ते हैं और पढ़ाए जाते हैं, उतने ही बेहतर होते जाते हैं। पठन के अनेक लाभ हैं। इससे आपका शब्द-भंडार बढ़ता है, कल्पना का विस्तार होता है और रचनात्मकता को बढ़ावा मिलता है। पठन-पाठन को एक नित्यचर्या बनाएँ।

पर्यावरण का सम्मान करें

अपने पर्यावरण को स्वच्छ रखें। पर्यावरण का एक अच्छा खिदमतगार बनने का सिद्धांत वास्तव में उतना नया नहीं है। समझदार माता-पिता युगों-युगों से अपने बच्चों को इन सिद्धांतों की सीख देते आ रहे हैं। हमारे पास एक

यही संसार है और अपना अस्तित्व बनाए रखने के लिए हम इस पर निर्भर करते हैं। हर व्यक्ति का कर्तव्य है कि इसकी रक्षा करने में वह अपना भरपूर योगदान दे। अब उन आदतों को विकसित करें, जो आपको जीवन भर के लिए एक अच्छा पर्यावरणीय नागरिक बनाने में सहायक होंगी।

प्रेम इस दुनिया में सबसे बड़ा जादू है। प्रेम की मदद से आप सबकुछ कर सकते हैं। अपने व्यक्तित्व को सुधारने के लिए इस कला को अपनाएँ।

प्रतिबिंबित करना

अकसर जब आप किसी व्यक्ति के साथ संबंध निभाते हैं, तब आप दोनों एक अच्छा संबंध बना लेते हैं। आप अनजाने में एक-दूसरे को प्रतिबिंबित करना शुरू कर देंगे। इसका मतलब है कि आप दूसरे व्यक्ति के हाव-भाव को कुछ हद तक प्रतिबिंबित करने लगते हैं। संबंध बेहतर बनाने के उद्देश्य से आप उसके अनुकूल क्रिया करते हैं। अगर वह आगे झुकता है, तब आप भी आगे की ओर झुक सकते हैं। अगर वह अपना हाथ अपनी जंघाओं पर रखता है, आप भी वैसा ही कर सकते हैं। लेकिन तुरंत प्रतिक्रिया न दें और दैहिक भाषा में हर परिवर्तन की नकल न करें। तब वह सनक में बदल जाएगी।

अकसर जब आप किसी व्यक्ति के साथ संबंध निभाते हैं, तब आप दोनों एक अच्छा संबंध बना लेते हैं। आप अनजाने में एक-दूसरे को प्रतिबिंबित करना शुरू कर देंगे। इसका मतलब है कि आप दूसरे व्यक्ति के हाव-भाव को कुछ हद तक प्रतिबिंबित करने लगते हैं। संबंध बेहतर बनाने के उद्देश्य से आप उसके अनुकूल क्रिया करते हैं।

प्रत्येक व्यक्ति को दूसरों के साथ तालमेल बिठाने की क्षमता विकसित करनी चाहिए, क्योंकि मनुष्य बुनियादी रूप से एक सामाजिक प्राणी है। इसलिए वह अकेले रहकर जीवित नहीं रह सकता है।

हमने व्यवहार से अनेक बातें सीखी हैं, जिनमें से एक बात यह है कि बहुत करीब से बात करनेवाले से हर कोई दूर हट जाता है। लोगों को अपनी

जगह में रहने दें। उसमें दखल न दें। बार-बार चेहरे पर हाथ न फेरें। ऐसा करने से दूसरों की नजर में आप आशंकित लगेंगे और श्रोताओं या बातचीत में संलग्न लोगों का इससे ध्यान भंग हो सकता है।

माँग लें, आपको जो चाहिए

आप जो भी चाहते हैं, उसे माँगने की आदत डालें, अन्यथा कैसे प्राप्त करेंगे? आसान-सी बात है। यह कोशिश करके देखें। अगर आप माता या पिता हैं तो अपने बच्चों को सिखाएँ कि उन्हें जो चीज चाहिए, वे दूसरों से माँग सकते हैं। यह वास्तव में ऐसा व्यवहार है, जो आप चाहेंगे कि स्वाभाविक रूप से आए। इससे आत्मविश्वास और स्वाभिमान का निर्माण होगा, जो आपके बच्चों के हमेशा काम आएगा।

आप जो भी चाहते हैं, उसे माँगने की आदत डालें, अन्यथा कैसे प्राप्त करेंगे? आसान-सी बात है। यह कोशिश करके देखें। अगर आप माता या पिता हैं तो अपने बच्चों को सिखाएँ कि उन्हें जो चीज चाहिए, वे दूसरों से माँग सकते हैं। यह वास्तव में ऐसा व्यवहार है, जो आप चाहेंगे कि स्वाभाविक रूप से आए। इससे आत्मविश्वास और स्वाभिमान का निर्माण होगा, जो आपके बच्चों के हमेशा काम आएगा।

मुसकराएँ और हँसें

हलके-फुलके मिजाज में रहें। बहुत गंभीरता न ओढ़ें। खुद को थोड़ा ढीला छोड़ें, मुसकराएँ और जब कोई व्यक्ति कुछ मनोरंजक बात करे तो थोड़ा हँसें भी। अगर लोगों को ऐसा महसूस होगा कि आप एक सकारात्मक व्यक्ति हैं तो वे आपकी बात सुनने के लिए बहुत उत्सुक रहेंगे; लेकिन अपने परिहास पर पहले खुद ही हँसने न लग जाएँ। उससे यह प्रतीत होगा कि आप घबराए हुए हैं और गरीब व जरूरतमंद हैं। जब आपको किसी से परिचित कराया जाए तो चेहरे पर मुसकराहट लाएँ, लेकिन जबरन चिपकाई हुई मुसकान लेकर न घूमें। उससे

लगेगा कि आप भरोसा करने योग्य नहीं हैं।

यदि आप जीवन में प्रगति करना चाहते हैं तो अपने चरित्र की विशेषताओं का ईमानदारी से विश्लेषण करें।

लोगों की बात नम्रतापूर्वक सुनें, भले ही उनके विचार निराधार या आपकी रुचि के अनुकूल न हों। अपने व्यक्तित्व को विकसित करने का यह बड़ा उपाय है।

लोगों को कठिनाई या विपत्ति में देखकर उनकी हँसी न उड़ाएँ, अन्यथा आप एक क्षण में अपना व्यक्तित्व खो देंगे।

वे लोग, जिनके साथ बहुत बुरा हुआ है, अधिकतर ऐसी अवस्था में पहुँच जाते हैं, जिसमें उनका आत्मविश्वास हिल जाता है और आत्मनिर्भरता डगमगा जाती है। अगर आप भी इसी तरह की स्थिति से गुजर रहे हों तो अपना ध्यान अपने सकारात्मक गुणों की ओर मोड़ने का प्रयास करें। उन सभी अच्छे गुणों के बारे में सोचें, जो आपके पास हैं। तब आप बेहतर महसूस करेंगे और अतीत के खँडहरों से सहज ही बाहर निकल सकेंगे।

वे लोग, जिनके साथ बहुत बुरा हुआ है, अधिकतर ऐसी अवस्था में पहुँच जाते हैं, जिसमें उनका आत्मविश्वास हिल जाता है और आत्मनिर्भरता डगमगा जाती है। अगर आप भी इसी तरह की स्थिति से गुजर रहे हों तो अपना ध्यान अपने सकारात्मक गुणों की ओर मोड़ने का प्रयास करें।

□

3

मानसिक दृष्टिकोण में सुधार

व्यक्ति का वास्तविक आकर्षण उसकी शक्ल-सूरत में नहीं, बल्कि उसके अच्छे कार्य एवं सद्गुणों में झलकता है। इसलिए हमें अपने व्यक्तित्व का विकास करने के लिए अपने मानसिक दृष्टिकोण में सुधार करना चाहिए।

वह कार्य क्यों करें, जिसे आप सही ढंग से या मन लगाकर नहीं कर सकते? हमें ऐसी आदत डालनी चाहिए कि हम प्रत्येक कार्य में जी-जान से जुट जाएँ। हम जो कुछ भी करें, उसमें हमारी कसौटी श्रेष्ठ होनी चाहिए। हम सिर्फ थोड़ा-थोड़ा करके उस स्तर को नहीं छू सकते। अगर हम ऐसा करते हैं तो हमें अपने काम से वे नतीजे नहीं मिलेंगे, जो उत्कृष्टता के करीब हों। श्रेष्ठ होने का शिक्षण प्राप्त करने से आप में वे आदतें आ जाएँगी, जो आपको सफलता के पथ पर आगे ले जाने में सहायक सिद्ध होंगी।

हमेशा सच बोलें

सच अकसर उजागर हो जाता है, भले ही हम चाहें या न चाहें। झूठ बोलने से स्थिति और जटिल हो जाती है तथा हम दूसरों की निगाह में बुरे बन जाते हैं। अनेक घोटालों के कारण बहुत से राजनेताओं को इसलिए मुश्किलों का सामना करना पड़ता है, क्योंकि वे सच को स्वीकार करने में संकोच करते हैं। सच बोलने की आदत बना लेना बहुत बेहतर है, हालाँकि यह कठिन कार्य है। सच बोलने की आदत जीवन में आपको बहुत सारी मनोव्यथाओं और विपत्तियों से बचा लेगी।

समय सब ठीक कर देता है

स्वयं को समय दें और देखें कि किस तरह आपके जीवन से काले बादल छँटने लगते हैं। इस आपाधापी वाली जीवन-शैली में किसी के पास भी अपने दिल व दिमाग को देने के लिए कोई समय नहीं है। नतीजा, टकराकर वापस उसी दशा में पहुँच जाना। इससे हमें और भी अधिक कष्ट मिलता है।

अगर आप सफल होना चाहते हैं तो समय पर पहुँचने का महत्त्व समझें। लोग हमेशा यह ध्यान रखते हैं कि कौन देरी से आया है। इससे यह भी संकेत मिलता है कि क्या आपका वही मतलब है, जो आप कहते हैं और क्या आपकी बात पर विश्वास किया जा सकता है? इसके बारे में लोगों के मन में संदेह उत्पन्न न होने दें, क्योंकि निर्धारित समय निकल जाने के बाद पहुँचने से संदेह उत्पन्न होना स्वाभाविक है। अभी से समय की पाबंदी की आदत डाल लें, फिर कोई चिंता नहीं होगी।

समय-सूची बनाएँ और उसका पालन करें। हमें जीवन में व्यवस्था और नियमचर्या की आवश्यकता होती है। हमारा शरीर भी वही चाहता है। एक नियमित समय-सारणी के अनुसार हमारा शरीर बहुत अच्छा काम करता है। हम हर दिन लगभग एक ही समय पर खाते और सोते हैं।

समय-सूची बनाएँ और उसका पालन करें। हमें जीवन में व्यवस्था और नियमचर्या की आवश्यकता होती है। हमारा शरीर भी वही चाहता है। एक नियमित समय-सारणी के अनुसार हमारा शरीर बहुत अच्छा काम करता है। हम हर दिन लगभग एक ही समय पर खाते और सोते हैं। जो व्यक्ति इस तरह की एक सही दिनचर्या बना लेता है, सारी जिंदगी उसी पर चलता है और ऐसा करने से उसे काम करने की अच्छी आदतें डालने में मदद मिलती है। एक ऐसी समय-सारणी खोजें, जो आपके लिए उपयुक्त हो और उससे बँधे रहें।

स्वच्छता से रहना सीखें

सफलता की खातिर आप वास्तव में अच्छे कपड़े पहन सकते हैं। दिन में दो बार दाँत साफ करना और नियमित रूप से हाथ धोना उन अच्छी आदतों में शामिल है, जो आपको न केवल स्वस्थ बनाए रखने में सहायक हैं, बल्कि साफ-सुथरा रहने से व्यक्तित्व में भी चमक आती है। व्यक्तित्व का पहला प्रभाव धाक जमानेवाला होता है और यह प्रभाव अधिकतर व्यक्ति के स्वरूप से उत्पन्न होता है। वह दिखता कैसा है, यह बात बहुत महत्त्व रखती है। मानें या न मानें, लेकिन यह सच है। आज ही यह सुनिश्चित करने की शुरुआत करें कि आप स्थायी रूप से अच्छा प्रभाव जमाने के लिए वह सब करेंगे, जो अनिवार्य एवं वांछनीय है।

सफलता की खातिर आप वास्तव में अच्छे कपड़े पहन सकते हैं। दिन में दो बार दाँत साफ करना और नियमित रूप से हाथ धोना उन अच्छी आदतों में शामिल है, जो आपको न केवल स्वस्थ बनाए रखने में सहायक हैं, बल्कि साफ-सुथरा रहने से व्यक्तित्व में भी चमक आती है।

स्वर्णिम नियम

दूसरों के लिए करें—वह सिद्धांत है, जिस पर हम सबको चलना चाहिए। उन संघर्षों और विपत्तियों के बारे में सोचें, जिन्हें टाला जा सकता था, अगर लोगों ने अपने सभी संबंधों में इस स्वर्णिम नियम को लागू किया होता। अगर हम इसे एक आदत में ढाल लें तो हमें जीवन में बहुत अधिक सफलता प्राप्त होगी। सभी जातियों और धर्मों के लोगों का सम्मान करना संपूर्णता का जीवन जीने का प्रमाणक है।

हमारे व्यक्तित्व में सकारात्मक मनोवृत्ति बहुत महत्त्व रखती है। संकीर्ण मानसिकतावालों को कोई पसंद नहीं करता है। जीवन में उसी व्यक्ति को सुशील समझा जाता है, जिसकी मानसिकता सकारात्मक एवं स्वस्थ होती है। हमें न केवल अपने रहन-सहन का स्तर ऊँचा करना चाहिए, बल्कि दूसरों

का जीवन-स्तर उठाने में उनकी सहायता करनी चाहिए। दूसरों से प्रेमपूर्वक पेश आएँ और उनके प्रति अच्छा व्यवहार रखें। ऐसा करके आप दूसरों में हीन-भावना दूर करने की कोशिश कर सकते हैं।

हार में भी अपना मनोबल ऊँचा रखें और विजयी होने पर अधिक शिष्टतापूर्ण व्यवहार करें।

अपने तमाम सपनों (अभिलाषाओं) को लिखना होगा। इसके लिए आप एक नोट बुक लें और उसमें सारे सपनों को, चाहे वे छोटे हों या बड़े, काल्पनिक हों या असंभव, लिख लें। इस नोट बुक में आप उन सपनों से संबंधित तसवीरें भी लगा सकते हैं। यह नोट बुक आपके सपनों की किताब होगी, जिसको आप नियमित रूप से दिन में दो बार—सुबह एवं रात्रि में सोने से पहले अवश्य देखें।

अत्यधिक सफल लोगों में सामान्य बोध होता है और वे अपने दैनिक क्रिया-कलापों एवं संबंधों में हमेशा सामान्य समझदारी का प्रयोग करते हैं। सामान्य बोध से हमारा तात्पर्य केवल यह है कि व्यक्ति में इतनी समझ होनी चाहिए कि उसे कब और क्या करना है।

अत्यधिक सफल लोगों में सामान्य बोध होता है और वे अपने दैनिक क्रिया-कलापों एवं संबंधों में हमेशा सामान्य समझदारी का प्रयोग करते हैं। सामान्य बोध से हमारा तात्पर्य केवल यह है कि व्यक्ति में इतनी समझ होनी चाहिए कि उसे कब और क्य करना है। जब कोई सहज बुद्धि से काम करता है तो स्वाभाविक है कि उसने सही ढंग से काम किया होगा और इससे यह भी स्पष्ट हो जाता है कि उसने उन परिस्थितियों के अनुसार उपयुक्त कदम उठाए होंगे, जिन परिस्थितियों ने उसे ऐसा करने के लिए उकसाया। यह विशेष ज्ञान मुख्यत: अनुभव से प्राप्त होता है और जीवन में दैनिक क्रिया-कलापों से। सफल व्यक्ति जीवन से ही सीखते हैं, भले ही इसके लिए उन्हें कुछ अधिक मेहनत करनी पड़े, क्योंकि वे अच्छी तरह जानते हैं कि वास्तविक ज्ञान उन घटनाओं को समझने में है, जो उनके आसपास घट रही

हैं और इसके साथ ही यह समझ भी होनी चाहिए कि उनसे किस तरह सही ढंग से निपटा जाए।

चमत्कारिक अंकों वाली तकनीक

स्मृति रूपी कला के विकास का प्रथम महत्त्वपूर्ण पहलू सूक्ष्म अवलोकन करना है। आप अपने मस्तिष्क में जो भी ज्ञान अर्जित करना चाहते हैं, सबसे पहले उसका अच्छी तरह से अवलोकन कीजिए, उसे अपने मस्तिष्क में धारण कीजिए। जैसे जब आप चल रहे होते हैं तो दूरी एवं गणनाओं का अनुमान लगाने की शक्ति को प्रशिक्षित कीजिए कि किसी भी स्थान, घर, दफ्तर या वृक्ष इत्यादि तक पहुँचने में आपको कितने कदम चलना पड़ा।

चमत्कारिक अंकोंवाली यह तकनीक अत्यंत साधारण-सी है, जो वस्तुओं की सूची याद करने की श्रेष्ठ व आसान विधि है, जिसके द्वारा आप अपनी स्मृति को अधिक कार्यशील बना सकते हैं। इसके अंतर्गत आप अंकों के आकार से मिलती-जुलती वस्तुओं को चुनते हैं तथा जो भी वस्तु आपको स्मरण करनी है, उससे मिलती-जुलती संख्याओं का सम्मिलन व साहचर्य करते हैं। इससे आप उस सूची को हू-ब-हू याद कर सकते हैं।

स्मृति रूपी कला के विकास का प्रथम महत्त्वपूर्ण पहलू सूक्ष्म अवलोकन करना है। आप अपने मस्तिष्क में जो भी ज्ञान अर्जित करना चाहते हैं, सबसे पहले उसका अच्छी तरह से अवलोकन कीजिए, उसे अपने मस्तिष्क में धारण कीजिए। जैसे जब आप चल रहे होते हैं तो दूरी एवं गणनाओं का अनुमान लगाने की शक्ति को प्रशिक्षित कीजिए कि किसी भी स्थान, घर, दफ्तर या वृक्ष इत्यादि तक पहुँचने में आपको कितने कदम चलना पड़ा। अपने कदमों को गिनकर जाँच कीजिए। अपने नेत्रों को बंद करके विभिन्न वस्तुओं को छूकर यह महसूस करें कि वे किस पदार्थ की बनी हैं। उनकी विशेषताओं को पहचानने की

कोशिश कीजिए। दैनिक उपयोग में प्रयुक्त होनेवाली अपनी वस्तुओं, जैसे—पुस्तकें, कॉपियों, पेन, चश्मा, स्कूटर इत्यादि की चाबी के वजन का अनुमान लगाइए। ये कुछ अभ्यास निरंतर करते रहें।

आत्मविश्वासी लोग

अत्यधिक सफल लोग अपने बारे में और अपनी क्षमताओं के बारे में बहुत ऊँची राय रखते हैं। वे जोखिम उठाने और कठिन निर्णय लेने में डरते नहीं हैं। आत्मविश्वास वह इच्छा-शक्ति है, जिसके कारण व्यक्ति किसी भी स्थिति में न तो भय खाता है और न ही हिचकिचाता है। यह आत्मविश्वास समय के साथ-साथ अभ्यास द्वारा विकसित किया जा सकता है।

अत्यधिक सफल लोग अपने बारे में और अपनी क्षमताओं के बारे में बहुत ऊँची राय रखते हैं। वे जोखिम उठाने और कठिन निर्णय लेने में डरते नहीं हैं। आत्मविश्वास वह इच्छा-शक्ति है, जिसके कारण व्यक्ति किसी भी स्थिति में न तो भय खाता है और न ही हिचकिचाता है।

वे सृजनशील अर्थात् रचनात्मक होते हैं। सृजनशीलता का अर्थ है—अपनी बोध क्षमताओं (अनुभूतियों) का उपयोग करना और पुरानी समस्याओं के नए समाधान प्रस्तुत करना, कार्यों को नए ढंग से कराना या सामान्य घटनाक्रम के प्रति एक पूर्णतया भिन्न दृष्टिकोण अपनाना। अत्यधिक सफल व्यक्ति सदैव रचनात्मक चिंतन द्वारा अपने परिवेश की उन जरूरतों को पूरा करने का हल तलाशते हैं, जिनका उन्हें एहसास होता है।

उनमें दूसरों का नेतृत्व करने की योग्यता होती है। अत्यंत सफल लोगों में दूसरों का नेतृत्व करने की करिश्माई योग्यता होती है और वे दूसरों से कोई भी काम सहज ही करा लेते हैं। वे अपनी टीम के हर सदस्य को समझते हैं और उन्हें साथ लेकर चलना जानते हैं।

वे विनम्र होते हैं। अत्यधिक सफल लोग बिल्कुल भी अहंकारी नहीं होते

हैं। वे अपने आसपास के हर व्यक्ति को उचित सम्मान देते हैं। वे लोगों की भावनाओं को ठेस पहुँचाए बिना सबको साथ लेकर चलना जानते हैं। अपनी विनम्रता के बावजूद उन्हें कायरता और सादगी के बीच दूरी रखना बखूबी आता है।

उनकी सोच सकारात्मक होती है। लोगों को जहाँ समस्याएँ नजर आती हैं, वहाँ वे हमेशा अवसर देखते हैं और उनके आसपास की जरूरतों पर दृष्टि रखते हैं तथा उन जरूरतों का हल खोजने के बारे में निरंतर विचारमग्न रहते हैं। वे हमेशा जीवन के उज्ज्वल पक्ष को देखते हैं और जो लोग उनकी तरह नहीं देख पाते, उनका नजरिया बदलने में मदद करते हैं। वे सदैव आत्म-प्रेरित रहते हैं।

उनकी सोच सकारात्मक होती है। लोगों को जहाँ समस्याएँ नजर आती हैं, वहाँ वे हमेशा अवसर देखते हैं और उनके आसपास की जरूरतों पर दृष्टि रखते हैं तथा उन जरूरतों का हल खोजने के बारे में निरंतर विचारमग्न रहते हैं। वे हमेशा जीवन के उज्ज्वल पक्ष को देखते हैं और जो लोग उनकी तरह नहीं देख पाते, उनका नजरिया बदलने में मदद करते हैं।

वे टाल-मटोल नहीं करते। जहाँ तुरंत और निर्णायक कारवाई करने की आवश्यकता होती है, वहाँ वे अनावश्यक रूप से विलंब करने की कोशिश नहीं करते हैं। विलंब करना उनकी आदत में नहीं होता है। वे अपनी योजनाओं को निर्धारित समयानुसार आरंभ कर देते हैं और उसके लिए उन्हें किसी मुहूर्त की प्रतीक्षा नहीं करनी पड़ती है, क्योंकि एकदम सही समय निर्धारित करना हमेशा आसान नहीं होता।

शौक : बड़े काम की चीज

अगर कोई शौक पाले हुए हैं तो वैसा ही शौक रखनेवालों के साथ आपका उठना-बैठना हो सकता है या जिस समुदाय से आपका संबंध है, उस समुदाय के लोगों की गतिविधियों में भाग लेकर आप अपना दायरा बढ़ा

सकते हैं, बशर्ते कि आपके अंदर भी वैसा ही कुछ करने की भावना हो। अधिकतर लोग उस व्यक्ति के पास खिंचे चले जाते हैं, जो उन्हें हँसा सकता है। अपने हास्य-बोध का इस्तेमाल आपसी संबंधों को मजबूत करनेवाली क्षमताओं में वृद्धि करने के लिए कारगर उपाय के रूप में करें।

अपना वचन निभाएँ। अगर आप अपने ग्राहक को बताते हैं कि वांछित वस्तु सप्ताह के अंत तक स्टॉक में आ जाएगी तो सुनिश्चित करें कि ऐसा ही हो। लेकिन वायदे कम करें और सोच-समझकर करें। ऐसा कोई वायदा न करें, जिसे पूरा न किया जा सके।

अपना वचन निभाएँ। अगर आप अपने ग्राहक को बताते हैं कि वांछित वस्तु सप्ताह के अंत तक स्टॉक में आ जाएगी तो सुनिश्चित करें कि ऐसा ही हो। लेकिन वायदे कम करें और सोच-समझकर करें। ऐसा कोई वायदा न करें, जिसे पूरा न किया जा सके।

आप क्या कहते हैं और किस तरह कहते हैं, उस पर पूरा ध्यान दें। आपकी दैहिक भाषा और आपकी आवाज का स्वर दगा दे जाएगा। बोलने से पहले सोचें और गलतफहमी पैदा करने या भावनाओं को चोट पहुँचाने से बचें। एक कारगर मध्यस्थ बनें और मतभेदों को हल करने की कोशिश करें। इस तरह का नेतृत्व सँभालने पर आपको अपने आसपास के लोगों से आदर और सराहना मिलेगी।

कोई भी उस व्यक्ति के आसपास फटकना नहीं चाहता है, जो हमेशा उदास और चिड़चिड़ा रहता है। काम और जीवन के बारे में सकारात्मक व हँसमुख रवैया बनाकर रखें। प्राय: हँसने-मुसकराने का अभ्यास करें।

प्रत्येक के साथ निष्पक्षता का व्यवहार करें और किसी का भी पक्ष न लें। दूसरों की पीठ पीछे उनके बारे में चर्चा न करें। प्रशंसा करने और हौसला बढ़ाने में उदार बनें। आप दूसरों को जानने का अवसर दें कि उनका काम सराहनीय है, वे अच्छे-से-अच्छा करने की कोशिश करेंगे। अगर आप आलोचना करना चाहते हैं तो नरमी से करें और सुधार करने के सुझाव दें।

मन व मस्तिष्क खुला रखें। याद रखें कि विचार-विमर्श से समझौते की गुंजाइश हमेशा रहती है। लोगों पर ध्यान दें। लोगों से आँखें मिलाकर बात करें और प्रत्येक को उसके पहले नाम से संबोधित करें। उनकी राय और उनके सुझाव माँगें। वे जो कुछ कहना चाहते हैं, उसे ध्यान से सुनें।

हमेशा शिकायत करनेवाले या रोने-झींकनेवाले से बुरा कोई नहीं होता। अपनी समस्याओं के बारे में बात न करें। इसके बजाय दूसरे व्यक्ति की समस्या पर ध्यान दें और मदद करने की कोशिश करें। हालात को दूसरे व्यक्ति के परिप्रेक्ष्य में देखने का प्रयास करें। समानुभूति का अर्थ होता है—खुद को दूसरे की स्थिति में रखकर देखना और समझना कि उन्हें कैसा महसूस होता है।

हमेशा शिकायत करनेवाले या रोने-झींकनेवाले से बुरा कोई नहीं होता। अपनी समस्याओं के बारे में बात न करें। इसके बजाय दूसरे व्यक्ति की समस्या पर ध्यान दें और मदद करने की कोशिश करें। हालात को दूसरे व्यक्ति के परिप्रेक्ष्य में देखने का प्रयास करें। समानुभूति का अर्थ होता है—खुद को दूसरे की स्थिति में रखकर देखना और समझना कि उन्हें कैसा महसूस होता है।

अपने सपनों को पूरा करने की प्राथमिकता तय करें। इसके लिए जरूरी है—लक्ष्य-निर्धारण की प्रक्रिया को अपनाना। इस तरह से आप अपनी ऊर्जा भी बचा सकेंगे और बहुत सारा समय भी।

अत्यधिक सफल लोग वह करते हैं, जो वे मुख्यत: निहित हितों के कारण नहीं कर पाते; बल्कि इसलिए करते हैं, क्योंकि वे अपने आसपास के संसार को उससे बेहतर बनाना चाहते हैं, जो वे देखते हैं। आप उन्हें सुख-साधन से संपन्न देखते हैं, लेकिन उनका जीवन उन ठाट-बाट की वस्तुओं में नहीं बसता। यदि आप अपनी चाक्षुक दृष्टि से परे देखने की योग्यता रखते हैं तो आप देखेंगे कि उनकी प्रमुख रुचि अपने इर्द-गिर्द की दुनिया को सकारात्मकता प्रदान करने में होती है।

अनुशासित व आत्म-संयमित

सफल व्यक्तियों पर उनके चारों ओर की घटनाओं का कोई प्रभाव नहीं पड़ता है। इसके विपरीत, अपने चारों ओर का घटनाक्रम अधिकतर वही तय करते हैं। वे कोई कार्य इसलिए नहीं करते हैं कि हर कोई वही काम कर रहा है; बल्कि वे उन्हीं कार्यों को करते हैं, जो कुछ दुष्कर होते हुए भी उनकी सफलता में सहायक होते हैं। वे जानबूझकर आत्म-संयम से रहते हैं। वे कर्मठ, उद्यमशील एवं परिश्रमी होते हैं और हमेशा यह ध्यान रखते हैं कि जो कुछ भी किया जाना आवश्यक है, उसमें कुछ बाकी न रह जाए। वे आज का काम कल पर नहीं छोड़ते हैं और हमेशा यह सुनिश्चित करते हैं कि बृहत्तर उपलब्धियों की खोज में वे होशियारी से काम करें।

सफल व्यक्तियों पर उनके चारों ओर की घटनाओं का कोई प्रभाव नहीं पड़ता है। इसके विपरीत, अपने चारों ओर का घटनाक्रम अधिकतर वही तय करते हैं। वे कोई कार्य इसलिए नहीं करते हैं कि हर कोई वही काम कर रहा है; बल्कि वे उन्हीं कार्यों को करते हैं, जो कुछ दुष्कर होते हुए भी उनकी सफलता में सहायक होते हैं। वे जानबूझकर आत्म-संयम से रहते हैं। वे कर्मठ, उद्यमशील एवं परिश्रमी होते हैं और हमेशा यह ध्यान रखते हैं कि जो कुछ भी किया जाना आवश्यक है, उसमें कुछ बाकी न रह जाए।

65 वर्ष की आयुवाले लगभग 2,500 लोगों पर किए गए अध्ययन से पता चला है कि वे जितना ज्यादा सकारात्मक विचारों के प्रश्नों का जवाब दे रहे थे, उतनी ही तेजी से उनका रक्तचाप भी सामान्य स्तर पर आ रहा था।

अत्यंत सफल लोगों को जिस बात में विश्वास नहीं होता, उसमें विश्वास करने का दिखावा करना उन्हें पसंद नहीं होता। वे सच्चे होते हैं और अपने संपर्क में आनेवालों के साथ स्पष्टता का व्यवहार करते हैं। उनकी 'हाँ' हमेशा

'हाँ' रहती है—किसी के लिए भी, कहीं भी, किसी भी समय। विचारों का आदान-प्रदान करने के लिए वे सदैव उत्सुक रहते हैं और वार्त्तालाप करने में माहिर होते हैं। अत्यधिक सफल लोग जानते हैं कि अपने विचारों को वे उन लोगों तक सफलतापूर्वक कैसे पहुँचाएँ, जिनका उन विचारों से सरोकार हो सकता है और वह भी इस तरह कि कोई दुर्भावना का शिकार न हो। वे बड़ी सावधानी से समयानुकूल व सार्थक शब्दों का चुनाव करते हैं, जो हमेशा सही संदेश पहुँचाने का काम करते हैं।

सफल लोग जानते हैं कि उन्हें जीवन से क्या चाहिए और वे उसी की खोज में लगे रहते हैं, इस बात की परवाह किए बिना कि उस समय की परिस्थितियाँ कैसी हैं या उन्हें किन हालात का सामना करना पड़ रहा है। वे जानते हैं कि क्या आवश्यक है और उन्हें अपने दैनिक क्रिया-कलापों के झुंड से यह छाँटना भी आता है कि क्या महत्त्वपूर्ण है और क्या महत्त्वपूर्ण नहीं है।

'मैं' के स्थान पर 'आप' या 'तुम' को अधिक महत्त्व दें। ऐसा करने से सामनेवाला व्यक्ति आपके व्यवहार से प्रभावित होगा और आपकी इज्जत भी करेगा।

सफल लोग जानते हैं कि उन्हें जीवन से क्या चाहिए और वे उसी की खोज में लगे रहते हैं, इस बात की परवाह किए बिना कि उस समय की परिस्थितियाँ कैसी हैं या उन्हें किन हालात का सामना करना पड़ रहा है। वे जानते हैं कि क्या आवश्यक है और उन्हें अपने दैनिक क्रिया-कलापों के झुंड से यह छाँटना भी आता है कि क्या महत्त्वपूर्ण है और क्या महत्त्वपूर्ण नहीं है। हालाँकि वे बहुत कुछ हासिल कर लेते हैं, फिर भी वे एक समय में अनेक परियोजनाएँ हाथ में नहीं लेते, बल्कि वे यह सुनिश्चित करते हैं कि उनकी प्रत्येक परियोजना का उनके निर्धारित कार्यक्रम के अनुसार पालन किया जाता है और उसकी देखभाल की जाती है।

यदि आप सीखना बंद कर देते हैं तो जीवन में सुस्ती आ जाती है। सुस्ती समय प्रबंधन में एक बड़ी बाधा है। सीखने के मामले में अपने उत्साह और

रुचि के स्तर को हमेशा ऊँचा बनाए रखें।

अगर किसी दौर में काम का दबाव कम हो तो उसका समुचित उपयोग अपने कौशल विकास में करें। इस समय दिवास्वप्नों से बचें और अपना विश्लेषण करें। अगर हम किसी काम को करने के लिए समय तय नहीं करेंगे तो हो सकता है कि एक घंटे के काम को करने में एक-दो दिन क्या, सप्ताह भी लगा दें। समय-सीमा तय करने के बाद हमारे पास बचनेवाले अतिरिक्त समय का उपयोग किया जा सकता है।

अपनी बात के महत्त्व को सही परिप्रेक्ष्य में समझने की कोशिश करें। अपनी समय-सीमा का उल्लंघन न करें। अपने अनुभवों से आपने जो कुछ सीखा और समझा है, उस पर विश्वास करें। अपने और अपने ऑफिस को व्यवस्थित रखने के लिए अपनी योजना में गुंजाइश रखें, ताकि आवश्यकतानुसार महत्त्वपूर्ण कार्य निपटाए जा सकें।

काम टालना बुरी आदत

अपना काम टालते रहना अच्छी आदत नहीं है। जब तक आप अपना काम पूरा नहीं करेंगे, तब तक आप एक अजीब से तनाव में जीते रहेंगे। अच्छा है कि काम टालने की आदत को बदल डालें और तनाव-मुक्त जीवन जिएँ।

अपनी उस बुरी आदत का पता लगाएँ, जो समय खाती हो और उसे दूर करने की दिशा में काम करें। अपनी क्षमताओं को समझें, आत्म-सम्मान की भावना विकसित करें। अपनी जरूरत और समय के अनुसार कार्य करें।

अपनी बात के महत्त्व को सही परिप्रेक्ष्य में समझने की कोशिश करें। अपनी समय-सीमा का उल्लंघन न करें। अपने अनुभवों से आपने जो कुछ सीखा और समझा है, उस पर विश्वास करें। अपने और अपने ऑफिस को व्यवस्थित रखने के लिए अपनी योजना में गुंजाइश रखें, ताकि आवश्यकतानुसार महत्त्वपूर्ण कार्य निपटाए जा सकें।

अपने कामों के लिए दूसरों पर निर्भर न हों, न ही दूसरों से अधिक

आशा रखें। उम्मीद पूरी न होने पर निराशा हाथ लगती है। जितना स्वयं कर सकें, उतना ही करें। अपने कार्यों का कॉम्बिनेशन इस तरह बनाएँ, जिससे कि आप उन्हें बिना किसी दबाव के खुशी-खुशी कर सकें। अपने कार्यों की सूची बनाने के बाद उन कार्यों को अपने सहयोगियों को उनकी योग्यता व सक्षमता के आधार पर बाँटें।

अपने कार्यों के लिए जिम्मेदारी लें। यदि आप के द्वारा किसी की भावनाओं को चोट पहुँची हो तो उनसे सीधे माफी माँगें। लोग आमतौर पर माफ कर देते हैं और भूल जाते हैं—यदि आप संबंध सुधारने का एक ईमानदार प्रयास करने के लिए तैयार हैं।

अपने दिन को आवश्यकतानुसार छोटे-छोटे कालखंडों में बाँटें। अपने निर्णयों में से कुछ को प्राथमिकता प्रदान करें और उसी के अनुसार योजना बनाएँ।

अपने कार्यों के लिए जिम्मेदारी लें। यदि आप के द्वारा किसी की भावनाओं को चोट पहुँची हो तो उनसे सीधे माफी माँगें। लोग आमतौर पर माफ कर देते हैं और भूल जाते हैं—यदि आप संबंध सुधारने का एक ईमानदार प्रयास करने के लिए तैयार हैं। अपने दिन को आवश्यकतानुसार छोटे-छोटे कालखंडों में बाँटें। अपने निर्णयों में से कुछ को प्राथमिकता प्रदान करें और उसी के अनुसार योजना बनाएँ।

काम की टिप

अपने स्वार्थ को पूरा करने के लिए किसी से नजदीकी बढ़ाने का प्रयास न करें।

अभी मेरा मूड नहीं है, बाद में कर लूँगा, अभी तो बहुत समय पड़ा है—ये बहाने छोड़ें और जो काम तय किया है, उसे तत्काल आरंभ करें।

आगे बढ़ने के लिए कभी झूठ का सहारा न लें। झूठ पकड़े जाने पर शर्मिंदगी उठानी पड़ती है, जिसका दूरगामी दुष्प्रभाव पड़ता है।

आज का काम आज ही निपटाएँ। जब देर तक काम करेंगे तो अगले दिन अपने आप समय प्रबंधन का बेहतर रास्ता सुझाई देने लगेगा।

आत्म-निरीक्षण करने के पश्चात् ही अपना जीवन-क्रम निश्चित कीजिए। कल्पना-शक्ति द्वारा यह मालूम कीजिए कि किस प्रकार के चित्र आपके दिमाग में अधिक स्पष्टतर उठते हैं।

□

4

आत्म-मूल्यांकन से सहज विकास

आप में क्या कमजोरियाँ हैं? क्या आप स्वीकार करते हैं कि आप में कुछ कमजोरियाँ हैं और उन क्षेत्रों पर आप काम करने के लिए तैयार हैं, जो आपको एक बेहतर इनसान बनने में मदद कर सकती हैं? अपने अंदर ईमानदारी से देखने का साहस करें। यह आपके जीवन को बदल सकता है।

आदतें इनसान के जीवन में रची-बसी हैं। इनमें कुछ आदतें इनसान को उच्च श्रेणी में ला खड़ा करती हैं और कुछ जीवन को नष्ट कर देती हैं। आदतें ही हमें बनाती या बिगाड़ती हैं। अच्छी आदतें हमें अच्छे अनुशासन और सफलता की ओर ले जाती हैं, इसलिए बच्चों को स्मार्ट बनाने के लिए बचपन से ही सही गुणों से अनुकूलित करना जरूरी है।

महापुरुषों की जीवनियों, इतिहास-पुरुषों के चरित्रों में झाँककर यह निश्चित कीजिए कि वास्तव में आप क्या बनना चाहते हैं। आदर्श निर्माण के पश्चात् कल्पना उसी केंद्र पर छोड़ दें। रात-दिन उसी का चिंतन, मनन, चित्र निर्माण करें।

आप अपनी बात को किस तरीके से कहते हैं, इस पर भी ध्यान दें। आप जो कहना चाहते हैं, एक बार उस पर मन-ही-मन विचार कर लें। आप जो भी कहना चाहते हैं, संक्षेप में कहें। आपका दिमाग एक समय में केवल एक ही विचार रख सकता है, जो सकारात्मक भी हो सकता है और नकारात्मक भी; लेकिन आप नकारात्मक सोच को सकारात्मक सोच में बदल सकते हैं, क्योंकि आप सबकुछ कर सकते हैं।

आपके पास निर्णयों की सूची तैयार करने हेतु और उसे पूरा करने की

समयाविधि के विवरण हेतु एक डायरी होनी चाहिए। उपयुक्त टेक्नोलॉजी का उपयोग करें। विशेत्र कौशल और टेक्नोलॉजी पर ध्यान दें, जिनसे समय बचता हो। एक समान कान करते रहने से नीरसता आती है। अदल-बदलकर काम करें।

ऑफिस में ज्यादातर काम ऐसे होते हैं, जो दोहरानेवाली प्रकृति के होते हैं। ऐसे कामों की सूची बना लीजिए और पूर्व तैयारी करके रख लीजिए। हर बार नए सिरे से शुरुआत करना अत्यधिक समय को खाता है। जिन कामों को दोहरान पड़ता हो, उनके बारे में सोचें कि कैसे उन्हें आसानी से किया जा सकता है। कठिन काम थोड़ा समय लेता है, इसलिए खुद पर विश्वास कीजिए और योजना के साथ उसे करने की ठान लीजिए।

ऑफिस में ज्यादातर काम ऐसे होते हैं, जो दोहरानेवाली प्रकृति के होते हैं। ऐसे कामों की सूची बना लीजिए और पूर्व तैयारी करके रख लीजिए। हर बार नए सिरे से शुरुआत करना अत्यधिक समय को खाता है। जिन कामों को दोहराना पड़ता हो, उनके बारे में सोचें कि कैसे उन्हें आसानी से किया जा सकता है। कठिन काम थोड़ा समय लेता है, इसलिए खुद पर विश्वास कीजिए और योजना के साथ उसे करने की ठान लीजिए।

भावनाओं का मेल

कई भावनाओं का एक जगह मेल कराना सीखिए। परस्पर विरोधी बातों का कल्पना द्वारा सामंजस्य हो सकता है और मनुष्य उद्वेग व आंतरिक संघर्ष से बच सकता है। कई लोगों में यह आदत होती है कि वे मौके-बे-मौके दूसरों की टाँग खींचते रहते हैं। कभी-कभी इस आदत से अच्छी दोस्ती से हाथ धोना पड़ सकता है और कभी मौका लगने पर दूसरा भी आपकी टाँग खींच सकता है।

कभी भी किसी को चोट न पहुँचाएँ। स्मार्ट लोग हमेशा खुशी देते हैं, न कि किसी का दिल दुखाते हैं। लोगों को चोट पहुँचानेवाला न तो स्मार्ट बन पाता है और न ही सही रूप में सफल हो पाता है। कभी-कभी जब हम

मानसिक या शारीरिक रूप से अपने आपको सक्षम नहीं पाते तो मनोवैज्ञानिक या विशेषज्ञों की सलाह लेकर इन समस्याओं का हल ढूँढ़ें और फिर आगे की योजना को अंजाम दें।

काम की अच्छी-बुरी आदतें

कहा गया है कि बुरी आदतों को उनकी प्राथमिक अवस्था में ही कुचल देना चाहिए, क्योंकि जिस बुरी आदत से हम आज बच नहीं पा रहे हैं, वह कल निश्चित तौर पर और भी प्रभावी होकर उभरेगी और यह सिलसिला दिन-ब-दिन बढ़ता ही चला जाएगा। अंततः लोग हमें अपमान व हिकारत की दृष्टि से देखेंगे और हम चाहकर भी सफल नहीं हो सकेंगे। कान, नाक व मुँह में उँगली डालते रहना और बातचीत करते समय ऐसा करना हमारी अशिष्टता व असभ्यता को दरशाता है।

काम को काम समझें, बोझ नहीं। यदि कारणवश वह पूरा न हो पाए तो बेवजह परेशान न हों। इससे आप दूसरे कार्यों को पूरी क्षमता के साथ नहीं कर पाएँगे। कार्य के बीच में आनेवाले व्यवधानों से बचें, जैसे—फोन का बार-बार बजना। हो सके तो ऐसे वक्त एकांत में जगह ढूँढ़कर अपने प्रयासों को अंजाम दें।

काम को काम समझें, बोझ नहीं। यदि कारणवश वह पूरा न हो पाए तो बेवजह परेशान न हों। इससे आप दूसरे कार्यों को पूरी क्षमता के साथ नहीं कर पाएँगे। कार्य के बीच में आनेवाले व्यवधानों से बचें, जैसे—फोन का बार-बार बजना। हो सके तो ऐसे वक्त एकांत में जगह ढूँढ़कर अपने प्रयासों को अंजाम दें।

कार्य के बीच विचलित न हों और एकाग्र मन से अपने कार्य को पूरा करें। कार्य को पूजा की तरह भक्तिभाव से करें। किसी के साथ ऐसा व्यवहार बिल्कुल भी न करें, जैसा कि आप अपने लिए नहीं चाहते हैं।

किसी भी वात को मना करने के अनेक तरीके हो सकते हैं और हर तरीके का अपना अलग अर्थ है। अत: पैने व्यक्तित्व वाले व्यक्ति को दूसरों की शारीरिक भाषा (बॉडी लैंग्वेज) भी पढ़ने का अभ्यास करना चाहिए। किसी से बात करते समय संकोच न करें। अपनी बात प्रेमपूर्वक समझाएँ। अपना आदेश या इच्छाएँ किसी पर न लादें।

कोई भी काररवाई करने से पहले जाँच करें कि कैसे आपकी काररवाई दूसरों को प्रभावित करती है। यदि आपका निर्णय दूसरों को प्रभावित करेगा तो खुद को उनकी जगह पर रखकर देखिए कि आपको कैसा लगेगा। क्या आप वह अनुभव चाहेंगे? यदि काररवाई करनी जरूरी है तो उसके प्रभाव से वचने में दूसरों की मदद का तरीका खोजिए।

गांधीजी कहते थे, "भारत देश की गौरवशाली और अनुकंपा भरी जीवन-दृष्टि स्वामी त्रिवेकानंदजी का साहित्य पढ़कर मुझमें विकसित हुई है।" सार्वजनिक जीवन में इतने सक्रिय होते हुए भी उन्होंने स्वामीजी का संपूर्ण साहित्य अक्षरश: पढ़ा था। गांधीजी के पास छोटे बच्चों से लेकर समाज के अग्रणी लोगों के पत्र आते थे और वे बिना किसी विलंब के हर पत्र का उत्तर देते थे। गांधीजी ने कभी किसी से नहीं कहा, "मैं बहुत व्यस्त हूँ और अमुक काम के लिए समय नहीं निकाल सकता।" गांधीजी ने दातुन करते-करते 'गीता' के 13 अध्याय कंठस्थ कर लिये थे।

गांधीजी कहते थे, "भारत देश की गौरवशाली और अनुकंपा भरी जीवन-दृष्टि स्वामी विवेकानंदजी का साहित्य पढ़कर मुझमें विकसित हुई है।" सार्वजनिक जीवन में इतने सक्रिय होते हुए भी उन्होंने स्वामीजी का संपूर्ण साहित्य अक्षरश: पढ़ा था। गांधीजी के पास छोटे बच्चों से लेकर समाज के अग्रणी लोगों के पत्र आते थे और वे बिना किसी विलंब के हर पत्र का उत्तर देते थे। गांधीजी ने कभी किसी से नहीं कहा, "मैं बहुत व्यस्त हूँ और अमुक काम के लिए समय नहीं निकाल सकता।"

कहने का अर्थ यह है कि जो समय को बरबाद करता है, समय उसको बरबाद कर देता है। इसलिए समय का सही उपयोग कीजिए।

जब भी बोलें, सोच-समझकर बोलें, चाहे आपके सामने कोई छोटा हो या बड़ा। जरूरतमंद की सहायता करें। केवल अपना फायदा देखेंगे तो आप दूरगामी लक्ष्य कदापि हासिल नहीं कर पाएँगे। जिस काम को आप करते हों, उससे प्यार करना सीखें। जिस काम को कर रहे हों, उसे पूरी तन्मयता से करें। उस समय किसी ओर ध्यान न बँटे, इसका विशेष खयाल रखें।

समय प्रबंधन में समय को बचाना जरूरी होता है। बार-बार की गलतियों के होने से समय की अत्यधिक बरबादी होती है। इससे बचने के लिए नियमित अभ्यास जरूरी है। किसी महान् संगीतज्ञ ने कहा है कि 'अगर मैं एक दिन अभ्यास न करूँ तो मुझे तत्काल पता चल जाता है, दो दिन न करूँ तो मेरी पत्नी को और तीन दिन न करूँ तो श्रोताओं को।'

समय प्रबंधन की योजना बनाने को पर्याप्त समय दें। कहा गया है कि योजना बनाने में विफल होना अपनी विफलता की योजना बनाना है। समय प्रबंधन के समय संभावित व्यवधानों, कार्य के समय होनेवाली थकान का ध्यान रखते हुए आराम, मनोरंजन आदि का भी ध्यान रखें। समय प्रबंधन के टूल्स का उपयोग करें, जैसे—मोबाइल, कैलेंडर या चार्ट वगैरह की मदद से काम समय पर निपटा सकते हैं। लापरवाही की आदत को छोड़ना होगा।

समय प्रबंधन में समय को बचाना जरूरी होता है। बार-बार की गलतियों के होने से समय की अत्यधिक बरबादी होती है। इससे बचने के लिए नियमित अभ्यास जरूरी है। किसी महान् संगीतज्ञ ने कहा हैं कि 'अगर मैं एक दिन अभ्यास न करूँ तो मुझे तत्काल पता चल जाता है, दो दिन न करूँ तो मेरी पत्नी को और तीन दिन न करूँ तो श्रोताओं को।'

टेलीविजन, इंटरनेट, सोशल मीडिया वेबसाइट्स के उपयोग का समय

सख्ती से तय करें। इनके माध्यम से बरबाद होनेवाले समय का हमें आभास ही नहीं होता। थोड़े-थोड़े समय में मोबाइल/कंप्यूटर पर अपडेट्स प्राप्त करने/चेक करने से बचें। इसमें न सिर्फ समय खर्च होता है, बल्कि आप अपने हाथ के कार्य पर समुचित रूप से एकाग्र भी नहीं हो पाते। यह आपकी कार्यक्षमता पर प्रतिकूल प्रभाव डालता है।

दक्ष लोग वे होते हैं, जो उस काम को एक दिन में निपटा लेते हैं, जिसे दूसरे करने में सप्ताह भर लगाते हैं। अगर श्रेष्ठ उत्पादक बनना है तो जड़त्व, आलसीपन, बेकार समय गँवाने की आदत और सुस्ती को अलविदा कहें, ताकि समय-सीमा के पहले ही कार्य संपन्न हो सकें।

तनाव में प्रतिक्रिया

तनावपूर्ण स्थितियों में आपकी प्रतिक्रिया कैसी होती है, इसका विश्लेषण करें। क्या आप परेशान हो जाते हैं या झुँझलाते हैं, जब किसी काम में देरी हो जाए या जिस तरह से आप चाहते हैं, वह नहीं हो तो? क्या आप दूसरों को दोष देते हैं और उन पर क्षुब्ध हो जाते हैं, तब भी जब उनकी गलती नहीं हो? व्यापार की दुनिया में और उससे बाहर भी, कठिन परिस्थितियों में शांत और नियंत्रण में रहने की क्षमता अत्यधिक महत्त्वपूर्ण है। जब कोई बात बिगड़ जाए, फिर भी अपनी भावनाओं को नियंत्रण में रखें।

ताजा दम रहने के लिए, जीवन में सफलता के साथ ही सार्थकता के लिए भी कार्य करें। दिन के उस भाग को आरक्षित रखें, जिसमें हम अपने आप को सबसे अधिक तरोताजा महसूस करते हों। इसमें उस काम को करें, जो गंभीर किस्म के और अत्यधिक सोच व विश्लेषण की माँग करनेवाले हों।

दक्ष लोग वे होते हैं, जो उस काम को एक दिन में निपटा लेते हैं, जिसे दूसरे करने में सप्ताह भर लगाते हैं। अगर श्रेष्ठ उत्पादक बनना है तो जड़त्व, आलसीपन, बेकार समय गँवाने की आदत और सुस्ती को अलविदा कहें, ताकि समय-सीमा के पहले ही कार्य संपन्न हो सकें।

दिमाग को तरोताजा रखने के लिए मनोरंजन अति आवश्यक है। समय-सारिणी में मनोरंजन को भी स्थान देना चाहिए। परिस्थितिवश यदि आपकी दिनचर्या गड़बड़ा जाती है तो इससे हताश या परेशान होने की जरूरत नहीं है। स्थिति सामान्य होते ही फिर से समय-सारिणी के अनुसार चलिए।

दुनिया में अच्छाइयों के साथ बुराइयाँ भी हैं, इसलिए परिस्थितियों से घबराएँ नहीं। लक्ष्य की ओर बढ़ते रहें।

□

5

सफलता का मूल्यांकन

प्रगति या सफलता का मूल्यांकन करने का बुनियादी तरीका आत्म-मूल्यांकन है। लोगों के प्रति आपकी प्रतिक्रिया क्या है ? क्या आप बिना तथ्यों के और जल्दीबाजी में निर्णय करते हैं ? क्या आप रूढ़िवादी हैं ? आप ईमानदारी के साथ देखें कि अन्य लोगों के साथ आप कैसा बरताव करते हैं ? खुद को उनकी जगह पर रखकर देखिए और उनके दृष्टिकोण व जरूरतों को स्वीकार करना सीखिए।

निश्चित जगहों पर चीजों को रखने की आदत डालें। लापरवाही समय के अपव्यय का कारण बनती है। याद कीजिए, कई बार घर की या कार की चाबी खोजने में घंटों का समय व्यर्थ हो जाता है।

नोट बुक का प्रयोग कीजिए। उसमें अपने आदर्शों, चित्रों तथा मौलिक विचारों को लिख लीजिए। प्रतिदिन अंत:करण में उठी हुई भावनाओं को लेखबद्ध कीजिए और उनकी सहायता से नव चित्रों का निर्माण कीजिए। पर-निंदा में समय बरबाद न करें। पर-निंदा कभी-कभी विवाद का कारण भी बन सकती है।

प्रत्येक दिन के कार्य-कलाप की योजना तैयार रखें और उसी के अनुसार पहल करें। प्रत्येक दिन के समय के समुचित उपयोग की योजना पिछले दिन ही बना लें। इससे समय की बरबादी पर कारगर रोक लगेगी।

प्रबंधन एवं सफलता जैसे विषयों पर समय-समय पर लेख और पुस्तकें पढ़ें। प्रबंधन पर हो रही कार्यशालाओं में भाग लें और नए-नए विचारों से स्वयं को अवगत कराएँ, ताकि आप अपडेट रह सकें। प्रबंधन पर हो रहे शोधों

का अध्ययन करें, उनके परिणामों को देखें और उन पर अमल करें।

प्रभावी व्यक्तित्व की सबसे बड़ी विशेषता यह होती है कि उन्हें बोलने से ज्यादा काम करके दिखा देने में भरोसा रहता है, जो उन्हें औरों से अलग करता है और सफलता के समीप पहुँचाने में मददगार साबित होता है।

बहुत से लोगों को दूसरे लोगों की शारीरिक क्रियाएँ दोहराने, तकिया कलाम को कहते रहने, नकल करने या हकलाने-तुतलाने की आदत होती है; लेकिन कई बार ये प्रवृत्तियाँ उनके स्वभाव में भी समाहित हो जाती हैं। हमें कभी भी अपना मूल स्वभाव नहीं खोना चाहिए।

बहुत से व्यक्ति अनजाने में कमर झुकाकर बैठते हैं। बाद में उम्र के साथ-साथ उनकी कमर स्वाभाविक रूप से झुकती चली जाती है। न सिर्फ स्वास्थ्य की दृष्टि से, बल्कि शिष्टता व सभ्यता की दृष्टि से भी यही उचित है कि हमेशा सीधे बैठें। रीढ़ की हड्डी सीधी रखते हुए बैठनेवाला व्यक्ति अधिक ताजा, उत्साही व स्वस्थ प्रतीत होता है।

बहुत से लोगों को दूसरे लोगों की शारीरिक क्रियाएँ दोहराने, तकिया कलाम को कहते रहने, नकल करने या हकलाने-तुतलाने की आदत होती है; लेकिन कई बार ये प्रवृत्तियाँ उनके स्वभाव में भी समाहित हो जाती हैं। हमें कभी भी अपना मूल स्वभाव नहीं खोना चाहिए।

मनुष्य एक बुद्धिमान प्राणी होने के नाते सदा इतने कार्य सोच सकता है, जितने वह कभी पूरे नहीं कर सकता। अपनी प्राथमिकताएँ तय करें। क्या पहले करना है, क्या बाद में और क्या कभी नहीं करना है, इसका निर्णय भलीभाँति सोच-विचारकर करें।

मल्टी टास्किंग का महत्त्व समझें। क्या किसी इंतजार में लाइन में खड़े रहते हुए, टेलीविजन देखते हुए, घूमते समय, सफाई करते समय कुछ किया जा सकता है ? पॉकेट डायरी और पेन सदैव साथ रखिए, ताकि अच्छे विचारों को तत्काल लिखा जा सके।

अवसर का इंतजार कर वक्त बरबाद न करें। खुद पर विश्वास करें और

अपना काम करें। यदि आप प्रारंभ में निर्धारित योजना-कार्यक्रम का पूर्णतया पालन नहीं कर पाते तो भी निराश न हों और सतत प्रयास जारी रखें। योजना का शत-प्रतिशत पालन आपका लक्ष्य हो। पालन के लक्ष्य को धीरे-धीरे बढ़ाने का पुरुषार्थ करते चलें।

यह निर्धारित करें कि जो कार्य आपने हाथ में लिया है, उसके उचित परिणाम आपको आगे बढ़ा रहे हैं या नहीं। यह प्रक्रिया बुनियादी तौर पर व्यावहारिक, सामाजिक, निजी और शोध समस्याओं के साथ साक्षात्कार पर आधारित होती है।

लोग कहते हैं कि समय से पहले और भाग्य से अधिक न किसी को मिला है और न किसी को मिलेगा; लेकिन आप समय के साथ चलकर देखिए। वार्त्तालाप करते समय बोलें कम और सुनें ज्यादा। विचारों की एक सुनिश्चित दशा बनाइए। उन्हें अपने आदर्श पर केंद्रीभूत कीजिए, व्यर्थ भटकने न दीजिए। विचारों को निश्चित स्थान पर पहुँचाकर ही छोड़िए। यह नहीं कि उन्हें उस दिशा में उन्मुख करते ही छोड़ दें।

लोग कहते हैं कि समय से पहले और भाग्य से अधिक न किसी को मिला है और न किसी को मिलेगा; लेकिन आप समय के साथ चलकर देखिए। वार्त्तालाप करते समय बोलें कम और सुनें ज्यादा। विचारों की एक सुनिश्चित दशा बनाइए। उन्हें अपने आदर्श पर केंद्रीभूत कीजिए, व्यर्थ भटकने न दीजिए। विचारों को निश्चित स्थान पर पहुँचाकर ही छोड़िए। यह नहीं कि उन्हें उस दिशा में उन्मुख करते ही छोड़ दें।

शारीरिक स्वास्थ्य का भी समुचित ध्यान रखें। प्रतिदिन कम-से-कम आधा से एक घंटा किसी आउटडोर गेम, शारीरिक व्यायाम, योगासन एवं प्राणायाम-भ्रमण आदि के लिए अवश्य निर्धारित करें। याद रखें, कई युवा अपने शारीरिक स्वास्थ्य को गँवाकर असीमित धन प्राप्त कर लेते हैं; लेकिन बाद में उस तमाम धन को खर्च करके भी उत्तम शारीरिक स्वास्थ्य प्राप्त करना संभव नहीं हो पाता।

सकारात्मक सोच का होना हर व्यक्ति के लिए मायने रखता है। सकारात्मक सोचना और सकारात्मक रहना हमें कई प्रकार के तनावों और मुसीबतों से दूर रखता है। इसके लिए संसार में जो वस्तुएँ विद्यमान हैं, उनके दर्शन कीजिए। पुस्तकें पढ़िए, लोगों के स्वभावों का अध्ययन कीजिए और अपने प्रत्यक्ष ज्ञान का एक विस्तृत खजाना तैयार कीजिए। जितना अधिक सामान आपके पास होगा, उतनी ही कल्पना नई प्रतिमाएँ तैयार कर सकेंगी।

सबसे मित्रवत् व्यवहार बनाए रखें। किसी से व्यवहार में खींचतान न करें। मधुर संबंध रिश्तों को सजीव व जीवंत रखते हैं। समझदारी और विश्वास का सही इस्तेमाल करना सीखें। किसी की बातों पर पूरी तरह भरोसा तो करें, लेकिन मन में एक प्रश्न-चिह्न भी रखें। इससे आप धोखा नहीं खाएँगे। सवाल पूछने की आदत अच्छी होती है। जरूरी नहीं है कि हर चीज पर सवाल पूछें। जो चीज आपको अपने लिए महत्त्वपूर्ण लगे, उसका जवाब जरूर ढूँढ़िए।

सबसे मित्रवत् व्यवहार बनाए रखें। किसी से व्यवहार में खींचतान न करें। मधुर संबंध रिश्तों को सजीव व जीवंत रखते हैं। समझदारी और विश्वास का सही इस्तेमाल करना सीखें। किसी की बातों पर पूरी तरह भरोसा तो करें, लेकिन मन में एक प्रश्न-चिह्न भी रखें। इससे आप धोखा नहीं खाएँगे।

हममें से अधिकांश का यह स्वभाव बन गया है कि अच्छाइयों को हम नजरअंदाज करते जाते हैं और बुराइयों पर अधिक ध्यान देकर निराश होते चले जाते हैं। हमारे चारों ओर प्रतिक्षण बहुत कुछ अच्छा भी घटित हो रहा है। बुराइयों को अनदेखा कर, तमाम पूर्वग्रहों से रहित होकर अपना ध्यान अच्छाइयों एवं सकारात्मकता पर केंद्रित करें। आप पाएँगे कि आपके चारों ओर अच्छाइयों एवं सकारात्मकता में उत्तरोत्तर वृद्धि होती चली जाएगी।

हमारी प्रेरणा बोरियत से छुटकारा पाना हो। अतः प्रत्येक कार्य को पूरे मन से करें। अधिकतर लोग इसलिए श्रेष्ठ उत्पादक नहीं होते, क्योंकि उन्हें

काम करना नहीं आता। वास्तव में, वे काम करना ही नहीं चाहते हैं।

हमें चाहिए कि हम व्यवधान उत्पन्न करनेवालों को काम के लिए प्रेरित करें, काम करने के लाभ बताएँ। उन्हें हम बताएँ कि अगर हम अपना काम ईमानदारी से नहीं करेंगे तो अपने घर में बच्चों को किस तरह से प्रेरित कर सकेंगे। अगर हमारे काम से बच्चे संस्कारित नहीं होंगे तो किस तरह वे भविष्य में उपयोगी बनेंगे?

हमें बचपन से ही अनुशासन में रहना सिखाया जाता है, वह चाहे घर में हो या स्कूल में। जो विद्यार्थी सही मायने में अनुशासन का पालन करते हैं, वे अच्छे व स्मार्ट विद्यार्थी हैं। हमेशा कुछ अच्छा सीखते रहें और कुछ नया करते रहें। कुछ अच्छा और नया सीखते रहने से आपकी स्मार्टनेस बढ़ जाती है। इसके लिए आप अच्छी किताबें पढ़ सकते हैं, नई भाषा सीख सकते हैं। आप वह सब सीख सकते हैं, जो आपको एक स्मार्ट छात्र बना सके।

हमें बचपन से ही अनुशासन में रहना सिखाया जाता है, वह चाहे घर में हो या स्कूल में। जो विद्यार्थी सही मायने में अनुशासन का पालन करते हैं, वे अच्छे व स्मार्ट विद्यार्थी हैं। हमेशा कुछ अच्छा सीखते रहें और कुछ नया करते रहें। कुछ अच्छा और नया सीखते रहने से आपकी स्मार्टनेस बढ़ जाती है।

हमेशा विकल्प के साथ आगे बढ़ें। समस्याओं के साथ समाधान भी आमंत्रित करें, ताकि बेहतर निर्णय पहले से ही लिया जा सके और निर्णय बदलने में अनावश्यक समय खर्च न करना पड़े। हर काम एकाग्रचित्त होकर किया जाए तो बेहतर है। हर काम को पर्याप्त समय दिया जाना चाहिए। हर काम समय पर करें।

हर जगह उत्पादक क्रिया-कलापों की दक्षता और और उनमें लगनेवाले समय में 10 प्रतिशत वृद्धि और गैर-जरूरी में 10 प्रतिशत की कमी करते चले जाएँ। हर समस्या के एक से ज्यादा समाधान हो सकते हैं, इसलिए अनुरूपता बिंदु से परे सोचें। संभव है, समाधान वहीं कहीं छिपा हो।

अच्छे व नेक इनसान बनें और लोगों की हमेशा मदद करें। कहते हैं कि जो हम देते हैं, वह हमें वापस भी मिलता है। यदि आप आज किसी की मदद करेंगे तो हो सकता है, कल वह आपकी भी सहायता करे। अत: सफल आदमी एक अच्छा मददगार व्यक्ति भी होता है। आपका मददगार स्वभाव आपको एक सफल व्यक्ति भी बना सकता है।

अंग्रेजी के महान् नाटककार शेक्सपियर कहा करते थे कि आपकी बुद्धि ही आपकी गुरु है। वास्तव में बुद्धि एक ऐसा गुरु है, जो प्रत्येक क्षण हमारा मार्गदर्शन करने के लिए हमारे साथ उपस्थित रहता है। बुद्धिमत्ता के सहारे हम छोटे-से-छोटा और बड़े-से-बड़ा निर्णय लेकर सही दिशा में अग्रसर हो सकते हैं। बुद्धि का विकास शून्य में नहीं होता। हम बुद्धि के आदेश के मुताबिक आचरण करके आत्मबल का संपादन करते हैं, जिसकी ग्राह्यता से ही हमारी बुद्धि का विकास होता है।

अंग्रेजी के महान् नाटककार शेक्सपियर कहा करते थे कि आपकी बुद्धि ही आपकी गुरु है। वास्तव में बुद्धि एक ऐसा गुरु है, जो प्रत्येक क्षण हमारा मार्गदर्शन करने के लिए हमारे साथ उपस्थित रहता है। बुद्धिमत्ता के सहारे हम छोटे-से-छोटा और बड़े-से-बड़ा निर्णय लेकर सही दिशा में अग्रसर हो सकते हैं।

अंग्रेजी में एक सूक्ति है कि 'थॉर्नलेस रोजेज हैव नॉट बीन डेवेलप्ड', अर्थात् काँटों-रहित गुलाब के फूल का विकास अभी तक नहीं किया जा सका है। जो व्यक्ति गुलाब की भाँति सुंदर व सर्वप्रिय बनना चाहते हैं, उनको चाहिए कि वे फूलों की तरह काँटों भरी जिंदगी में भी मुसकराने एवं विकसित होने की कला सीखें। असफलता के अवसरों पर यदि हम हाथ-पर-हाथ धरकर बैठ जाते हैं तो हमें समझ लेना चाहिए कि हमने फूलों से कुछ सीखा ही नहीं।

ज्ञान का प्रकाश

अंधकार हमारे अज्ञान का, दुराचरण का, दुष्ट प्रवृत्तियों का, आलस्य और प्रमाद का, वैर और विनाश का, क्रोध और कुंठा का, राग और द्वेष का, हिंसा और दुराग्रह का, अर्थात् अंधकार हमारी राक्षसी मनोवृत्ति का प्रतीक है। प्रकाश हमारी सत्प्रवृत्तियों का, सद्ज्ञान का, संवेदना एवं करुणा का, प्रेम एवं भाइचारे का, त्याग एवं सहिष्णुता का, सुख और शांति का, ऋद्धि और समृद्धि का, शुभ और लाभ का, श्री और सिद्धि का अर्थात् दैवीय गुणों का प्रतीक है।

अंधकार से घिरा हुआ व्यक्ति दिशाहीन होकर चाहे जितनी गति करे, सार्थक नहीं हुआ करती। आचरण से पहले ज्ञान को, चरित्र-पालन से पूर्व सम्यकत्व को आवश्यक माना गया है। ज्ञान जीवन में प्रकाश करनेवाला होता है। हमारे भीतर जो अज्ञान का तमस छाया हुआ है, वह ज्ञान के प्रकाश से ही मिट सकता है। ज्ञान के प्रकाश की आवश्यकता केवल भीतर के अंधकार, मोह व मूर्च्छा को मिटाने के लिए ही नहीं, बल्कि लोभ और आसक्ति के परिणामस्वरूप खड़ी हुई अनैतिकता जैसी समस्याओं को सुलझाने के लिए भी जरूरी है।

अंधकार से घिरा हुआ व्यक्ति दिशाहीन होकर चाहे जितनी गति करे, सार्थक नहीं हुआ करती। आचरण से पहले ज्ञान को, चरित्र-पालन से पूर्व सम्यकत्व को आवश्यक माना गया है। ज्ञान जीवन में प्रकाश करनेवाला होता है। हमारे भीतर जो अज्ञान का तमस छाया हुआ है, वह ज्ञान के प्रकाश से ही मिट सकता है।

जोखिम और निर्णय

अपनी जिंदगी में हम अकसर लोगों से सुनते आए हैं कि हम जिम्मेदारी के कारण जिंदगी का आनंद नहीं ले पाते हैं। जिन पर जिम्मेदारी नहीं होती, वे मस्त मलंग की तरह सुख से जीते हैं। यह बात बिल्कुल सही नहीं है।

अकसर आसान निर्णय भी हमारे अहं या हमारे कुछ भावनात्मक जरूरतों की वजह से मुश्किल निर्णय बन जाते हैं। निजी जीवन के फैसलों पर कुछ हद तक यह बात जायज भी है। पर जब आपको अपनी जॉब या बिजनेस में ऐसे निर्णय लेने होते हैं तो आपको भावनाओं को नियंत्रण में रखकर निर्णय लेने चाहिए। आपको निर्णय लेने में जब भी कठिनाई आए तो उस कठिनाई को समझना बहुत जरूरी है। आपको यह भी ध्यान रखना चाहिए कि आपका अहं या आपका कोई निजी हित आपके व्यावसायिक फैसलों के आड़े न आए।

अकसर लोग भयग्रस्त रहते हैं, क्योंकि वे अपने सपनों को सच करने से डरते हैं या वे एक बार विफल हो चुके होते हैं। असल में, विफल रहने में कुछ भी गलत नहीं है, बल्कि जोखिम न उठाना गलती है।

अकसर वे लोग निर्णय नहीं ले पाते, जो हमेशा 'सही' होना जरूरी मानते हैं। सबसे पहले तो यह बात समझ लें कि आप इनसान हैं और इनसान गलतियों से ही सीखता है। इसलिए हर निर्णय में अत्यधिक सावधानीवाली अप्रोच अपनाने से बचें। यह आपको सनकी बना सकती है।

अकसर वे लोग निर्णय नहीं ले पाते, जो हमेशा 'सही' होना जरूरी मानते हैं। सबसे पहले तो यह बात समझ लें कि आप इनसान हैं और इनसान गलतियों से ही सीखता है। इसलिए हर निर्णय में अत्यधिक सावधानीवाली अप्रोच अपनाने से बचें। यह आपको सनकी बना सकती है। जब आप गलती की आशंका स्वीकार करना सीख जाएँगे, तब आप उस गलती के कारण पैदा होनेवाली स्थितियों से निपटने के लिए भी खुद को तैयार कर पाएँगे। इस तरह आप अपने मन को खुलकर सोचने का अवसर देते हैं। दिल और दिमाग को लगातार गलती से बचने की हिदायतें दे-देकर आप उसे कहीं दब्बू ही न बना बैठें। ज्यादा सोच-विचार या प्लानिंग करने से आपके जोखिम लेने की क्षमता घटती जाती है। इससे आप सिर्फ घिसे-पिटे ढर्रे पर ही चलते हैं और किसी नए काम को करने का निर्णय नहीं लेते हैं। यह सफलता के लिए सबसे घातक होता है।

बड़े लक्ष्य

अकसर सेल्स टीम के लिए बड़े लक्ष्य तय कर दिए जाते हैं। दबाव में वे ग्राहकों से चाँद-तारे देने का वादा कर देते हैं। ऐसे वादे, जिन्हें पूरे करना कंपनी के वश की बात नहीं होती। इनसे बचना चाहिए। अपने लक्ष्य का बाजार साफ पहचानें। पता करें कि आपके ग्राहक क्या पढ़ते हैं, क्या सुनते हैं और उन तक पहुँचने का क्या अच्छा तरीका है। अपने लक्ष्य की ओर ध्यान केंद्रित करें। आप अवश्य जीतेंगे।

हम सभी जेनरेटर हैं। हम सभी के अंदर प्रेरणा का जेनरेटर लगा हुआ है। हम सभी उसका इस्तेमाल करते हैं या नहीं, यह अलग बात है। हम उसका इस्तेमाल करते हैं या नहीं, यह हमारे हाथ में है। यह भी सच है कि ज्यादातर लोग इसका इस्तेमाल नहीं करते। ज्यादातर लोग उन्हीं परिस्थितियों से निराश हो जाते हैं, जिनसे वे लोग प्रेरित हो रहे होते हैं। अच्छे मैनेजर ऐसी स्थिति में खुश होते हैं, परेशान नहीं होते। वे कहते हैं, "कोई कठिनाई है? कोई परेशानी है? कोई बात नहीं, मैं सँभाल लूँगा।"

हम सभी जेनरेटर हैं। हम सभी के अंदर प्रेरणा का जेनरेटर लगा हुआ है। हम सभी उसका इस्तेमाल करते हैं या नहीं, यह अलग बात है। हम उसका इस्तेमाल करते हैं या नहीं, यह हमारे हाथ में है। यह भी सच है कि ज्यादातर लोग इसका इस्तेमाल नहीं करते। ज्यादातर लोग उन्हीं परिस्थितियों से निराश हो जाते हैं, जिनसे वे लोग प्रेरित हो रहे होते हैं।

अकसर हम देखते हैं कि बिजनेसमैन, बिजनेस तो कर रहा है, लेकिन जब आप उसकी पिछले पाँच साल की ग्रोथ देखते हैं तो पता चलता है कि उसकी ग्रोथ ज्यादा नहीं रही। इसके कुछ खास कारण हैं। या तो वह अपने बिजनेस और बिक्री को बढ़ाने में नाकाम रहा या फिर उसे लगता है कि इसी गति से उसका बिजनेस आगे बढ़ सकता है। यही उसके बिजनेस की अधिकतम क्षमता व गति है। लेकिन ऐसा नहीं है।

हमारे जीवन में अकसर ऐसी परिस्थितियाँ आती रहती हैं, जो हमें उदास

कर देती हैं और एक पल के लिए हम यह सोचते हैं कि अब सब खत्म हो चुका है। जीवन में सुख और दुःख हमेशा ही रहते हैं। ऐसे में जरूरत होती है अपने आप को प्रेरित रखने की। जो व्यक्ति हर परिस्थिति में अपने आप को प्रेरित रख पाता है, वही सफल हो सकता है।

दरवाजे का निर्माण

यदि अवसर दस्तक न दे तो एक दरवाजे का निर्माण कर लें। अगर आप उन बातों एवं परिस्थितियों की वजह से चिंतित हो जाते हैं, जो आपके नियंत्रण में नहीं हैं तो इसका परिणाम समय की बरबादी एवं भविष्य में पछतावा है।

आज के बाद कोई भी काम आपको लगे कि यह मुश्किल है, आपको लगे कि आप यह काम नहीं कर सकते हैं तो आप यह सोचिए कि अगर मैं नहीं करूँगा तो यह काम रुक जाएगा। आपके अंदर जो डर है, वह डर अपने आप इस प्रकार खत्म होगा कि मुझे तो करना है।

आज के बाद कोई भी काम आपको लगे कि यह मुश्किल है, आपको लगे कि आप यह काम नहीं कर सकते हैं तो आप यह सोचिए कि अगर मैं नहीं करूँगा तो यह काम रुक जाएगा। आपके अंदर जो डर है, वह डर अपने आप इस प्रकार खत्म होगा कि मुझे तो करना है। यदि यह काम करते-करते मैं मर भी गया, तब यह तो कहा जाएगा कि मैंने कोशिश तो की थी। इसलिए कोशिश तो करनी पड़ेगी। यह भी हो सकता है कि कोशिश करके भी काम न बने। बहुत सारे काम हैं, जो कोशिश करके भी नहीं हो पाते। लेकिन बिना कोशिश किए तो यकीनन नहीं होंगे।

यदि आप अकर्मण्य स्वभाव के हैं तो देखेंगे कि अधिक-से-अधिक लोग आपका लाभ उठाते हैं। अगर आप छल-कपट, धौंस-दाब या दुर्व्यवहार को 'न' नहीं कह सकते तो आप आक्रामक, बेईमान और एकदम असभ्य लोगों को आपके ऊपर हावी होने के लिए हरी झंडी दिखा रहे हैं। आप जितना सहन

करेंगे, उतना हो अधिक सहन करना पड़ेगा। आपको दबंग व हठी बनना होगा। इन स्थितियों में आपके लिए दबंग बनकर दिखाना ही एकमात्र उपाय है।

अगर आप अपनी कंपनी में कोई भी ऐसा बदलाव करना चाहते हैं, जो आपको लगता है कि करना चाहिए तो तुरंत कर दीजिए। यदि नहीं करना चाहते तो उस बारे में सोचिए भी नहीं, क्योंकि ऐसा न हो कि जरा सी देरी आपको महँगी पड़ जाए। हवा का रुख बदलने में जरा-सी भी देर मत करना। ऐसा न हो कि कोई फैसला गलत हो जाए और सारा काम गड़बड़ हो जाए। और ऐसे ही होते हैं फैसले। यानी फैसले लो और आगे बढ़ो। ऐसा न हो कि कहीं देर हो जाए और तब तक आप फैसला लेने लायक ही न रहें।

आप एक खुशनुमा माहौल में होते हैं तो आपका शरीर व मन सर्वश्रेष्ठ तरीके से काम करते हैं। अगर आप एक भी पल बिना उत्तेजना, चिड़चिड़ाहट, चिंता, बेचैनी या गुस्से के रहते हैं, अगर आप सहज रूप से खुश रहते हैं तो कहा जाता है कि बुद्धि का इस्तेमाल करने की आपकी क्षमता एक ही दिन में सौ फीसदी बढ़ सकती है। आपका खुशहाल अस्तित्व आपको बोध की उच्च क्षमता और कामकाज के लिए अधिक सक्षम बनाता है। जब तक आप खुद खुशमिजाज नहीं होंगे, तब तक आप किसी और को खुश रहने के लिए प्रेरित नहीं कर सकते। अगर हम खुशमिजाज हैं तो हम जो भी करेंगे, जो भी बनाएँगे, जिसकी भी रचना करेंगे, उसमें यह खूबी दिखेगी।

आप एक खुशनुमा माहौल में होते हैं तो आपका शरीर व मन सर्वश्रेष्ठ तरीके से काम करते हैं। अगर आप एक भी पल बिना उत्तेजना, चिड़चिड़ाहट, चिंता, बेचैनी या गुस्से के रहते हैं, अगर आप सहज रूप से खुश रहते हैं तो कहा जाता है कि बुद्धि का इस्तेमाल करने की आपकी क्षमता एक ही दिन में सौ फीसदी बढ़ सकती है।

अगर आप एक घंटे की खुशी चाहते हैं तो एक झपकी लीजिए, अगर आप एक दिन की खुशी चाहते हैं तो मछली पकड़िए, अगर आप एक साल

के लिए खुशी चाहते हैं तो विपुल ऐश्वर्य प्राप्त कीजिए; लेकिन अगर आप जीवन भर के लिए खुशी चाहते हैं तो किसी की मदद कीजिए।

अगर आप एक नए क्लब में शामिल होते हैं, वहाँ तीन लोगों से एकमत हो जाएँ और उनमें से दो के साथ लंबे समय तक आना-जाना रखें। इस तरह आपके दो नए दोस्त बन जाएँगे। अगर आप वहीं विराम लगा देते हैं तो आपकी झोली में इतना ही होगा। अगर आप हर एक सप्ताह बाद लोगों से मिलने के नए-नए कार्यक्रम बनाते रहेंगे तथा अनेक जमावड़ों में शामिल होते रहेंगे तो अंततः आपके दोस्तों व परिचितों का अंबार लग जाएगा।

अगर आप एक नए क्लब में शामिल होते हैं, वहाँ तीन लोगों से एकमत हो जाएँ और उनमें से दो के साथ लंबे समय तक आना-जाना रखें। इस तरह आपके दो नए दोस्त बन जाएँगे। अगर आप वहीं विराम लगा देते हैं तो आपकी झोली में इतना ही होगा।

अगर आप एक नकारात्मक मनोवृत्ति प्रदर्शित कर रहे हैं और असफलता व कठिनाइयों को आता देख रहे हैं तो यही उचित समय है, जब आपका सोचने का ढंग बदलना चाहिए। यही समय है कि आप नकारात्मक विचारों तथा व्यवहार से पीछा छुड़ाएँ और एक खुशहाल एवं सफल जीवन व्यतीत करें। एक सकारात्मक मानसिकता का विकास करना, जो आपको खुशहाली और सफलता की ओर ले जाएगी।

दिलासा

यदि आप ऐसा न करके वैसा करते तो शायद यह नहीं होता। अकसर इस तरह के वाक्यों के सहारे लोग अपने आप को दिलासा देने की कोशिश करते हैं; लेकिन खुद को इस तरह कोसना ठीक नहीं है। अगर आप किसी मुसीबत में फँस गए हैं तो यह न सोचें कि आपने यह गलती कर दी है, बल्कि यह सोचें कि इस कदम को आप ठीक कैसे कर सकते हैं। अगर, मगर, यदि, किंतु, परंतु जैसे शब्दों के साथ अपने मन में नकारात्मक खयाल लाने से आप

आगे बढ़ने की क्षमता और योग्यता—दोनों का नुकसान करते हैं। इस तरह के विचारों को छोड़कर आगे बढ़ने के रास्तों को तलाशें।

अगर आप किसी को एक बड़ी सी मुसकान देते हैं तो सामनेवाला व्यक्ति आपसे गुस्सा हो ही नहीं सकता। हमेशा बड़ी मुसकराहट देने का प्रयास करें। आप महसूस करेंगे कि एक बार फिर खुशी के दिन लौट आए हैं; लेकिन आपको मुसकराने में किसी प्रकार की कंजूसी नहीं करनी है। आधी मुसकराहट से काम नहीं चलने वाला। आधी मुसकराहट से सफलता की गारंटी देना संभव नहीं। तब तक मुसकराइए, जब तक आपके दाँत न दिखने लगें। बड़ी मुसकराहट ही सफलता की पूरी गारंटी दे सकती है। मुसकराहट इतनी शक्तिशाली होती है कि आपके मन में फिर से उत्साह झलक पड़ता है।

अगर आप किसी को एक बड़ी सी मुसकान देते हैं तो सामनेवाला व्यक्ति आपसे गुस्सा हो ही नहीं सकता। हमेशा बड़ी मुसकराहट देने का प्रयास करें। आप महसूस करेंगे कि एक बार फिर खुशी के दिन लौट आए हैं; लेकिन आपको मुसकराने में किसी प्रकार की कंजूसी नहीं करनी है। आधी मुसकराहट से काम नहीं चलने वाला।

आमंत्रण

अगर आप कुछ अधिक लज्जालु या एकाकी स्वभाव के व्यक्ति हैं तो निमंत्रण पर विचार करना और ऐसा तर्क देना आसान है कि यह उतना मजेदार नहीं होगा और यह कि आप जाना नहीं चाहते हैं। इस तरह के विचारों को अनदेखा करें और हर हाल में जाएँ। आप कभी सोच भी नहीं सकते कि कितनी उत्सुकता से लोग वहाँ आपकी प्रतीक्षा कर रहे होंगे और आपको कितना आनंद आएगा। अगर आप कुछ अधिक शरमीले हैं, आप लोगों को बाहर बुलाने में भी संकोच कर सकते हैं; हालाँकि पहले-पहल ऐसा करने में कुछ डर लगता है और इनकार सुनने का भी कुछ खतरा रहता है, फिर भी इसका आदी होना काफी आसान है। उदाहरण के तौर पर, यह उतना बुरा नहीं है, जितना कि किसी एक निश्चित

तिथि पर लोगों को बाहर निकलने के लिए कहना।

अगर आप कुछ समय तक किसी से बात नहीं करते हैं तो यह वास्तव में कोई बड़ी बात नहीं है। आप अभी भी संपर्क कायम कर सकते हैं। यह उतना बेतुका भी नहीं है। जहाँ कड़ी टूटी थी, वहीं से फिर जोड़ी जा सकती है। मित्रता को स्वत: तोड़ फेंकने की बात न सोचें।

अगर आप खुद को पूरी तरह नापसंद करते हैं तो आप उन लोगों के साथ भी घूमने-फिरने के खिलाफ हो सकते हैं, जो आपको अपने जैसे ही दिखते हैं; क्योंकि आपको उनमें अपनी ही कमियाँ नजर आएँगी। आपकी यह सोच उचित हो सकती है। अगर आपके अंदर कुछ ऐसे अवगुण हैं, जिनसे आपको चिढ़ होती है और इसी कारण आप उन लोगों से भी बचना चाहते हैं, जिनका स्वभाव आपके जैसा है, लेकिन ऐसी स्थिति में आप वास्तव में उन अच्छे लोगों से भी अकसर कतराने की कोशिश करेंगे, जिनमें प्रकृतिजन्य कुछ ऐसे लक्षण हो सकते हैं, जो आपके स्वाभिमान को ठेस पहुँचा सकते हैं।

अगर आप खुद को पूरी तरह नापसंद करते हैं तो आप उन लोगों के साथ भी घूमने-फिरने के खिलाफ हो सकते हैं, जो आपको अपने जैसे ही दिखते हैं; क्योंकि आपको उनमें अपनी ही कमियाँ नजर आएँगी। आपकी यह सोच उचित हो सकती है।

अगर आप जीवन की नौका में सवार हैं और आपको अपनी मंजिल का पता नहीं है तो आप परिस्थितियों एवं दूसरे लोगों के गुलाम बन जाएँगे। आपकी प्रगति या आपका विकास पूरी तरह आपके भाग्य पर निर्भर रहेगा। हालात की हवा नौका को किसी भी दिशा में धकेल देगी। आपका किसी चीज पर कोई नियंत्रण नहीं होगा और आप शायद ही अपनी इच्छा से कुछ कर पाएँगे। यह भी हो सकता है कि दूसरे लोगों द्वारा आप पर थोपी गई स्पर्धा के नीचे आप दबकर रह जाएँ। इस स्थिति को बदलने के लिए आवश्यक है कि अपने जीवन में आप एक लक्ष्य निर्धारित करें। यह सच है कि एक व्यक्ति अपने जीवन में कोई लक्ष्य रखता है; लेकिन मुख्य

लक्ष्य के बारे में निर्णय करने के लिए अच्छी प्रगति करना अनिवार्य है। जब आप कोई लक्ष्य निश्चित कर लेते हैं, वह एक गंतव्य जैसा हो जाता है। वहाँ पहुँचने का मार्ग आप चुन सकते हैं, कार्य-योजना बना सकते हैं और मंजिल तक तेजी से पहुँचने के लिए नीति निर्धारित कर सकते हैं। ऐसे व्यक्ति के व्यक्तित्व में स्वतः चमत्कारिक प्रभाव आ जाता है, जो उसके प्रेरक बल से उत्पन्न होता है।

□

6

बड़े सपने : बड़ी सफलता

यदि आप बड़े-बड़े काम करना चाहते हैं, बेहतर करना चाहते हैं, उसके लिए आपकी प्रेरणा अंदर से आनी चाहिए और एक बार वह अग्नि आपके अंदर प्रज्वलित हो गई तो फिर आपको कोई नहीं रोक पाएगा। आप अत्यधिक कर्मशील हो जाते हैं। आप स्वतः अपना सर्वश्रेष्ठ प्रयत्न उसमें लगा देते हैं। अगर आप यह सोचते रहें कि आप यह नहीं कर सकते, आप वह नहीं कर सकते—तो आप कभी भी सफल नहीं होंगे। यह सब सोचकर अपना समय बरबाद करना बंद करें और काम में जुट जाएँ। अपनी योग्यताओं को कम करके आँकना—यही चीज, जो आपके दिमाग में है, आपको सफल होने से रोकती है। आप आत्म-संदेह से घिरे रहते हैं। इससे बाहर निकलिए। आत्म-संदेह का कारण स्वयं में अविश्वास है। अपने वर्तमान भय को खारिज करने के लिए पूर्व उपलब्धियों का उपयोग करें। विश्वास करें कि आप कौन हैं, आप क्या हासिल करने जा रहे हैं। आप खतरे उठाने से डरें नहीं।

अगर आप वास्तव में उसके लिए उत्सुक हैं तो हर हाल में आगे बढ़ें। आधे मन से या बेमन से कुछ न करें। विफलता का भय निकाल बाहर करें। यदि कुछ करना ही चाहते हैं तो अवश्य करें, जी-जान से करें। उत्साह और खुशी से अपने प्रयास में जुट जाएँ। उसके लिए कठिन परिश्रम करें और वास्तव में उसके लिए सावधानी से काम करें।

अगर आप सचमुच एक अच्छे बिजनेसमैन बनना चाहते हैं तो इसके लिए हद से आगे जाकर प्रयास करें। अपने ग्राहकों के नाम और कॉण्टेक्ट नंबर नोट करें और कुछ दिनों में ग्राहकों को ब्रीफ कॉल करके या अन्य तरीके

से यह पता करें कि वे अपनी खरीदारी से सौ प्रतिशत संतुष्ट हैं या नहीं। इस तरह आप अपने ग्राहकों को अपना फैन बना सकते हैं और भविष्य में आपको इसका फायदा भी होगा। इस तरह से आपको अपने ग्राहकों से रेफरल भी मिलेंगे और प्रमोशन भी।

यदि आप सपना देखते हैं कि सफल होंगे तो आप सफल होंगे।

आपको सफलता के बारे में पढ़ना होगा, सफल लोगों के बारे में जानना होगा। सबसे पहले आपको अपने दिमाग में वह इनपुट करना होगा, जो आपको सफलता के बारे में सोचने के लिए प्रेरित करे। आप अधिकतर समय सफलता के बारे में सोचें। आपका मन उगते हुए सूरज की कल्पना करे। आपके दिमाग को आपको उन कार्यों को करने के लिए कहना होगा, जो आपको सफल बनाएँगे। आपको खुद को सफलता के लिए तैयार करना होगा। आपकी सफलता आप पर निर्भर करती है।

अगर आप सोचते हैं कि आप कर सकते हैं तो आप कर सकते हैं। अगर आप सोचते हैं कि आप नहीं कर सकते तो आप नहीं कर सकते हैं। अगर आप हार से सीख लें तो कभी नुकसान नहीं उठाएँगे। अगर आप समय पर अपनी गलतियों को स्वीकार नहीं करते हैं तो आप एक और गलती कर बैठते हैं।

अगर आप सोचते हैं कि आप कर सकते हैं तो आप कर सकते हैं। अगर आप सोचते हैं कि आप नहीं कर सकते तो आप नहीं कर सकते हैं। अगर आप हार से सीख लें तो कभी नुकसान नहीं उठाएँगे। अगर आप समय पर अपनी गलतियों को स्वीकार नहीं करते हैं तो आप एक और गलती कर बैठते हैं। आप अपनी गलतियों से तभी सीख सकते हैं, जब आप अपनी गलतियों को स्वीकार करते हैं।

अगर आपकी उपस्थिति से वातावरण सर्वप्रिय बन जाता है तो आप दुनिया के उन चंद लोगों में से एक हैं, जिन्हें परमात्मा प्यार करता है। अगर आपकी एकाग्रता अभी कमजोर है तो चिंता की कोई बात नहीं। किसी भी

अन्य क्षमता की तरह इसे विकसित एवं सुदृढ़ किया जा सकता है, बशर्ते कि अभ्यास किया जाए और उसके लिए आवश्यक समय, ऊर्जा एवं उत्साह का उपयोग किया जाए। अगर आपके लक्ष्य बड़े हैं, जो अप्राप्य लग रहे हैं, तो उन्हें संभवतः छोटे लक्ष्यों में बाँट लें।

अगर आपको अपने बिजनेस की वृद्धि चाहिए तो आप बहुत सी यूनिट्स खोल सकते हैं, नए-नए फ्रैंचाइजी खोल सकते हैं, किसी के साथ टाई-अप कर सकते हैं। अगर अब तक आप अपना सामान ऑफलाइन बेचते थे तो अब ऑनलाइन बेचना भी शुरू कर सकते हैं। आप अपना एक नया आउटलेट शुरू कर सकते हैं। इस प्रकार बिक्री बढ़ाने के बहुत सारे तरीके हो सकते हैं, जहाँ से आप सामान बेच सकते हैं। जगह-जगह छोटे-छोटे स्टॉल बनाए जा सकते हैं, बुकिंग ऑर्डर्स लिये जा सकते हैं।

अगर आपको अपने बिजनेस की वृद्धि चाहिए तो आप बहुत सी यूनिट्स खोल सकते हैं, नए-नए फ्रैंचाइजी खोल सकते हैं, किसी के साथ टाई-अप कर सकते हैं। अगर अब तक आप अपना सामान ऑफलाइन बेचते थे तो अब ऑनलाइन बेचना भी शुरू कर सकते हैं।

अगर आपको यह बहुत कठिन लगे या विचार आपका ध्यान हटाएँ और आपको दूसरे विषयों की तरफ ले जाएँ तो निराश न हों। रास्ते में सभी के सामने कठिनाइयाँ आती हैं। अगर आप कठिनाइयों एवं विघ्न-बाधाओं के बावजूद जमे रहें और हिम्मत न हारें तो आपके प्रयास अवश्य सफल होंगे। याद रखें, उन लोगों को भी मन को नियंत्रित करने का अभ्यास करना पड़ा था, जिनकी एकाग्रता शक्ति प्रभावशाली थी।

अगर आपको सफलता प्राप्त करनी है तो आपको लोगों के सामने खड़े होकर उनके प्रश्नों का उत्तर देना होगा। लोगों के सामने अपने सुझावों तथा विचारों को रखने से आपके बीच एक नेटवर्क बनता है। एक अच्छा नेटवर्क सफलता पाने के लिए बहुत आवश्यक है, क्योंकि इससे आप अपनी बात को

ज्यादा-से-ज्यादा लोगों तक पहुँचा सकते हैं। इसके लिए कुछ ऐसे गुणों या विशेषताओं की आवश्यकता होती है, जो जन्मजात नहीं होती हैं, बल्कि सीखी गई होती हैं। उदाहरण के लिए, सफल लोग विशिष्ट रूप से लक्ष्य-उन्मुख, अत्यधिक प्रोत्साहित, नम्र, दृढ़ निश्चयी, आत्मविश्वासपूर्ण एवं आत्मसंयमी होते हैं।

अगर इच्छा-शक्ति मजबूत हो और सपने देखने का हुनर व्यक्ति का शौक बन जाए तो मंजिलें खुद-ब-खुद रास्ता दे देती हैं। भारत के प्रमुख उद्योगपति धीरूभाई अंबानी ने रास्ते की हर रुकावट को एक चुनौती के रूप में स्वीकार किया। अपनी लगन, मेहनत और परिश्रम के बल पर उन्होंने सफलता का जो स्वर्णिम इतिहास रचा, वह आज भी लाखों लोगों का सपना है। दुकानदारों व व्यापारियों का खाता-बही ठीक करके जैसे-तैसे मिडिल तक पढ़ सके धीरूभाई ने सड़क के किनारे फल बेचे तो कभी पेट्रोल पंप पर गाड़ियों में तेल भरा। अनपढ़ माँ और आठ रुपए मासिक वेतन की मामूली सी नौकरी करनेवाले अध्यापक पिता की संतान धीरूभाई के हाथों में एक दिन देश के सबसे बड़े उद्योग समूह की बागडोर हो सकती है, यह कोई सपने में भी नहीं सोच सकता था। लेकिन इसे सच करने का सपना धीरूभाई अंबानी ने अवश्य देखा था। अपनी मृत्यु के समय वे अपने पीछे 75 हजार करोड़ रुपए की संपत्ति छोड़ गए।

अगर इच्छा-शक्ति मजबूत हो और सपने देखने का हुनर व्यक्ति का शौक बन जाए तो मंजिलें खुद-ब-खुद रास्ता दे देती हैं। भारत के प्रमुख उद्योगपति धीरूभाई अंबानी ने रास्ते की हर रुकावट को एक चुनौती के रूप में स्वीकार किया। अपनी लगन, मेहनत और परिश्रम के बल पर उन्होंने सफलता का जो स्वर्णिम इतिहास रचा, वह आज भी लाखों लोगों का सपना है।

अगर इच्छा-शक्ति मजबूत हो और सपने देखने का हुनर हो तो मंजिलें खुद-ब-खुद रास्ता दे देती हैं। सही दृष्टिकोण अपनाया जाए तो एकाग्रता

विकसित करना खेल हो सकता है। इसका अभ्यास खुशी से, खेल समझकर, आशावाद और इसकी महान् संभावनाओं की समझ के साथ किया जाना चाहिए। सकारात्मक ढंग से इसकी ओर बढ़ें और फिर देखें, सफलता कैसे आपके करीब आती है।

अगर इससे आपको मदद मिलती हो तो इस शांति-पाठ को याद करें और पढ़ें—मुझे ऐसी सोच और ऐसा शांत चित्त मिले, जिससे मैं उन बातों को स्वीकार कर पाऊँ, जिन्हें मैं बदल नहीं सकता; वह शक्ति मिले, जिससे मैं उन परिस्थितियों को बदल पाऊँ, जिन्हें बदल सकता हूँ और ऐसा विवेक मिले, जिससे मैं अलग-अलग परिस्थितियों के बीच का फर्क समझ पाऊँ।

अगर किसी चीज को दिल से चाहो तो पूरी कायनात उसे आपसे मिलाने में लग जाती है। अगर कोई मुश्किल काम या परिस्थिति सामने आए तो उससे घबराने की जगह सकारात्मक कार्य करते हुए उस काम को पूरा करें। अगर चीजें योजना के अनुसार नहीं होती हैं तो वह ठीक है।

अगर किसी चीज को दिल से चाहो तो पूरी कायनात उसे आपसे मिलाने में लग जाती है। अगर कोई मुश्किल काम या परिस्थिति सामने आए तो उससे घबराने की जगह सकारात्मक कार्य करते हुए उस काम को पूरा करें। अगर चीजें योजना के अनुसार नहीं होती हैं तो वह ठीक है। अपने आप को याद दिलाएँ कि चीजें हमेशा सुचारु रूप से नहीं चलती हैं और जो आप चाहते हैं कि वास्तव में हमेशा आप को वह नहीं मिलेगा, यह हर किसी के लिए सच है, भले ही उसका जीवन कितना शानदार हो।

अचानक या बिना परिश्रम किए मिलनेवाली विजय कोई महत्त्व नहीं रखती। हम उसका मूल्य नहीं जान पाते, जबकि वह विजय आनंददायक होती है, जो खूब लड़ने से प्राप्त होती है। मनुष्य की बल-बुद्धि इच्छा-शक्ति के उस संघर्ष का फल है, जिसमें कठिनाइयों का मुकाबला करना पड़ता है। हम इसे प्रयत्न भी कह सकते हैं। कितने मजे की बात है कि कोशिश से असंभव कार्य

भी संभव हो जाता है। उत्तम मस्तिष्क का चिह्न उसकी कर्तव्यनिष्ठा है, जो सब प्रकार के परिवर्तन होने पर भी कभी नहीं बदलती, बल्कि कठिनाइयों का सामना करती हुई अपने ध्येय को प्राप्त करती है। छोटी मस्तिष्कीय क्षमताएँ आपत्तियों से दब जाती हैं, जबकि बड़ी मस्तिष्कीय क्षमताएँ आपत्तियों पर विजय प्राप्त कर लेती हैं।

व्यक्तित्व-निर्माण

अच्छा प्रशिक्षण मिलने पर कोई भी बच्चा या वयस्क विचार-विनिमय अर्थात् संप्रेषण की चतुराई और विभिन्न विषयों को सीख सकता है, जैसे कि गाड़ी या कंप्यूटर चलाना। इसी तरह पर्सनैलिटी डेवलपमेंट में प्रशिक्षण प्राप्त करने से किसी भी व्यक्ति के सामान्य और अद्वितीय गुणों में वृद्धि हो जाती है।

अच्छा प्रशिक्षण मिलने पर कोई भी बच्चा या वयस्क विचार-विनिमय अर्थात् संप्रेषण की चतुराई और विभिन्न विषयों को सीख सकता है, जैसे कि गाड़ी या कंप्यूटर चलाना। इसी तरह पर्सनैलिटी डेवलपमेंट में प्रशिक्षण प्राप्त करने से किसी भी व्यक्ति के सामान्य और अद्वितीय गुणों में वृद्धि हो जाती है।

पर्सनैलिटी डेवलपमेंट का शिक्षक एक व्यक्ति को सकारात्मक सोच का ढंग अपनाने, आत्मविश्वास प्राप्त करने, व्यवहार में सुधार करने, बेहतर संप्रेषण सीखने और एक स्वस्थ शरीर का विकास करने में उसकी मदद करता है।

अच्छा व्यक्तित्व अर्जित करके हम शारीरिक सौंदर्य की कमी को पूरा कर सकते हैं। इसी भाँति उच्च पारिवारिक स्थिति होने पर भी क्षणात्मक मन:स्थिति हमारे आत्मविश्वास को घटाने का कार्य करती है। मनुष्य के लिए आत्मविश्वास को बनाए रखने के दो मार्ग हैं। एक तो वह जो पाना चाहता है, उसे प्राप्त कर ले अथवा अपनी अपेक्षाओं-आकांक्षाओं में कटौती कर ले। आत्मविश्वास सिर्फ एक मानसिक स्थिति के रूप में प्रकट नहीं होता, बल्कि व्यक्ति के बाह्य व्यक्तित्व में भी परिलक्षित होता है।

अच्छी आदतों का विकास

अच्छी आदतें सामान्यत: तभी विकसित होती हैं, जब हम अपने स्तर पर सजग प्रयास करें। जब हम कोई आदत बना लेते हैं तो वह हमारे ऊपर हावी हो जाती है और हमारे व्यक्तित्व का हिस्सा बन जाती है। हमारी आदतों का कुल योग, सार तत्त्व हमारे चरित्र में ठोस जड़ जमा लेता है, जिसके फलस्वरूप हमारी आदतें या तो हमारी श्रेष्ठ मित्र हो सकती हैं या हमारे ऊपर अपना जबरदस्त कोड़ा चला सकती हैं।

> ***अच्छी आदतें सामान्यत: तभी विकसित होती हैं, जब हम अपने स्तर पर सजग प्रयास करें। जब हम कोई आदत बना लेते हैं तो वह हमारे ऊपर हावी हो जाती है और हमारे व्यक्तित्व का हिस्सा बन जाती है।***

बेंजामिन फ्रेंकलिन ने इस बात को बहुत खूबसूरती से इन शब्दों में प्रस्तुत किया है—“दुनिया के लिए आपका वास्तविक महत्त्व क्या है, इसका निर्धारण आपकी अच्छी आदतों में से बुरी आदतों को घटाने के बाद जो कुछ बचता है, उसके आधार पर किया जाता है।” उन्होंने हमें यह भी बताया कि बुरी आदतों को तोड़ने की अपेक्षा उन्हें रोकना अधिक आसान होता है।

अच्छे कपड़े

अच्छे ढंग के कपड़े पहने व्यक्ति की हर जगह सराहना होती है। किसी भी क्षेत्र, जैसे कि विपणन, व्यापार, चलचित्र, समाचार माध्यम आदि में सफल लोगों को देखकर आप इस नतीजे पर पहुँचेंगे कि लगभग प्रत्येक क्षेत्र में अधिकतर सफल व्यक्तियों को अच्छे वस्त्र पहनने का बहुत चाव होता है। अच्छे कपड़े पहनने से व्यक्ति में चुस्ती-फुरती का एहसास होता है। वह अधिक आत्मविश्वासपूर्ण और तनाव-मुक्त महसूस करता है। उसके चेहरे पर खुशी की चमक रहती है। उसके हाथ मिलाने में अधिक विश्वास झलकता है। घटिया कपड़े पहनने से हमेशा हीनभावना पनपती है। कोई अच्छी कंपनी

आजकल ऐसे व्यक्ति को नौकरी नहीं देती है, जिसे कपड़े पहनने का सलीका न आता हो।

अच्छे वस्त्र पहने हुए साथियों के बीच साधारण और स्वच्छ वस्त्र पहनकर खड़ा होना भी साहस की बात है। धोखे और गलत तरीके से धनवान् न होकर गरीब बने रहना भी साहस ही है। चारों तरफ खड़े हुए बहुत से व्यक्ति जब 'हाँ-हाँ' कर रहे हों तो उसको अनुचित समझकर 'नहीं' कहना भी एक साहस है। समाज आप पर मिथ्या आरोप लगा रहा हो, आपको गलत ठहरा रहा हो, तब मिथ्यावाद से न डरकर अपने वास्तविक स्वरूप को दिखाना भी साहस है। समाज आपका विरोध कर रहा हो, आपके मंतव्यों को बुरा बता रहा हो, आपके चरित्र को न समझ रहा हो, आपको मूर्ख समझ रहा हो; परंतु यदि आप घबराओ नहीं और अपने मंतव्यों को सुरक्षित रखते हुए शांतिपूर्वक एकांत में बैठे रहो तो यह महान् साहस है।

अच्छे वस्त्र पहने हुए साथियों के बीच साधारण और स्वच्छ वस्त्र पहनकर खड़ा होना भी साहस की बात है। धोखे और गलत तरीके से धनवान् न होकर गरीब बने रहना भी साहस ही है। चारों तरफ खड़े हुए बहुत से व्यक्ति जब 'हाँ-हाँ' कर रहे हों तो उसको अनुचित समझकर 'नहीं' कहना भी एक साहस है।

अच्छे-से-अच्छे शस्त्र और औजार तब तैयार होते हैं, जब वे कई बार अग्नि में तपाए जाते हैं, हथौड़े से पीटे जाते हैं और सान पर चढ़ाए जाते हैं। लोहा स्वयं एक बहुत दृढ़ धातु है। हीरे का तो कहना ही क्या है; वह अत्यंत कठोर पदार्थ है; परंतु उनमें उपयोगिता और चमक-दमक कुटाई-पिसाई व रगड़ाई के बिना नहीं आ सकती। इसी प्रकार, मनुष्य में चाहे जितने गुण हों, परंतु जब तक वह आपत्तियों का शिकार नहीं होता और उसको कष्ट के धक्के नहीं लगते, तब तक उसका गुण, उसका श्रेष्ठ रूप प्रकट नहीं होता।

अजीबोगरीब बातें

मस्तिष्क की यह विशेषता है कि वह बढ़ा-चढ़ाकर अजीबो-गरीब तरीकों से प्रस्तुत की गई बातें को लंबे समय तक अपनी स्मृति में धारण किए रहता है। फिर क्यों न मस्तिष्क की इस विशेषता से लाभान्वित हुआ जाए। मान लीजिए, आपके अध्यापक कुरसी पर खड़े होकर पढ़ाते हैं, तो यह घटना आपको अजीब लगेगी और आप इस घटना को आसानी से भूल नहीं पाएँगे। आपकी स्मृति में हमेशा के लिए वह अजीबोगरीब घटना बैठ जाएगी और उसी के सहारे जब भी आपको कॉलेज के दिन याद आएँगे तो बरबस ही उन अध्यापक का चेहरा भी आपकी आँखों के सामने घूम जाएगा।

> ***सफलता की जो भी परिभाषा आप निश्चित करें, उसमें खेल और हँसी-दिल्लगी को भी शामिल करें, उसमें खुशी का बघार दें। अब उसमें संतोष एवं परितृप्ति का भाव शामिल करें। इस प्रकार, आप प्रचुरता को आकर्षित एवं संवर्धित करते हैं और अंत में अब सफलता का सुख भोगें, न कि बाद में।***

सफलता की जो भी परिभाषा आप निश्चित करें, उसमें खेल और हँसी-दिल्लगी को भी शामिल करें, उसमें खुशी का बघार दें। अब उसमें संतोष एवं परितृप्ति का भाव शामिल करें। इस प्रकार, आप प्रचुरता को आकर्षित एवं संवर्धित करते हैं और अंत में अब सफलता का सुख भोगें, न कि बाद में।

कम समय में निश्चित लक्ष्य के साथ ही सफलता प्राप्त करना संभव है। चाहे जितनी भी बाधाएँ सामने आएँ, आने देना चाहिए। मन में थोड़ा भी भय उत्पन्न नहीं होने देना चाहिए। बस, आत्मविश्वास के साथ बाधाओं से भिड़ जाएँ। फिर स्वयं अनुभव होगा कि "यह कार्य तो बड़ा आसान था। मैं तो इसे वैसे ही कठिन समझ रहा था।"

जब कोई लक्ष्य निर्धारित किया जाता है तो उसे पाना महत्त्वपूर्ण होता है। बाधाएँ तो आती ही रहती हैं, उनसे विचलित नहीं होना चाहिए। जो व्यक्ति

मार्ग में आनेवाली बाधाओं से डर जाता है, वह अपने लक्ष्य को कदापि नहीं पा सकता। जिस प्रकार धनुर्धर अर्जुन को धनुष से निशाना लगाते समय केवल चिड़िया की आँख दिखाई दे रही थी, उसी प्रकार सफलता प्राप्त करने के लिए, अपने द्वारा निर्धारित लक्ष्य को प्राप्त करने के लिए अपनी दृष्टि केवल अपने लक्ष्य पर केंद्रित रखनी चाहिए। आपकी सफलता से ईर्ष्या करनेवाले आपकी बाधाएँ बन सकते हैं। वे आपको दिग्भ्रमित कर सकते हैं।

कर्म-कर्तव्य

जीने का अधिकार किसे है? जो कर्म करता है, क्योंकि उसका कर्म उसे तो सफल करता ही है, साथ ही वह दूसरों को भी उससे लाभान्वित करता है। जबकि जो कर्म नहीं करता, वह स्वयं तो धरती पर बोझ है ही, फिर वह दूसरों के लिए क्या करेगा, क्या प्रेरणा देगा? अतः वह जीवन का अधिकारी नहीं है। जो मनुष्य कर्म को अपना कर्तव्य समझकर करता है, वही कर्म उसे परम लक्ष्य प्राप्त कराता है, मनुष्य को सफलता देता है। इसलिए कर्म को कर्तव्य समझकर कर्मानुसार करें। इस प्रकार किया गया कार्य मनुष्य को अन्य मनुष्यों से अलग करता है—भीड़ से अलग।

जीने का अधिकार किसे है? जो कर्म करता है, क्योंकि उसका कर्म उसे तो सफल करता ही है, साथ ही वह दूसरों को भी उससे लाभान्वित करता है। जबकि जो कर्म नहीं करता, वह स्वयं तो धरती पर बोझ है ही, फिर वह दूसरों के लिए क्या करेगा, क्या प्रेरणा देगा? अतः वह जीवन का अधिकारी नहीं है।

वस्तुतः आपका भविष्य आपके शुभाशुभ विचारों पर टिका होता है। अब यह मनुष्य को स्वयं निर्णय करना होता है कि वह सफलता प्राप्त करना चाहता है या असफलता? यदि कोई मनुष्य दूसरों के गलत कार्यों पर विचार करता है तो उसके मन में भी गलत विचार आ सकते हैं; लेकिन जो व्यक्ति उन गलत विचारों से सीख लेकर उन्हें छोड़ देता है, वही अच्छे आचार-

विचार वाला होता है। यह क्षमता मनुष्य में कैसे उत्पन्न हो सकती है? केवल आत्मविश्वास से। अपनी शक्ति को पहचानकर यदि हम कार्य करते हैं तो हमें बाहरी सहायता की आवश्यकता नहीं होती।

अतः सफलता प्राप्त करने के लिए उत्साह से कार्य करें और दूसरों को भी उत्साहित करें। सफलता निश्चित मिलेगी। प्रत्येक कार्य धैर्यपूर्वक करना चाहिए, न कि उतावलापन दिखाकर अपने बनते काम को बिगाड़ देना चाहिए। अपने मन का संतुलन बनाए रखना चाहिए, जिससे अधीरता अपने पंजे न गड़ा सके। यही धैर्य सफलता का मूलमंत्र है।

साथ ही, वैयक्तिक और सामूहिक सफलता का एकमात्र रहस्य समय की पूजा, अर्थात् एक-एक पल का सदुपयोग है। यदि हम एक-एक पल को साधन का दीप बना सकें तो हमारा जीवन मंगलमय हो सकता है और हम किसी भी लक्ष्य को सरलता के साथ भेद सकते हैं, इसमें कोई संदेह नहीं है।

समस्त ज्ञान, चाहे वह लौकिक हो या आध्यात्मिक, मनुष्य के मन में है। बहुधा वह प्रकाशित न होकर ढका रहता है और जब आवरण धीरे-धीरे हटता जाता है तो हम कहते हैं कि 'हम सीख रहे हैं'। ज्यों-ज्यों इस आविष्करण की क्रिया बढ़ती जाती है, त्यों-त्यों हमारे ज्ञान की वृद्धि होती जाती है।

सीखने की क्रिया

समस्त ज्ञान, चाहे वह लौकिक हो या आध्यात्मिक, मनुष्य के मन में है। बहुधा वह प्रकाशित न होकर ढका रहता है और जब आवरण धीरे-धीरे हटता जाता है तो हम कहते हैं कि 'हम सीख रहे हैं'। ज्यों-ज्यों इस आविष्करण की क्रिया बढ़ती जाती है, त्यों-त्यों हमारे ज्ञान की वृद्धि होती जाती है। जिस मनुष्य पर से यह आवरण उठता जा रहा है, वह अन्य व्यक्तियों की अपेक्षा अधिक ज्ञानी है और जिस पर यह आवरण तह-पर-तह पकड़ा हुआ है, वह अज्ञानी है। जिस पर से यह आवरण पूरा हट जाता है, वह सर्वज्ञ, सर्वदर्शी हो जाता है।

चकमक पत्थर के टुकड़े में अग्नि के समान ज्ञान मन में निहित है। सुझाव या उद्दीपक कारण ही वह घर्षण है, जो उस ज्ञानाग्नि को प्रकाशित कर देता है। सभी ज्ञान और सभी शक्तियाँ भीतर हैं। हम जिन्हें शक्तियाँ, प्रकृति के रहस्य या बल कहते हैं, वे सब भीतर ही हैं। मनुष्य की आत्मा से ही सारा ज्ञान आता है। जो ज्ञान सनातन काल से मनुष्य के भीतर निहित है, उसी को वह बाहर प्रकट करता है, अपने भीतर देख पाता है।

अपनी सोच को सकारात्मक रखें, अपने नजरिए को न बदलें। सदैव किसी तथ्य के सकारात्मक पक्ष को ही देखें। अधिकांश आविष्कारक स्थान-स्थान पर भटकते नहीं फिरे। उन्होंने अपने आविष्कार अपने निज स्थान पर अत्यंत कम संसाधनों की सहायता से पूर्ण किए।

अतएव, अपनी सोच को सकारात्मक रखें, अपने नजरिए को न बदलें। सदैव किसी तथ्य के सकारात्मक पक्ष को ही देखें। अधिकांश आविष्कारक स्थान-स्थान पर भटकते नहीं फिरे। उन्होंने अपने आविष्कार अपने निज स्थान पर अत्यंत कम संसाधनों की सहायता से पूर्ण किए। अनेक व्यक्ति ऐसी छोटी और रद्दी वस्तुओं से लाभदायक पदार्थ बनाकर धनवान् हो गए हैं, जिन्हें हजारों लोग रद्दी समझकर फेंक देते हैं और फिर उन्हें छूते भी नहीं। अतः जीवन में कैसी भी परिस्थितियाँ आएँ, अपनी सोच मत बदलो, न ही कभी हिम्मत हारो। सफलता स्वयं ही आपके कदमों को चूमेगी।

□

7

क्षमता की परख

अपनी कमजोर-से-कमजोर उमंगों को भी सजाइए, सँवारिए तथा औरों के लिए जीने का आनंद उठाइए। अँधेरी जिंदगी में चमकनेवाली आशा की छोटी-से-छोटी किरण की भी उपेक्षा मत कीजिए। आनंद व प्रसन्नता की मामूली-सी बात पर भी पूरा ध्यान दीजिए। सामान्य-सी प्रतीत होनेवाली प्रसन्नता की ये बातें हम सबकी स्मृतियों की अमूल्य निधि बन जाती हैं।

अपनी कमजोरियों एवं गुणों को पहचानिए। अपने व्यक्तित्व के सकारात्मक पहलुओं को और मजबूत करने की कोशिश कीजिए।

अपनी क्षमता को पहचानना बड़ा महत्त्व रखता है। अपने स्वयं के बारे में एक यथार्थवादी मूल्यांकन करें। इस बात को जानें कि आप क्या हासिल करने की योग्यता रखते हैं और तदनुसार कार्य करें। ऐसा करने से आपको अपने मन-मानस से नकारात्मक विचारों को दूर करने में मदद मिलेगी। ध्यान रहे कि कुछ ऐसा करने के लिए अपनी प्रतिष्ठा को दाँव पर न लगाएँ, जो आपकी क्षमताओं के परे हो

अपनी क्षमता में वृद्धि करें। जिस विषय पर आप अपनी क्षमता में वृद्धि करना चाहते हैं, उसके बारे में पढ़ें और अभ्यास करें। जब आपकी क्षमता बढ़ेगी तो आपका आत्मविश्वास भी बढ़ेगा। अपनी क्षमताओं को जानकर और उनमें विश्वास करके ही हम एक बेहतर विश्व का निर्माण कर सकते हैं।

अपनी क्षमताओं तथ कौशल को सचेत रखिए। जो क्षमताएँ आपके पास हैं, वे मात्रा में चाहे कितनी भी कम क्यों न हों, उनका कारोबार कीजिए। आप देखेंगे कि वे बढ़ने लगी हैं। हम बहुत बार अपनी क्षमताओं की वजह

से नहीं, बल्कि उद्‍देश्य की कमी तथा सचेतनतापूर्वक प्रदर्शन न कर पाने की कमी के कारण असफल हो जाते हैं। कार्य करने की किसी भी शैली को स्थायी तौर पर अपना ढर्रा मत बनाइए। उसमें निरंतर गुणवत्ता व सुधार के प्रयास कीजिए। आपके प्रयोग जब लोगों के सामने प्रकट होंगे तो वे आपको स्वीकारेंगे, सराहेंगे तथा चाहेंगे।

अपनी चिंता हमें स्वयं ही करनी है। इतना तो हम कर ही सकते हैं। हमें कुछ समय तक दूसरों की ओर ध्यान देने का खयाल छोड़ देना चाहिए। आओ, हम अपने साधनों को पूर्ण बना लें, फिर साध्य अपनी चिंता स्वयं कर लेगा; क्योंकि दुनिया तभी पवित्र और अच्छी हो सकती है, जब हम स्वयं पवित्र और अच्छे हों। वह है कार्य और हम हैं उसके कारण। इसलिए आओ, हम अपने आपको पवित्र बना लें! आओ, हम अपने आपको पूर्ण बना लें।

अपनी चिंता हमें स्वयं ही करनी है। इतना तो हम कर ही सकते हैं। हमें कुछ समय तक दूसरों की ओर ध्यान देने का खयाल छोड़ देना चाहिए। आओ, हम अपने साधनों को पूर्ण बना लें, फिर साध्य अपनी चिंता स्वयं कर लेगा; क्योंकि दुनिया तभी पवित्र और अच्छी हो सकती है, जब हम स्वयं पवित्र और अच्छे हों।

अपनी छोटी-छोटी परेशानियों से बुरी तरह प्रभावित हो जाना आसान है। यह परिस्थिति हमारी हर क्रिया-प्रतिक्रिया को सूक्ष्म रूप से प्रभावित करती है। इसलिए जरा सोचिए और थोड़ा शांतचित्त होकर, आनंद भाव से और थोड़ा ज्यादा प्यार से देखिए। हमेशा याद रखें, कुछ भी स्थायी नहीं है। अगर आप किसी ऐसे संकट या दुःख से घिरे हैं, जिससे आप उबर नहीं पा रहे हैं तो बस, शांतचित्त हो जाइए और जो हो रहा है, उसको होने दीजिए। अगर आपकी तकलीफ कुछ ज्यादा ही लंबी खिंच रही है, तब भी याद रखिए, जैसे सबकुछ गुजर जाता है, वैसे यह भी गुजर जाएगा।

योग्यता पर भरोसा

अपनी योग्यता एवं शक्ति को पहचानें। यदि कोई आपकी सफलता से जलता है या क्रोधित होता है तो होने दीजिए, क्योंकि यह एक स्वाभाविक मानवीय प्रवृत्ति है। इस तरह के लोग जो करना चाहते हैं, उन्हें करने दीजिए। ऐसे लोग दूसरों की गलतियाँ निकालने या गप हाँकने में समय बरबाद करने के सिवा और कुछ नहीं कर सकते।

अपनी योग्यता पर भरोसा रखिए। ऐसा कोई काम नहीं है, जो आपकी योग्यता से बढ़कर हो। इस दुनिया में सबकुछ संभव है और जितने भी मुश्किल काम होते हैं, उन्हें सामान्य-से-सामान्य लोग पूरा करते हैं। सामान्य व्यक्ति ही महान् खोजों को अंजाम देते हैं। आपके अंदर भी कुछ अलग करने की योग्यता है। अपनी उस योग्यता पर विश्वास रखें और आगे बढ़ें। अथक प्रयास और कठिन मेहनत से कुछ भी हासिल किया जा सकता है। अगर आप पर लोग विश्वास न करें तो हौसला न खोएँ और निरंतर आगे बढ़ते रहें। जहाँ कोई नहीं पहुँच सका, वहाँ आप पहुँचकर दिखाएँगे। इस बात को न केवल मान लीजिए, बल्कि इसे ठान भी लीजिए। इसके लिए कठिन मेहनत कीजिए। फिर देखिए, जो लोग आपसे दूरी बना रहे थे, वे कैसे आपके मुरीद हो जाएँगे।

अपनी योग्यता पर भरोसा रखिए। ऐसा कोई काम नहीं है, जो आपकी योग्यता से बढ़कर हो। इस दुनिया में सबकुछ संभव है और जितने भी मुश्किल काम होते हैं, उन्हें सामान्य-से-सामान्य लोग पूरा करते हैं। सामान्य व्यक्ति ही महान् खोजों को अंजाम देते हैं।

अपनी शक्ति को एक ही दिशा में केंद्रित करके अपनी पूरी प्रतिभा के साथ जब व्यक्ति किसी कार्य को करता है तो निश्चित ही उसके परिणाम अचरज भरे होते हैं। हमारे देश में ऐसे लोगों की अनेक मिसालें हैं, जिन्होंने कम योग्यता और प्रतिभा होते हुए भी अपनी संपूर्ण शक्ति को एक ही बिंदु पर केंद्रित करके अभूतपूर्व उपलब्धियों को जन्म दिया। ऐसे भी अनेक लोग हैं,

जिन लोगों ने अपने जीवन में कभी स्कूल का मुँह तक नहीं देखा। उन लोगों पर आज सभ्य व शिक्षित समाज के लोग शोध करने में जुटे हैं।

मनुष्य मूलतः सफल होने के लिए जन्म लेता है; लेकिन अनदेखी या उपेक्षा के कारण हमारी जीतने की क्षमता का उच्चतम स्तर तक विकास नहीं हो पाता। अधिकतर लोग अपना व्यक्तित्व दूसरों की अपेक्षा के अनुसार विकसित करते हैं और इसी कारण वे अपनी अनोखी विशेषताओं को चमकाने में असमर्थ रहते हैं। अतः जरूरत है इस बात की कि हम रुकावटों को हटाएँ और अपनी मौलिकता एवं अपने निरालेपन के साथ साहस से आगे बढ़ें। केवल तभी कोई एक साधारण व्यक्तित्व को एक प्रभावशाली व्यक्तित्व में परिवर्तित कर सकता है।

मनुष्य मूलतः सफल होने के लिए जन्म लेता है; लेकिन अनदेखी या उपेक्षा के कारण हमारी जीतने की क्षमता का उच्चतम स्तर तक विकास नहीं हो पाता। अधिकतर लोग अपना व्यक्तित्व दूसरों की अपेक्षा के अनुसार विकसित करते हैं और इसी कारण वे अपनी अनोखी विशेषताओं को चमकाने में असमर्थ रहते हैं।

अपनी सोच को सही तरीके से सपनों को पूरा करने के लिए अमल में लाने का प्रयास करें। हर व्यक्ति के अपने सपने होते हैं, जो बहुत महत्त्वपूर्ण होते हैं। एक अच्छी सोच के बावजूद वे डरते हैं कि कहीं लोग हम पर हँसें न। यह जानकर आश्चर्य होगा कि ज्यादातर लोग अपने सपने इसलिए नहीं पूरे कर पाते, क्योंकि वे उनके टूट जाने या पूरा न हो पाने के डर से परेशान रहते हैं। युवाओं को स्वयं से कहना होगा कि उनमें सपनों को पूरा करने की क्षमता है और आप उन्हें पूरा होता हुआ देखेंगे।

अपनी बुरी सोच, अपनी बुरी आदतों के संबंध में आपको आत्म-संबोधन करना चाहिए, 'यह है वह बुरी आदत, जिसने मेरी शक्ति को नष्ट कर दिया है। इस अवगुण के कारण ही मैं अपने काम में इतना साहसी और उत्साही नहीं रह पाया।'

अपने आप को परखें और अपने मन में चल रही परेशानियाँ दूर करें। आंतरिक संघर्ष आपकी समय की धारणा को जटिल बनाते हैं। यह बड़ा ही सुखद होता है, जब आपको पता चलता है कि आपके पास खुद के लिए कितना समय है। अपने मन में अतीत में मिली उपलब्धियों और कड़वे अनुभवों की तसवीर बना लें। साथ ही, अपने भविष्य की भी तसवीर बना लें। इससे आपको प्राथमिकताओं को एक लय में लाने में मदद मिलेगी। आंतरिक संगठन और बाहरी संगठन का तालमेल बहुत जरूरी है।

अपने आप पर बहुत दबाव न बनाएँ। अधिक सोचने से केवल मामलों को बदतर बनाया जा सकता है। इससे जो समस्या नहीं भी है, वह भी शुरू हो जाती है। अधिक सोचने से आत्मसंदेह खुद ही होने लगता है। भविष्य या अतीत के बजाय वर्तमान पर ध्यान केंद्रित करना आपके मन को बहुत आवश्यक स्पष्टता प्रदान करेगा, जिससे आपको दोबारा फोकस करने और आगे बढ़ने का रास्ता मिल जाएगा।

अपने आप पर बहुत दबाव न बनाएँ। अधिक सोचने से केवल मामलों को बदतर बनाया जा सकता है। इससे जो समस्या नहीं भी है, वह भी शुरू हो जाती है। अधिक सोचने से आत्मसंदेह खुद ही होने लगता है।

अपने आप पर भरोसा करना सीखिए। कायरता छोड़िए, ताकि आप साहसी बन सकें। साहस आपको ऊर्जावान् बनाता है, ताकि आप सही निर्णय ले सकें। आपके अंदर इतना आत्मविश्वास होना चाहिए कि सारी अड़चनों-बाधाओं के बावजूद आप लक्ष्य को हासिल कर लेंगे। अगर आप ऐसी कल्पना करेंगे कि आपने अपने लक्ष्य प्राप्त कर लिये हैं तो आपका आत्मविश्वास बढ़ेगा और सफलता पाने में सुविधा होगी। ऐसी गतिविधियों में भाग लें, जो आपको सफलता और उपलब्धि का एहसास करा सकें। इसका परिणाम बहुत अनुकूल होगा। आपके नकारात्मक विचार दूर हो जाएँगे।

अपने आसपास दृष्टि डालें तो बहुत से निरुद्देश्य लोग आपको घूमते

दिखाई देंगे। मेरे एक पड़ोसी हैं। मैं जब भी उनसे पूछता हूँ, "और भई, क्या चल रहा है?" तो उनका एक ही उत्तर होता है, "बस, पचास निकल गई, बीस बची है। वह भी गुजर जाएगी।"

अपने उद्‌देश्यों को प्राप्त करने के लिए अपने शरीर की शक्ति का सम्यक् दिशा में उपयोग कीजिए। आश्चर्यजनक बात यह है कि हमारे शरीर में ही हमारी तमाम बीमारियों के निदान छिपे हैं। नकारात्मक विचारों से बचकर और अपनी श्वास की गति को सही आयाम में निर्धारित करने से हम अपनी क्षमवा का सर्वोच्च उपयोग कर सकते हैं। उदाहरण के लिए, छोड़ी जानेवाली प्रत्येक साँस के साथ किसी एक शब्द पर ध्यान केंद्रित कीजिए। इस प्रक्रिया को दोहराने से एक ही पल में आप अपूर्व शांति और अनंत धैर्य का अनुभव करने लगेंगे।

अपने उद्‌देश्यों, अपने कार्यों और अपनी कमजोरियों की एक सूची तैयार कीजिए। थोड़े-थोड़े दिनों बाद उनमें क्या बदलाव आया है, उसको परखते रहिए। थोड़े ही समय बाद आपको अपने व्यक्तित्व में एक सकारात्मक बदलाव आता दिखाई देगा।

अपने उद्‌देश्यों, अपने कार्यों और अपनी कमजोरियों की एक सूची तैयार कीजिए। थोड़े-थोड़े दिनों बाद उनमें क्या बदलाव आया है, उसको परखते रहिए। थोड़े ही समय बाद आपको अपने व्यक्तित्व में एक सकारात्मक बदलाव आता दिखाई देगा।

अपने ऊर्जा स्तर को जानें

दिन में अलग-अलग समय पर हर व्यक्ति की शारीरिक व मानसिक ऊर्जा का स्तर अलग हो सकता है। उदाहरण के तौर पर, कुछ लोग सुबह के समय ज्यादा ताजगी और उत्साह महसूस करते हैं तो कुछ लोग शाम को या फिर रात के समय। कुछ लोगों को सुबह उठकर पढ़ा हुआ अच्छे से याद रहता है तो कुछ को देर रात को पढ़ा हुआ। तो जिस समय आप अपने को

ज्यादा ताजादम और ऊर्जावान् महसूस करते हैं, वह समय आपकी पढ़ाई के लिए अनुकूल है।

अपने कार्यों के लाभ पर ध्यान केंद्रित करें और आलस पर काबू पाने के लिए खुद को पुरस्कृत करें इसके अलावा, इस बारे में सोचें कि आलस का शिकार होने पर क्या-क्या हो सकता है? अपने आपको प्रेरित करने के लिए उन सभी पर नजर रखें। अपने गंतव्य स्थान तक पहुँचने के लिए अब सिर्फ आपको तय करना है कि कौन सा तरीका अपनाया जाए? यानी जिंदगी की इस गाड़ी को कौन सी पटरी पर डाला जाए, जिससे कि आप अपनी मंजिल पा सकें?

अपने गुणों में इजाफा करके हम अपनी रचनाधर्मिता का संपोषण कर सकते हैं। सद्भावना, आशावादिता तथा अध्यवसाय सरीखी विशेषताएँ हमारे व्यक्तित्व में रचनात्मकता का संचार करती हैं। कुछ लोगों में रचनात्मकता स्वभाविक रूप से होती है, जबकि कुछ लोग थोड़ी सी तैयारी से इसे विकसित करने में सफल हो सकते हैं।

अपने गुणों में इजाफा करके हम अपनी रचनाधर्मिता का संपोषण कर सकते हैं। सद्भावना, आशावादिता तथा अध्यवसाय सरीखी विशेषताएँ हमारे व्यक्तित्व में रचनात्मकता का संचार करती हैं। कुछ लोगों में रचनात्मकता स्वभाविक रूप से होती है, जबकि कुछ लोग थोड़ी सी तैयारी से इसे विकसित करने में सफल हो सकते हैं।

अपने जीवन का एक लक्ष्य बनाओ और इसके बाद अपना सारा शारीरिक व मानसिक बल, जो ईश्वर ने तुम्हें दिया है, उसमें लगा दो। अपने जीवन की सार्थकता को समझते हुए अपने जीवन को सक्षम बनाइए, भोक्ता और कर्ता बनिए। जीवन के मार्ग में दर्शक की क्या स्थिति हो सकती है? सोचिए! जिंदगी जीनी पड़ती है। अपने लक्ष्य को कर्म-नियोजित करके अपने जीवन को सफल बनाइए।

अपने नियत कार्य को पूरा करने के लिए समय लें, खासतौर पर अगर

आपका टास्क बहुत बड़ा है तो। छोटी चीजें बहुत अधिक सुलभ और अधिक साध्य लगती हैं। नियत कार्य को भागों में तोड़कर आप उस पर अच्छे से नियंत्रण पा सकते हैं और यह दिखने में भी बहुत आरामदेह लगती है। अपने प्रगति पथ पर निरंतर आगे बढ़ते रहनेवाले आत्मविश्वासी व्यक्तियों के लिए मदद के अनसोचे व अनचाहे झरने बहते हैं। अनपेक्षित व्यवधानों के चलते यदि थोड़ी सी देर के लिए रुकना या पीछे हटना भी पड़े तो हताश होने की आवश्यकता नहीं। आत्मविश्वास के धनी मनुष्यों को पता है कि जरा पीछे हटकर पुनः दौड़ लगाकर कूदने से ही लंबी छलाँग लगाई जा सकती है। लक्ष्य-प्राप्ति के मार्ग के तहत यदि थोड़ा सा पीछे हटना भी पड़े तो वह संघर्ष में विजय-प्राप्ति हेतु व्यूह-रचना का एक अंग है।

अपने प्रयासों में पूर्णता तथा इरादों में पवित्रता लेकर कार्य करनेवाले लोग एक हजार बार हारकर भी अंततः जीत जाते हैं। अपनी मौलिकता को बचाए रखकर कार्य करनेवाले लोगों की विजय सुनिश्चित होती है।

अपने बारे में अच्छा कैसे महसूस करें? निचले दौर से गुजरने का मतलब यह नहीं है कि आपका स्वाभिमान और आत्मविश्वास खो गया है। बात बस, इतनी है कि आपको फिर से निर्भीक बनाने के लिए जोश दिलाने की जरूरत है। आज के समाज में बहुत लोग इस समस्या का सामना करते हैं।

अपने बारे में अच्छा कैसे महसूस करें? निचले दौर से गुजरने का मतलब यह नहीं है कि आपका स्वाभिमान और आत्मविश्वास खो गया है। बात बस, इतनी है कि आपको फिर से निर्भीक बनाने के लिए जोश दिलाने की जरूरत है। आज के समाज में बहुत लोग इस समस्या का सामना करते हैं। इसका अर्थ यह तो नहीं कि उन्होंने अपना मान-सम्मान, अपना महत्त्व खो दिया है। वे सिर्फ उसे समझ नहीं पाए हैं। जीवन में मंदी के दौर से उबरने के लिए पीठ पर शाबाशी की एक थाप और चेहरे पर एक मुसकराहट की जरूरत होती है।

अपने भविष्य का निर्णय करनेवाली सामग्री आपको कहीं बाहर से नहीं जुटानी पड़ती, बल्कि वह तो आपके भीतर ही होती है। आपको करना केवल यह होता है कि उस भीतर की सामग्री का सही-सही उपयोग करना सीख लें। आप अपनी रचनात्मकता की लौ को कभी बुझने मत दीजिए। आप अपनी शारीरिक व मानसिक शक्ति का जिस मात्रा में उपयोग करेंगे, उसी अनुपात में आपके काम में पूर्णता आएगी।

अपने मन से असफल हो जाने का डर निकालकर अपने माहौल को बदलें, क्योंकि ऐसे में सिर्फ दुबककर बैठने से सफलता नहीं मिलेगी। उसके लिए माहौल बदलना बेहद जरूरी है! आप जो मुकाम पाना चाहते हैं, उसके लिए उन लोगों से संपर्क बढ़ाएँ, जो उस काम को कर चुके हों या कर रहे हों। उनसे आपको बहुत कुछ सीखने को मिलेगा और आप में भी आत्मविश्वास बढ़ेगा।

अपने मन से असफल हो जाने का डर निकालकर अपने माहौल को बदलें, क्योंकि ऐसे में सिर्फ दुबककर बैठने से सफलता नहीं मिलेगी। उसके लिए माहौल बदलना बेहद जरूरी है! आप जो मुकाम पाना चाहते हैं, उसके लिए उन लोगों से संपर्क बढ़ाएँ, जो उस काम को कर चुके हों या कर रहे हों। उनसे आपको बहुत कुछ सीखने को मिलेगा और आप में भी आत्मविश्वास बढ़ेगा।

अपने मित्रों के नेतृत्व में चलने के बजाय अपना नेतृत्व स्वयं करें। समकक्षी दबाव का सामना करने और उससे बचने का यह अचूक तरीका है। जब तक आप भीड़ का एक हिस्सा बने रहेंगे, आप कभी भी समकक्षी दबाव में आ सकते हैं। जरूरत है कि आप स्वयं को यह याद दिलाएँ कि आपका एक बिल्कुल अलग व्यक्तित्व है, जिस तरह हर व्यक्ति दूसरों से भिन्न होता है। आप वही हो सकते हैं, जो आप हैं और फिर भी अपनी मित्र-मंडली का आप एक अभिन्न हिस्सा बने रह सकते हैं। स्वयं अपना नेतृत्व करें और अपने दिलो-दिमाग का आदेश मानें।

अपने रिमोट को अपने हाथ में रखने का अभिप्राय यह है कि हम

परिस्थितियों को साक्षी भाव से देखने का अभ्यास करें। साक्षी भाव का अर्थ है कि परिस्थितियाँ जैसी हैं, हमें उन्हें वैसे ही स्वीकार करना चाहिए। हमारे जीवन में बहुत सी चीजें ऐसी हैं, जहाँ हमारी पसंद और नापसंद की कोई अहमियत नहीं है। मसलन—हम अपने परिवार, माता-पिता, भाई-बहन, जन्म स्थान, जाति आदि को नहीं बदल सकते। इसी प्रकार, हमें जीवन में जो भी लोग मिलते हैं, उनके साथ एक सामंजस्य की कला का विकास करना चाहिए। इसका निरंतर अभ्यास करने से जो परिणाम सामने आएँगे, वे आपके जीवन और आपकी सोच को बदलने में सहायक सिद्ध होंगे।

अपने लक्ष्य की प्राप्ति हेतु उस क्षेत्र से संबंधित शिक्षक व छात्रों से संपर्क बनाइए। अच्छी-अच्छी किताबों को पढ़ने की आदत डालिए। अपने लक्ष्य तय कर लेने के बाद अगला कदम है यह तय करना कि आप उन तक पहुँचेंगे कैसे? अपने लक्ष्य पर स्थिर रहें। व्यवसाय में बार-बार बदलाव सफलता के लिए बेहद घातक है। मान लीजिए, एक नवयुवक ने पाँच-छह साल तक पुस्तक-विक्रय का कारोबार किया है। इतने समय के बाद वह महसूस करता है कि उसके लिए परचून का कारोबार ज्यादा उपयुक्त है और वह मेवे का कारोबार छोड़कर बिजली के सामान के व्यापार में लग जाता है, यानी वह अपने पाँच-छह साल के अनुभव को बेकार कर देता है। इस प्रकार, वह अपना व्यवसाय बदलकर अपने जीवन का बड़ा हिस्सा यूँ ही गँवा देता है। वह कई व्यवसायों के बारे

अपने लक्ष्य की प्राप्ति हेतु उस क्षेत्र से संबंधित शिक्षक व छात्रों से संपर्क बनाइए। अच्छी-अच्छी किताबों को पढ़ने की आदत डालिए। अपने लक्ष्य तय कर लेने के बाद अगला कदम है यह तय करना कि आप उन तक पहुँचेंगे कैसे? अपने लक्ष्य पर स्थिर रहें। व्यवसाय में बार-बार बदलाव सफलता के लिए बेहद घातक है। मान लीजिए, एक नवयुवक ने पाँच-छह साल तक पुस्तक-विक्रय का कारोबार किया है।

में थोड़ी-थोड़ी जानकारी तो इकट्ठी कर लेता है, लेकिन पारंगत किसी एक में भी नहीं हो पाता।

अपने लक्ष्य से विचलित व्यक्ति का अस्तित्व कुछ भी नहीं। जो व्यक्ति अपने व्यवसाय अथवा कार्य के प्रति सावधानीपूर्वक व्यवहार करता है, वह प्रतिभा-संपन्न हो जाता है।

समय बहुमूल्य है

अपने विद्यार्थी जीवन में जब हम समय के महत्त्व के बारे में पढ़ा करते थे, प्रायः तब हमारे पास बहुत सा समय हुआ करता था। इसका नतीजा यह भी हुआ कि हमने समय का उतना महत्त्व नहीं समझा। काफी समय गुजार देने के बाद अब हमें इस बात का अहसास होता है कि समय बहुमूल्य है। समय रहते जो कार्य हँसते-मुसकराते किए जा सकते हैं, समय निकल जाने पर वे ही कार्य पहाड़ की तरह बड़े और जटिल प्रतीत होते हैं।

अपने विद्यार्थी जीवन में जब हम समय के महत्त्व के बारे में पढ़ा करते थे, प्रायः तब हमारे पास बहुत सा समय हुआ करता था। इसका नतीजा यह भी हुआ कि हमने समय का उतना महत्त्व नहीं समझा। काफी समय गुजार देने के बाद अब हमें इस बात का अहसास होता है कि समय बहुमूल्य है।

सफलता की कुंजी

अपने व्यक्तित्व का विकास करने की असीम संभावनाएँ आपके अंदर हैं, बशर्ते कि आपका चरित्र मजबूत हो। तभी आप उन संभावनाओं को पहचान सकेंगे और समझ सकेंगे। सफलता की कुंजी आपके पास है, लेकिन कहीं छिपी हुई है। जो दौलत आपने कमाई है, वह महत्त्वपूर्ण नहीं है। महत्त्व इस बात का है कि उस धन-दौलत को अर्जित करने के लिए आपने किन उपायों को अपनाया है? आपके चरित्र को निर्धारित करने में आपका

व्यक्तित्व, आपकी क्षमताएँ, आपके विचार और आपके आदर्श—सभी बहुत महत्त्व रखते हैं।

अपने व्यक्तित्व को जानें, अपनी शक्ति और कमजोरी का विश्लेषण करें, अपने नकारात्मक विचारों का विश्लेषण करें और सोचें कि इनको सकारात्मक कैसे किया जा सकता है। अपनी कमजोरियों और खामियों को दूर करने के उपाय सोचें और करें। अतीत में आपने कौन-कौन से अच्छे काम किए और कैसे सफलता पाई, उसके बारे में सोच-विचार करें। जब आप अपनी शक्ति को पहचानेंगे तो आपका आत्मविश्वास बढ़ेगा।

अपने सपनों को जिंदा रखिए। अगर आपके सपनों की चिनगारी बुझ गई है तो इसका मतलब यह है कि आपने जीते-जी आत्महत्या कर ली है। अपने सपनों को वास्तविकता में बदलने के लिए आपको एक कार्य अवश्य करना होगा कि आप 3 से 5 इंच का एक कार्ड लें तथा उस पर उन दस चीजों को लिखें, जिन्हें आप एक साल के दौरान पाना चाहते हैं।

अपने सपनों को जिंदा रखिए। अगर आपके सपनों की चिनगारी बुझ गई है तो इसका मतलब यह है कि आपने जीते-जी आत्महत्या कर ली है। अपने सपनों को वास्तविकता में बदलने के लिए आपको एक कार्य अवश्य करना होगा कि आप 3 से 5 इंच का एक कार्ड लें तथा उस पर उन दस चीजों को लिखें, जिन्हें आप एक साल के दौरान पाना चाहते हैं। ये चाहे कुछ भी हों और किसी भी क्षेत्र से जुड़ी हों, जैसे—आपका परिवार, व्यवसाय, समाज, शारीरिक, मानसिक एवं आध्यात्मिक इच्छाएँ। अपनी इस सूची को इन्हीं महत्त्वपूर्ण क्षेत्रों के अंतर्गत आनेवाली जरूरतों से संतुलित करें। इस तरह से आप जिंदगी के जिस भी क्षेत्र को प्रभावित करना चाहते हैं, उसके लिए आपके पास लिखे हुए लक्ष्य होने चाहिए। इस प्रक्रिया को लक्ष्य-निर्धारण कहते हैं। यह उतना ही जरूरी है, जितना हमारे लिए भोजन ग्रहण करना। यदि आप चाहते हैं कि आप जिंदगी में एक बेहद सफल व्यक्ति बनें और आपके तमाम सपने साकार हों

तो इसके लिए ये दोनों चीजें परम आवश्यक हैं।

अपने समस्त मनोभावों व विचारों पर नियंत्रण की क्षमता का विकास कीजिए। आपका जीवन सचमुच आपका अपना जीवन होना चाहिए, जिसे आपने पसंद किया है। अपने हर क्षण को जमा करें और इस कोष में अधिकाधिक वृद्धि करें, क्योंकि आपने यह क्षण किसी विशेष व्यक्ति के साथ बिताया है, इतना विशेष, जो आपका समय ले सके। और याद रखें कि समय किसी का इंतजार नहीं करता।

अपने हृदय को विशाल बनाइए और धनी आदमी जैसी ही आदतें बनाइए। आपकी किसी भी चेष्टा से दूसरों पर गरीबी प्रकट नहीं होनी चाहिए। आपके चारों ओर का वातावरण जब तक दरिद्रता तथा अभाव की दूषित वायु से प्रदूषित रहेगा, तब तक दूसरे लोगों पर आपके दरिद्र होने का ही प्रभाव पड़ेगा। ऐसी दशा में आपकी कोई साख नहीं बन सकेगी और न ही आप समृद्धि को, ऐश्वर्य को अपनी ओर आकर्षित करने में सफल हो पाएँगे।

अपने हृदय को विशाल बनाइए और धनी आदमी जैसी ही आदतें बनाइए। आपकी किसी भी चेष्टा से दूसरों पर गरीबी प्रकट नहीं होनी चाहिए। आपके चारों ओर का वातावरण जब तक दरिद्रता तथा अभाव की दूषित वायु से प्रदूषित रहेगा, तब तक दूसरे लोगों पर आपके दरिद्र होने का ही प्रभाव पड़ेगा।

नकारात्मक सोचवाला मनुष्य किसी में भी खोट निकाल सकता है। इस सोच के चलते वह अपने दायरे से बाहर नहीं निकल पाता; उसके इर्द-गिर्द ही घूमता रहता है। वह सोचता है कि एक वही बुद्धिमान है। वह सबकी गलतियाँ निकाल सकता है, अत: वह सफल है। जबकि अब तक की सबसे बड़ी खोज यह है कि व्यक्ति महज अपना दृष्टिकोण बदलकर अपना भविष्य बदल सकता है।

अब यहाँ यह सवाल पैदा होता है कि हम अपने विचारों को सकारात्मक या आशाजनक कैसे बनाए रखें, ताकि हमारे मानसिक संवेग सकारात्मकता

की तरफ उन्मुख हो सकें? इसके लिए हमें अपने विचारों को शुद्ध रखना होगा। हमारी वैचारिक संपदा ही हमारी सबसे बड़ी पूँजी है। इसे सहेजकर रखिए। यह आपको औरों से अलग दिखने तथा बनने में बड़ी भारी भूमिका अदा करेगी। सकारात्मक मानसिकता हमारे जीवन के संपूर्ण पथ को आलोकित करती है।

अब्राहम लिंकन कहा करते थे कि आत्म-संयम के गुण इतने प्रभावशाली होते हैं कि उसके सामने सभी गुण फीके पड़ जाते हैं। निष्कर्ष यह है कि अगर आप जीवन में सफलता प्राप्त करना चाहते हैं तो आपको अपने मन पर नियंत्रण करने की कला में पारंगत होना जरूरी है। मन की चंचलता को काबू करके हम बड़ी-से-बड़ी बाधाओं को जीत सकते हैं। ध्यान रखिए, जो खुद पर शासन कर सकता है, वह पूरी दुनिया पर शासन कर सकता है।

□

8

करत-करत अभ्यास के

अभ्यस्त मन कभी भूल नहीं करता। मनुष्यों और पशुओं में मुख्य भेद केवल चित्त की एकाग्रता शक्ति का तारतम्य ही है। पशु में एकाग्रता की शक्ति बहुत कम होती है। जिन्होंने पशुओं को सिखाने का काम लिया है, वे इस कठिनाई का अनुभव करते हैं कि पशु को जो कुछ सिखाया जाता है, उसे वह सदा भूल जाया करता है। पशु अपना मन अधिक समय तक किसी बात पर स्थिर नहीं रख सकता बस, यहीं पर मनुष्यों और पशुओं में अंतर है। मनुष्य-मनुष्य में भेद भी उनकी एकाग्रता शक्ति के इस तारतम्य से होता है। सबसे निम्न मनुष्य की उच्चतम मनुष्य के साथ तुलना करो। उन दोनों में भेद केवल एकाग्रता की मात्रा में है।

अभ्यास करते रहने से कठिन-से-कठिन काम भी आसान हो जाते हैं। इसलिए कोई भी काम करें, उसका अभ्यास जरूर करते रहें। अभ्यास करने और दोहराने भर से परिपूर्णता नहीं आ जाती। विवेक, शांतिप्रियता तथा धैर्य के साथ किया गया अभ्यास ही लाभकारी सिद्ध होता है। किसी भी क्षेत्र में उत्कृष्टता अर्जित करने के लिए अभ्यास की छोटी-छोटी अवधियाँ बेहतर सिद्ध होती हैं। उत्तरोत्तर गति से निपुणता व सिद्धहस्तता प्राप्त की जा सकती है, एक छलाँग में नहीं। अभ्यास कीजिए और आप आश्चर्य करेंगे कि कुछ ही दिनों बाद आपके मुँह से अनायास ही निकलने लगेगा, “जीवन जैसा है, वैसा बनाने के लिए ईश्वर तेरा धन्यवाद।”

अभ्यास एवं रटने की विधि

प्राकृतिक शक्तियों को विकसित करने में अभ्यास एवं रटने का अपना अलग महत्त्व है। मानव एक बुद्धिमान प्राणी है। वह पशु-पक्षियों के समान विवेक-रहित नहीं है। वह रटे हुए ज्ञान का अपने विवेक से उपयोग करता है। रटने की प्रक्रिया के तहत किसी भी विषय को बार-बार दोहराया जाता है। दोहराने की यही प्रक्रिया 'रटना' कहलाती है। अनेक मनोवैज्ञानिक रटने की प्रक्रिया को बुद्धि-रहित स्मृति मानते हैं।

अमेरिकन मेडिकल एसोसिएशन के जर्नल में अनुसंधानकर्ताओं ने लिखा है—36 माह तक दवा के सेवन से याददाश्त में वह सुधार नहीं होता, जो सुधार शारीरिक व्यायाम से होता है। कसरत से स्मृति-लोप (डिमेंशिया) से जुड़ी गंभीर समस्याओं से भी छुटकारा पाया जा सकता है।

यदि आप सोचते हैं कि मैं पराजित हो जाऊँगा, तो आप पराजित हो गए हो। यदि आप सोचते हैं कि यह काम मेरे वश का नहीं है तो आप इस काम को करने का साहस कभी नहीं जुटा पाएँगे। यदि आप सोचते हैं कि मैं जीतने के लिए जी तो रहा हूँ, परंतु जीत नहीं सकता तो आप कदापि विजय हासिल नहीं कर पाएँगे।

सोच से सृजन

यदि आप सोचते हैं कि मैं पराजित हो जाऊँगा, तो आप पराजित हो गए हो। यदि आप सोचते हैं कि यह काम मेरे वश का नहीं है तो आप इस काम को करने का साहस कभी नहीं जुटा पाएँगे। यदि आप सोचते हैं कि मैं जीतने के लिए जी तो रहा हूँ, परंतु जीत नहीं सकता तो आप कदापि विजय हासिल नहीं कर पाएँगे। यदि आप सोचते हैं कि मैं हार जाऊँगा तो आप हार चुके हैं। कोई भी इनाम जीतने के लिए हमें पहले उसकी प्राप्ति मन में सुनिश्चित करनी होती है। जिंदगी एक ऐसी जंग है, जिसमें अधिक बलवान् या अधिक ध्रुवगामी ही सदैव विजयी नहीं होता। देर-सबेर वही व्यक्ति विजयी होता है, जो यह सोच लेता है कि मुझे जीतना ही है।

अर्थात् जहाँ शुभ विचार हैं, वहाँ ईश्वर का वास है। मानव शरीर में विद्यमान दिव्य शक्तियाँ ही देव हैं। मनुष्य के मन में देवता एवं राक्षस—दोनों का वास है। आत्मा इन दोनों तत्त्वों को देखती व जानती है। जैसे हमारे विचार होते हैं, वैसी ही हमारी स्थिति हो जाती है। मन तो केवल एक ही है। इसे जहाँ पर अच्छा समझो, वहाँ लगाओ। इससे चाहे गुरु की सेवा-भक्ति करो या सांसारिक विषय-भोगों की कमाई करो।

असफलता के पहले दौर से घबराकर आत्मसंयम नहीं खोना चाहिए। अपने आत्मविश्वास को बरकरार रखते हुए फिर कोशिश करनी चाहिए, फिर कोई वजह नहीं कि आप सफल न हों। असफलता से निराश मत होइए। जैसे आप परीक्षा के उपरांत परीक्षा फल का इंतजार कर रहे हैं और परीक्षा फल आने के उपरांत आप सफल होते हैं, इसलिए उस क्षण को सफल बनाने के लिए यह आवश्यक है कि आप अपने को पूरी तरह सक्षम बनाएँ और परीक्षा में उत्तीर्ण हों। अपने लक्ष्य को ध्यान में रखते हुए अपने अंदर से आलस्य को दूर भगाएँ।

जहाँ शुभ विचार हैं, वहाँ ईश्वर का वास है। मानव शरीर में विद्यमान दिव्य शक्तियाँ ही देव हैं। मनुष्य के मन में देवता एवं राक्षस—दोनों का वास है। आत्मा इन दोनों तत्त्वों को देखती व जानती है। जैसे हमारे विचार होते हैं, वैसी ही हमारी स्थिति हो जाती है। मन तो केवल एक ही है। इसे जहाँ पर अच्छा समझो, वहाँ लगाओ।

वास्तव में, रात-रातभर जागकर पढ़ना या कोर्स को रटना परीक्षा में अच्छे स्कोर की गारंटी नहीं है। यह निर्भर करता है पढ़ाई के लिए इस्तेमाल की जानेवाली स्मार्ट आदतों पर। वास्तविकता में योजनाबद्ध और फोकस्ड तरीके से की गई पढ़ाई आपके परिणाम को बेहतर बनाते हुए आपकी समझ को भी विस्तृत बनाती है। हमारे लिए जो भी चीज महत्त्वपूर्ण होती है, हम उसके लिए विशेष रूप से गंभीर होते हैं।

अहंकार सफलता के अभ्यास में बाधक है

अहंकार रूपी अवगुण से मनुष्य को सतत बचना चाहिए, क्योंकि सफलता चाहने वालों के लिए यह बहुत घातक होता है। अहंकार के दोषों को निरूपित करते हुए समर्थ गुरु रामदास ने कहा है कि जिसने अहं-भाव की मक्खी खा ली, उसको ज्ञान रूपी भोजन में रुचि कैसे होगी? जिसके मन में अहं-भाव नष्ट नहीं होगा, उसको ज्ञान रूपी अन्न नहीं पचेगा। अहंकार के जन्म के लिए कोई बहुत बड़ी रूपरेखा नहीं बनानी पड़ती। यह तो क्षण भर में मन में समा जाता है और मनुष्य पर अपना आधिपत्य जमा लेता है।

अहंकार मूर्ख और चापलूस किस्म के लोगों की औषधि है, जिसे लेते ही उनके संपूर्ण शरीर में उत्साह का संचार होता है; जबकि सफलता चाहनेवाले लोग इससे दूर भागते हैं, क्योंकि वे इसे विष के समान समझते हैं। अहंकारी व्यक्ति अपने अहंकार में सामनेवाले को कुछ नहीं समझता।

अहंकार मूर्ख और चापलूस किस्म के लोगों की औषधि है, जिसे लेते ही उनके संपूर्ण शरीर में उत्साह का संचार होता है; जबकि सफलता चाहनेवाले लोग इससे दूर भागते हैं, क्योंकि वे इसे विष के समान समझते हैं। अहंकारी व्यक्ति अपने अहंकार में सामनेवाले को कुछ नहीं समझता। वह यह भी भूल जाता है कि उसके सामने कौन है? क्या है? वह सामनेवाले का अपमान करने से भी नहीं चूकता।

अहंकार मनुष्य का वह दुर्गुण है, जिसके चलते वह कुछ नहीं होने पर भी स्वयं को सर्वोपरि समझता है, या कि अनेक गुणों के होते हुए भी इस दुर्गुण के कारण अपने सद्गुणों का नाश कर बैठता है। अहंकारी व्यक्ति सफलता की सीढ़ी के सबसे निचले पायदान पर खड़ा रहकर ही स्वयं को सर्वोपरि समझता है। इसी भावावेश में वह सफलता से दूर रह जाता है, उसका स्वाद तक नहीं चख पाता। सर्वगुण-संपन्न व्यक्ति भी जब इस अहंकार का शिकार होता है तो वह सफलता के उच्च शिखर पर बैठा हो तो भी धम्म से नीचे आ गिरता है।

अहंकारी अथवा घमंडी व्यक्ति को न केवल समाज, वरन् उसका अपना परिवार तथा मित्रगण तक पसंद नहीं करते। आप कितने ही प्रतिभाशाली और योग्य क्यों न हों, यदि आप घमंडी हैं तो लोग आपको पसंद नहीं करेंगे। घमंडी व्यक्ति से व्यवहार-कुशलता की उम्मीद करना बेमानी है। अहंकारी मनुष्य का सिर हमेशा झुकता है। इस प्रकार, अहंकार क्षण भर में मनुष्य को अपनी गिरफ्त में लेकर उसे असफलता की ओर धकेल देता है।

अहंकारी, अक्खड़ और अदूरदर्शी, जो समय की गति को नहीं पहचान पाते, काल के प्रवाह से उखड़ जाते हैं। जो विनम्र हैं, झुकते हैं, अनावश्यक टकराते नहीं, तालमेल बिठा लेते हैं, वे अपनी सज्जनता का सुफल पाकर रहते हैं। फलों से लदा पेड़ ही जमीन की तरफ झुकता है।

अहंकारी, अक्खड़ और अदूरदर्शी, जो समय की गति को नहीं पहचान पाते, काल के प्रवाह से उखड़ जाते हैं। जो विनम्र हैं, झुकते हैं, अनावश्यक टकराते नहीं, तालमेल बिठा लेते हैं, वे अपनी सज्जनता का सुफल पाकर रहते हैं। फलों से लदा पेड़ ही जमीन की तरफ झुकता है। इसी प्रकार विनम्रता मनुष्य को महानता के और करीब ला देती है। महान् व्यक्तियों में एक बात हमेशा गौर की गई है कि वे अति विनम्र रहे हैं।

अतीत के आगे देखें

आपका अतीत कभी-कभी आपके मानसिक स्वास्थ्य के लिए हानिकारक हो सकता है और भविष्य की चमक को धुँधला कर सकता है। नतीजा—अवसाद और अलगाव। आपको समझना चाहिए कि बीते कल से चिपके रहकर हमें कुछ प्राप्त नहीं होता। कड़वे अतीत को याद कर हम केवल विक्षुब्ध और दु:खी होते हैं। अत: बेहतर होगा कि हम उस अनुभव से सीखें, अपनी आंतरिक शक्ति को प्रोत्साहित व प्रेरित करें और जीवन के हरियाले रास्ते पर कदम बढ़ाएँ।

आंतरिक शक्ति

आंतरिक शक्ति मनुष्य की वह जीवंत शक्ति होती है, जिसके बल पर वह ऐसे बड़े कार्य भी कर लेता है, जो आश्चर्यजनक होते हैं। और फिर, मनुष्य यह सोचता है कि मैंने यह कैसे कर लिया? मनुष्य की आंतरिक शक्ति उसके रंग-रूप, उसकी लंबाई-चौड़ाई की भाँति दिखाई नहीं देती। वह तो उसके वे गुण होते हैं, जिन्हें न तो वह देख सकता है और न ही अन्य कोई। लेकिन जब मनुष्य अपनी आंतरिक शक्ति को पहचानता है तो उसके अतिरिक्त उसके कार्यों को दूसरे लोग भी देखते हैं। मनुष्य प्राय: यही सोचता है कि यह तो बहुत कठिन कार्य है, मेरे वश का नहीं है। लेकिन जब उसे अपनी आंतरिक शक्ति का ज्ञान होता है तो वह उसको कर जाता है। मनुष्य अपने आंतरिक गुणों को आत्मविश्वास पैदा करके प्राप्त कर सकता है। यदि मनुष्य दृढ़ निश्चय कर ले तो वह किसी भी काम को आसानी से कर सकता है। सर्वप्रथम आवश्यकता है कि मनुष्य स्वयं को पहचाने।

आंतरिक शक्ति मनुष्य की वह जीवंत शक्ति होती है, जिसके बल पर वह ऐसे बड़े कार्य भी कर लेता है, जो आश्चर्यजनक होते हैं। और फिर, मनुष्य यह सोचता है कि मैंने यह कैसे कर लिया? मनुष्य की आंतरिक शक्ति उसके रंग-रूप, उसकी लंबाई-चौड़ाई की भाँति दिखाई नहीं देती। वह तो उसके वे गुण होते हैं, जिन्हें न तो वह देख सकता है और न ही अन्य कोई।

आदर्श व्यक्तित्व

आदर्श बनें। अपने व्यक्तित्व को ऐसा बनाएँ कि दूसरे लोग आपको अपना आदर्श मानें। जब आप कठिन परिस्थितियों में भी अपना मानसिक संतुलन बनाए रखेंगे, हर हाल में खुश रहेंगे, दूसरों के सुख-दुःख में उनकी मदद करने को हमेशा तत्पर रहेंगे तो आप किसी आदर्श व्यक्ति से कम नहीं

होंगे। सोचिए, आखिर आप अपने पिता-माता या गुरु को अपना आदर्श क्यों मानते हैं? उनमें जरूर ऐसे गुण होंगे, जो हर किसी को प्रभावित करते होंगे। तो क्यों न आप भी दूसरों के आदर्श बनें?

हर कोई अपने जीवन में किसी-न-किसी से प्रेरित होता है। ऐसे लोगों से प्रेरणा लीजिए, जो जीवन को जिंदादिली और खुशहाली से जीना जानते हैं। हर व्यक्ति के भीतर कुछ-न-कुछ अच्छाइयाँ जरूर होती हैं। कोई व्यक्ति व्यवस्थित होता है तो कोई धैर्यवान्, कोई सकारात्मक सोच रखता है तो कोई जागरूक रहता है। आप उन गुणों व अच्छाइयों से प्रेरित होकर अपने भीतर भी सकारात्मक भाव पैदा करें।

आकर्षण और सम्माननीय व्यक्तित्व पाने के लिए जरूरी है कि अपने बारे में आप सही विचार रखें। दूसरे लोग उन्हें भाँप सकते हैं, जिनमें आत्मविश्वास का अभाव होता है। इसके फलस्वरूप उनके साथ आपके संबंध पर बुरा प्रभाव पड़ सकता है। वे उनकी भी थाह ले सकते हैं, जो लगता है कि उनको नीचा समझते हैं। इससे आप उन्हें जल्दबाजी में खारिज कर देंगे। जब तक आप इस बारे में निश्चित नहीं हैं कि आप क्या हैं और आप क्या कर सकते हैं, तब तक आप दूसरों को प्रभावित नहीं कर सकते।

आकर्षण और सम्माननीय व्यक्तित्व पाने के लिए जरूरी है कि अपने बारे में आप सही विचार रखें। दूसरे लोग उन्हें भाँप सकते हैं, जिनमें आत्मविश्वास का अभाव होता है। इसके फलस्वरूप उनके साथ आपके संबंध पर बुरा प्रभाव पड़ सकता है। वे उनकी भी थाह ले सकते हैं, जो लगता है कि उनको नीचा समझते हैं।

आज के समय में शायद ही कोई ऐसा व्यक्ति होगा, जिसके पास अपनी समस्याएँ न हों; लेकिन उन्हें बोझ मानकर अपने ऊपर लादे रखना बुद्धिमान लोगों का काम नहीं। हमारे आशाजनक प्रयास व योजनाएँ हमें इन समस्याओं से पार उतार सकती हैं। आसान व सुखमय जीवन तो कोई भी व्यक्ति जी

सकता है। व्यक्ति की असली परीक्षा तो प्रतिकूल परिस्थितियों में ही होती है। जो लोग इन परिस्थितियों में स्वयं को बेहतर प्रदर्शित करते हैं, निश्चित रूप से सफलता उन्हें ही मिलती है।

आज जो दु ख या निराशा की घड़ी है, वह कल नहीं रहेगी, यह निश्चित है। हर अँधेरी रात के बाद सुबह अवश्य आती है। सदैव आशावादी दृष्टिकोण रखने से सकारात्मक सोच विकसित होती है, जिसे श्वास-प्रश्वासों पर ध्यान केंद्रित करते हुए मन पर एकाग्रता के माध्यम से नियंत्रित किया जा सकता है। कभी भी विफलता में निराश नहीं होना चाहिए, क्योंकि प्रत्येक विफलता यह बताती है कि सफलता उससे केवल दो कदम दूर खड़ी इंतजार कर रही है। हम चाहे किसी भी वर्ग, वर्ण या संवर्ग से स्बद्ध क्यों न हों, आत्मविश्वास को सुदृढ़ बनाने के लिए दिनचर्या में अपने आराध्य की नियमित स्तुति एवं सत्साहित्य के नियमित अध्ययन को सम्मिलित किए जाने से सकारात्मक विचार उत्पन्न होते हैं, जो सकारात्मक परिणाम के रूप में हमारे सामने आते हैं।

आज जो दुःख या निराशा की घड़ी है, वह कल नहीं रहेगी, यह निश्चित है। हर अँधेरी रात के बाद सुबह अवश्य आती है। सदैव आशावादी दृष्टिकोण रखने से सकारात्मक सोच विकसित होती है, जिसे श्वास-प्रश्वासों पर ध्यान केंद्रित करते हुए मन पर एकाग्रता के माध्यम से नियंत्रित किया जा सकता है।

आज युवा पीढ़ी की एक सबसे बड़ी समस्या है—कम प्रयास कर कम समय में अधिकतम फल-प्राप्ति का सपना देखना या फिर हम कह सकते हैं कि शॉर्टकट के माध्यम से अपने उद्देश्यों की पूर्ति करना। यह मार्ग मनुष्य को केवल गर्त की ओर ले जाता है। इस मार्ग को अपनाकर मनुष्य स्वयं से धोखा करता है। साध ही, वह यह भूल जाता है कि जो मार्ग उसने चुना है, वह सही है या फिर गलत?

लगभग सभी वर्ग इस स्पर्धा से जूझ रहे हैं। इससे कोई भी वर्ग अछूता

नहीं रहा है। इसमें चाहे विद्यार्थी, कर्मचारी या व्यावसायिक कोई भी वर्ग क्यों न हो, सभी को इस स्पर्धा से गुजरना पड़ रहा है। ऐसे में तनाव, निराशा और मानसिक अवसाद से बाहर निकलकर सकारात्मक सोच को अपनाने की अत्यंत आवश्यकता अनुभव की जाने लगी है। अनवरत आत्मनियंत्रण एवं आत्मविश्लेषण के माध्यम से नकारात्मक विचारों पर विजय प्राप्त कर सकारात्मक सोच विकसित की जा सकती है। इस दिशा में आत्मविश्वास, दृढ़ निश्चय, लगन एवं मेहनत का अपना महत्त्वपूर्ण स्थान एवं योगदान है। सुख-दुःख, सफलता-असफलता तो दिन-रात की भाँति होते हैं, जो समय के परिवर्तन को इंगित करते हैं तथा जिनका अस्तित्व चिर स्थायी नहीं होता।

वैसे भी, 21वीं सदी की अत्याधुनिक जीवन-शैली के साथ महानगरीय परिवेश में लोग कुंठा, संत्रास, मृत्यु-बोध को समेटे प्रतिस्पर्धात्मक जीवन-यापन कर रहे हैं। हमें सदैव परिवेश एवं वातावरण ने प्रभावित किया है। ऐसे में, समय की तीव्र रफ्तार के साथ कदम-से-कदम मिलाते समय तनाव जन्म लेता है और हमारी मनःस्थिति में नकारात्मक विचार सकारात्मक विचारों से पूर्व मन में उभरकर आते हैं। एक नकारात्मक विचार हमारे अनेक सकारात्मक विचारों को समाप्त करता है, उनका दमन करता है। जहाँ एक किंचित् सी पराजय या विफलता का भाव मन में निराशा को जन्म देता है, वहीं एक छोटी सी सफलता का सकारात्मक विचार मन में उमंग एवं स्फूर्ति का संचार कर देता है। अतएव आज के परिप्रेक्ष्य में सबसे महत्त्वपूर्ण आवश्यकता सकारात्मक दृष्टिकोण तथा सोच के साथ आगे बढ़ने की है।

□

9

आत्मा परमात्मा का अंश

आत्मा परमात्मा का अंश है। यही वजह है कि आत्मा के दु:खी होने पर परमात्मा भी दु:खी हो जाता है। जब कार्य पूरी निष्ठा, प्रसन्नता एवं लगन के साथ किया जाता है तो प्रभु का आशीष प्राप्त होता है और सफलता अवश्य मिलती है। किसी ने ठीक ही कहा है—जो खुद की मदद करता है, भगवान् उसकी मदद करता है।

आत्मा पर संदेह एक द्वंद्व है, जो मन एवं भावनाओं में गहरी दरार पैदा करता है। आत्मसंदेह अन्य अनेक मनोविकारों का प्रवेश द्वार है। उससे मन अशांत, भावन अस्थिर एवं शरीर अस्वस्थता का अनुभव करता है। ऐसी स्थिति में हमारी कार्य-क्षमता प्रभावित होती है और हमारी शारीरिक व मानसिक विकास-यात्रा में व्यवधान आता है। आत्म-जागरूकता की कमी के कारण लोग अपने आपको आत्मसंदेह की स्थिति में डाल लेते हैं।

आत्मसंदेह से ग्रस्त होने के कारण अकसर आप पर दूसरे लोग भरोसा नहीं करते और आपको अयोग्य समझते हैं। लोगों का विश्वास आप पर से समाप्त हो जाता है और लोग आपको कमतर आँकते हैं। लेकिन इसका मतलब यह नहीं कि आपके अंदर कमियाँ-ही-कमियाँ हैं। भले ही दूसरे लोग आपको अयोग्य समझें, लेकिन आप ऐसा मत सोचिए। किसी भी संदेह की स्थिति को मन में स्थान मत दीजिए और विश्वास रखिए कि आपके अंदर पूरी क्षमता व योग्यता है।

आत्मा महान् है और उसका अपना गौरव है, भले ही दुर्गुणों के कारण उसे धूमिल कर लिया गया हो। फिर भी, यह प्रवृत्ति बनी रहती है और वह उस

ओर आकर्षित होती है, जिस ओर सम्मान मिलता है। आत्मा में वह शक्ति है, जो शरीर को भयंकर यंत्रणाओं से भी बचा सकती है। यदि आत्मा की उस शक्ति का प्रयोग न किया जाए तो किसी भी तीव्र विचार से रोग हो सकते हैं और मृत्यु भी हो सकती है।

एक महिला कई वर्षों से बीमार थी। वह हर समय बिस्तर पर पड़ी रहती थी। मल-मूत्र त्यागने के लिए उठने भर की शक्ति उसमें नहीं थी। एक दिन अचानक उसके घर में आग लग गई। पति उस समय बाहर गया हुआ था और उसके तीन बच्चे घर की ऊपरी मंजिल पर थे। आग की बात सुनते ही वह 'हाय मेरे बच्चे, हाय मेरे बच्चे' चिल्लाती हुई भागी और बारी-बारी से तीनों बच्चों को बचा लिया। यह थी आत्म-शक्ति, जो सोई पड़ी थी।

आत्मा या चेतना जिन अणुओं से अपने को अभिव्यक्त करती है, वे प्रकाश-अणु ही हैं; जबकि आत्मा स्वयं उससे भिन्न है। प्रकाश-अणुओं को प्राण, अग्नि, तेजस् कहना चाहिए। वे जितने शुद्ध, दिव्य, तेजस्वी होंगे, व्यक्ति उतना ही महान्, तेजस्वी, यशस्वी, वीर, साहसी और कलाकार होगा। महापुरुषों के तेजोवलय उसी बात के प्रतीक हैं, जबकि निकृष्ट कोटि के व्यक्तियों में ये अणु अत्यंत शिथिल, मंद और काले होते हैं। आत्मा रूपी दीपक की अखंड ज्योति को प्रज्वलित कर दिया जाए तो मनुष्य शाश्वत सुख, शांति, आनंद और सफलता को प्राप्त हो सकता है।

आत्मा या चेतना जिन अणुओं से अपने को अभिव्यक्त करती है, वे प्रकाश-अणु ही हैं; जबकि आत्मा स्वयं उससे भिन्न है। प्रकाश-अणुओं को प्राण, अग्नि, तेजस् कहना चाहिए। वे जितने शुद्ध, दिव्य, तेजस्वी होंगे, व्यक्ति उतना ही महान्, तेजस्वी, यशस्वी, वीर, साहसी और कलाकार होगा।

सम्यकता

व्यक्ति सफलता चाहता है। जो भी प्रवृत्ति प्रारंभ करता है, उसमें सफल होना चाहता है। सफलता के लिए तीन शर्तें हैं—सम्यक् दृष्टि, सम्यक् उपाय

और सम्यक् प्रयत्न। जब दृष्टि सम्यक् नहीं होती तो सफलता नहीं मिलती और पुरुषार्थ सम्यक् नहीं होता तो सफलता नहीं मिलती। ये तीनों बातें अनिवार्य हैं और तीनों में से एक को भी नहीं छोड़ा जा सकता। तीनों परस्पर संबद्ध हैं।

आदर्श एवं सफल लोगों के जीवन के बारे में अधिकाधिक जानिए। इसका एक माध्यम उनकी जीवनियाँ पढ़ना भी हो सकता है। हमेशा अच्छे लोगों के साथ रहिए और जीवन में अच्छी आदतों का विकास कीजिए। कर्म पर अपना ध्यान केंद्रित रखिए। सतत कर्मशील रहने का संकल्प रखिए। भाग्यवादी रवैया न अपनाकर अपने भीतर योग्यताओं का विकास कीजिए। आपकी स्पष्ट दृष्टि और भरसक परिश्रम से किया गया कार्य निश्चित ही आपके पसीने को सोने (स्वर्ण) में तब्दील करेगा। आदर्श नेतृत्व के धनी व्यक्ति दीर्घसूत्रता (देरी) से बचते हैं। जो दीर्घसूत्री हो जाता है, वह स्वावलंबी नहीं रह पाता। जब व्यक्ति स्वयं निर्णय नहीं कर सकता कि अमुक कार्य किया जाए या नहीं तो उसे दूसरों का आश्रय लेना पड़ता है। फिर तो दूसरों की सहायता के बिना वह कुछ भी नहीं कर सकता।

आदर्श एवं सफल लोगों के जीवन के बारे में अधिकाधिक जानिए। इसका एक माध्यम उनकी जीवनियाँ पढ़ना भी हो सकता है। हमेशा अच्छे लोगों के साथ रहिए और जीवन में अच्छी आदतों का विकास कीजिए। कर्म पर अपना ध्यान केंद्रित रखिए। सतत कर्मशील रहने का संकल्प रखिए।

आध्यात्मिक शक्ति भौतिक शक्ति से बढ़कर है। हमारी सोच ही हमें संसार पर शासन करने योग्य बनाती है। आप अगर पूरी निष्ठा और साहस से अपने काम को अंजाम दें तो भरोसा रखें, निश्चित ही आपको जीत हासिल होती है। आप कितने ही बड़े व्यक्ति हों, कितना ही कॉम्पिटीशन हो, सामने शत्रु ही क्यों न हो, पर अपना सद्भाव मत छोड़िए। लड़ाई सिद्धांतों की हो सकती है, लक्ष्य की, नीतियों की, मूल्यों की हो सकती है; परंतु व्यक्तिगत कभी मत रखिए।

आप किसी कार्य को जितनी अधिक गतिशीलता, स्थिरता, एकाग्रता

और उत्साहपूर्वक याद करेंगे, वह उतनी ही तीव्रता, स्थिरता, एकाग्रता तथा मजबूती से आपके स्मृति-पटल पर अंकित हो जाएगा। स्मृति के रास्ते में अवरोध उत्पन्न करनेवाले कारण भय, चिंता, थकान, उदासीनता, उत्तेजना, भावनात्मक विचार तथा हमारा अनियमित एवं असंतुलित भोजनादि हैं।

आप जहाँ भी हैं, वहाँ पूरी तरह रहकर कार्य करें। भटकते हुए मन के साथ किया गया कार्य कभी मिथक नहीं बन सकता। यह एक अत्यंत प्रभावी मंत्र है कि कार्य को सिर्फ एक बार में ही करो। जो काम हाथ में है, उसमें अपनी समस्त शक्तियों को लगाकर समय का सदुपयोग करनेवाले व्यक्ति ही सफल रहते हैं।

आप जहाँ भी हैं, वहाँ पूरी तरह रहकर कार्य करें। भटकते हुए मन के साथ किया गया कार्य कभी मिथक नहीं बन सकता। यह एक अत्यंत प्रभावी मंत्र है कि कार्य को सिर्फ एक बार में ही करो। जो काम हाथ में है, उसमें अपनी समस्त शक्तियों को लगाकर समय का सदुपयोग करनेवाले व्यक्ति ही सफल रहते हैं।

आप जो कुछ भी हासिल करना चाहते हैं, उसे प्राप्त करने की दिशा में अगर आप अपनी सोच नहीं बदलेंगे तो अपने व्यवसाय में कितना भी प्रशिक्षण प्राप्त करने के बावजूद आपको वे परिणाम नहीं मिलेंगे, जो आप चाहते हैं। आपको अगर ज्यादा धन चाहिए, एक अच्छा घर चाहिए, परिवार के लिए बेहतर सुविधाएँ चाहिए, एक बेहतर कार चाहिए, परिवार और मित्रों के साथ आप अपने संबंध अधिक अच्छे बनाने की चाहत रखते हैं—वास्तव में आप जो कुछ भी पाना चाहते हैं, उसके लिए आपको अपनी सोच भी वैसी ही बनानी पड़ेगी।

आप जो भी रास्ता चुनें, उसमें सर्वाधिक महत्त्वपूर्ण है—अपनी वैयक्तिक क्षमताओं व कमजोरियों को पहचानना। बैठ जाएँ और ईमानदारी से अपना मूल्यांकन करें। आप तभी निश्चिंत महसूस करते हैं, जब आप अपनी सामान्य प्रकृति में रहते हैं और जब आप स्वयं में पूरी तरह निश्चिंत होते हैं, तभी आप खुलकर बातचीत करते हैं तथा विचारों का आदान-प्रदान करते हैं। अपने

अंदरूनी स्वरूप को किसी भी कीमत पर न बदलें। याद रहे, इनसानों की यह स्वाभाविक विशेषता है कि उन्हें पता चल जाता है कि कोई व्यक्ति असली है या नकली। यदि आप अपनी असलियत छिपाकर किसी और का स्वाँग भरने की कोशिश करते हैं तो विश्वास करें, आप इतने अकेले हो जाएँगे, जितने अकेले पहले कभी नहीं रहे होंगे।

आप दूसरों की बुराइयों को देखते हैं और कुपित होते हैं; परंतु कभी अपने को भी देखना चाहिए। हममें भी तो बहुत सी बुराइयाँ हैं। हमें भी तो लोग क्षमा करते हैं। आप सोचो, कमियों को कैसे खूबसूरती से उत्पादक बनाया जा सकता है?

आप महसूस करेंगे कि एक नई चेतना आपके अंदर जाग रही है, जो आपके लिए मन की शांति लेकर आई है। यह कभी-कभी एक क्षण के लिए आएगी; लेकिन समय गुजरने के साथ-साथ यह बढ़ेगी और आपको पूर्णतया भर देगी। इसके फलस्वरूप आप अपने मन से वह काम करा सकेंगे, जो आप चाहेंगे और आपका मन अत्यधिक कुशलता से उसमें जुट जाएगा। आप याद कीजिए कि जब भी आपने कभी किसी की किसी भी प्रकार से कोई सहायता की है तो आपका मन कितनी ताजगी व अच्छाइयों से ओत-प्रोत हुआ होगा?

आप महसूस करेंगे कि एक नई चेतना आपके अंदर जाग रही है, जो आपके लिए मन की शांति लेकर आई है। यह कभी-कभी एक क्षण के लिए आएगी; लेकिन समय गुजरने के साथ-साथ यह बढ़ेगी और आपको पूर्णतया भर देगी। इसके फलस्वरूप आप अपने मन से वह काम करा सकेंगे, जो आप चाहेंगे और आपका मन अत्यधिक कुशलता से उसमें जुट जाएगा।

इच्छा-शक्ति और पूर्ति

इच्छा-पूर्ति के लिए उत्साह एवं परिश्रम से कार्य करने पर ही आपकी जीत का मार्ग प्रशस्त होगा। केवल खयाली पुलाव बना लेने से ही सफलता

प्राप्त नहीं होती। सोच पर अमल करने की भी आवश्यकता होती है। खाली बैठे-बैठे सोचना व्यर्थ ही होता है। सफलता पाने के लिए इस प्रकार की आदतों को छोड़ दो। कारोबारी जीवन बहुत बहुमूल्य है। प्रत्येक क्षण आपके लिए महत्त्वपूर्ण है। इस दृष्टि से जीवन के प्रत्येक क्षण का उपयोग करो। खाली सोचने में अपने बहुमूल्य समय व्यतीत न करें, स्वयं को प्रोत्साहित करें।

इच्छा-शक्ति के अभाव में मनुष्य एक ऐसा इंजन है, जिसमें वाष्प नहीं है। वह इंजन ऊपर से संपूर्ण और सर्वांग सुंदर प्रतीत होता है। परंतु जब तक उसमें वाष्प नहीं है, तब तक वह बेकार है। इच्छा-शक्ति ही सफलता की कसौटी है, जीवन-पथ को आलोकित करनेवाली ऊर्जा है। इच्छा-शक्ति संसार में सर्वाधिक बलवती है। उसके सामने दुनिया की कोई चीज नहीं ठहर सकती, क्योंकि वह साक्षात् भगवान् से आती है। विशुद्ध और दृढ़ इच्छा-शक्ति सर्वशक्तिमान है। मन की सारी शक्तियों को एकमुखी करना ही ज्ञान-लाभ का एकमात्र उपाय है। हम लोग जितने अधिक शांत होते हैं, उतना ही हमारा कल्याण होता है और हम काम भी अधिक अच्छी तरह कर पाते हैं। भावनाओं के अधीन हो जाने पर हम अपनी शक्तियों का अपव्यय करते हैं, अपने स्नायुओं को विकृत कर डालते हैं, मन को चंचल बना डालते हैं; लेकिन काम बहुत कम कर पाते हैं। जब मन अत्यंत शांत और एकाग्र रहता है, केवल तभी हमारी पूरी शक्ति सत्कार्य में व्यय होती है। केवल शांत, क्षमाशील, स्थिर चित्त व्यक्ति ही सर्वाधिक काम कर पाते हैं।

इच्छा-शक्ति के अभाव में मनुष्य एक ऐसा इंजन है, जिसमें वाष्प नहीं है। वह इंजन ऊपर से संपूर्ण और सर्वांग सुंदर प्रतीत होता है। परंतु जब तक उसमें वाष्प नहीं है, तब तक वह बेकार है। इच्छा-शक्ति ही सफलता की कसौटी है, जीवन-पथ को आलोकित करनेवाली ऊर्जा है।

इच्छुक लोग अपने लक्ष्य की पूर्ति हेतु व्यावहारिक मार्ग अपनाते हैं और

ऐसे साधनों का उपयोग करते हैं, जो हम सबके पास पहले से ही हैं; लेकिन उनका उपयोग हम अभी तक नहीं कर सके हैं।

इच्छा-पूर्ति हेतु अपने आप को जानना भी बहुत आवश्यक है। जो खुद को नहीं जानता, वह किसी को भी जानने का दावा नहीं कर सकता। लोग झगड़ते हैं और कहते हैं, तू मुझे नहीं जानता कि मैं क्या-क्या कर सकता हूँ। इसके जवाब में सामनेवाला भी यही कहता है। वास्तव में वे दोनों ही खुद को नहीं जानते, इसलिए ऐसा कहते हैं। आपने कभी जानने की कोशिश की कि खुदा और खुद में ज्यादा फर्क नहीं है। जिसने खुद को जान लिया, उसने खुदा को जान लिया। पुराणों में भी कहा गया है कि ईश्वर हमारे ही भीतर है। उसे ढूँढ़ने की कोई आवश्यकता नहीं।

इस तरह, हम दुर्गम परिस्थितियों से जूझने की क्षमता को बढ़ाकर अपने आत्मविश्वास को बढ़ा सकते हैं। हम इन परिस्थितियों की अपेक्षाओं को किस प्रकार बखूबी सँभालें, जिससे हमारे आत्मविश्वास में सेंध न लगने पाए। सबसे पहले हमें अनुपयुक्त और असंगत अपेक्षाओं को कम करने की ओर ध्यान देना चाहिए।

इच्छा-पूर्ति हेतु अपने आप को जानना भी बहुत आवश्यक है। जो खुद को नहीं जानता, वह किसी को भी जानने का दावा नहीं कर सकता। लोग झगड़ते हैं और कहते हैं, तू मुझे नहीं जानता कि मैं क्या-क्या कर सकता हूँ। इसके जवाब में सामनेवाला भी यही कहता है। वास्तव में वे दोनों ही खुद को नहीं जानते, इसलिए ऐसा कहते हैं।

इस थकन में ही मैं सृजन की सबलता खोज लूँगा।

दुनिया में असंभव कुछ भी नहीं। हम वह सब कर सकते हैं, जो हम सोच सकते हैं और हम वह सब सोच सकते हैं, जो आज तक हमने नहीं सोचा। इस दुनिया में ऐसी बहुत सी चीजें हैं, जिनके बारे में सोचने भर से हमारे दिल की धड़कनें तेज हो जाती हैं। यह भी हो सकता है कि कोई ऐसा पेशा हो, जिसे

हमने अपने जीवन का उद्‌देश्य समझा था या ऐसा कोई पाठ्‌यक्रम, जिसे पूरा करने के लिए हम स्कूली दिनों में मनसूबे बाँधा करते थे।

दुनिया में मनुष्य ईश्वर की सर्वोत्कृष्ट कृति है। अत: निकृष्ट कार्यों में लिप्तता समूचे मानवीय गौरव पर कालिख पोतने जैसा है। वस्तुत: 'जीवन' शब्द में ऐसी ऊर्जा है, जिससे मनुष्य को अपने लक्ष्य के प्रति समर्पित रहने का अनवरत संदेश मिलता रहता है। जीवन गतिमय है। जिसमें गति नहीं, वह जीवन नहीं। जीवन का एक अर्थ जल भी होता है। इसलिए जीवन को 'जलधारा' की भी संज्ञा दी गई है।

दुनिया में शायद ही कोई ऐसा व्यक्ति होगा, जिसने अपने जीवन में कभी कोई गलती नहीं की होगी। वास्तव में, देखा जाए तो व्यक्ति जितनी ऊँचाई पर स्थित होता है, उतनी ही गलतियों का अनुभव वह अपने अंदर समेटे रखता है। वस्तुत: प्रत्येक असफलता हमें कुछ-न-कुछ सिखाती है। प्रसिद्ध चित्रकार मार्टिन अपने कॅरियर के शुरुआती दौर में एक बड़ा व शानदार चित्र बना रहे थे।

दुनिया में शायद ही कोई ऐसा व्यक्ति होगा, जिसने अपने जीवन में कभी कोई गलती नहीं की होगी। वास्तव में, देखा जाए तो व्यक्ति जितनी ऊँचाई पर स्थित होता है, उतनी ही गलतियों का अनुभव वह अपने अंदर समेटे रखता है। वस्तुत: प्रत्येक असफलता हमें कुछ-न-कुछ सिखाती है। प्रसिद्ध चित्रकार मार्टिन अपने कॅरियर के शुरुआती दौर में एक बड़ा व शानदार चित्र बना रहे थे। अचानक परदे पर रंग बिखर गया और कैनवास भद्‌दा व खराब हो गया। लेकिन मार्टिन ने बड़ी खूबसूरती के साथ उस धब्बे को मकड़ी के जाले की शक्ल दे दी। बाद में वही कलाकृति उनकी लोकप्रियता का कारण बनी। कालांतर में वही चित्र प्रकाशित चित्रों की दुनिया का बेताज बादशाह कहलाया।

आलोकित जीवन

इस धरा पर हमारा आगमन इसलिए हुआ है कि हम जिंदा रहें तथा जिंदा

रहने के लिए सदैव संघर्ष करते रहें, जीवन में होनेवाली प्रत्येक घटना का अनुभव करें तथा उस अनुभव के आधार पर यथाशक्ति अच्छा आचरण करें। हम इस प्रकार अपने आपको विकसित करें कि हमारा जीवन एक जगमगाता हुआ दीपक बन जाए और उसके निकट जो भी व्यक्ति आए, वह नई ऊर्जा, नए प्रकाश एवं नए आलोक से आलोकित हो जाए। हमारा उद्देश्य होना चाहिए अधिकाधिक प्रकाश बिखेरते रहना। आपको स्वयं को इसी रूप में ढालना है।

इस प्रकार, जब आप अपने अंदर बदलाव लाएँगे तो अन्य लोगों की नजर में वह छिपा नहीं रहेगा और निश्चित रूप से आपको कुछ ऐसे अवसर मिलेंगे, जिनसे आपके कार्यक्षेत्र में और अधिक उन्नति होगी तथा आप और अधिक सफल व्यक्ति बनेंगे। अकसर देखा गया है कि व्यक्ति अपनी सफलता या असफलता का सारा श्रेय अपनी किस्मत या परिस्थितियों पर डाल देता है। यह सही नहीं है। जो कुछ भी होता है, अधिकतर वह अपनी शक्ति से होता है। इसलिए यह नहीं मानना चाहिए कि जो भी होता है, किस्मत से या संयोगवश होता है। हमें सदैव कार्यरत रहना चाहिए।

जब आप अपने अंदर बदलाव लाएँगे तो अन्य लोगों की नजर में वह छिपा नहीं रहेगा और निश्चित रूप से आपको कुछ ऐसे अवसर मिलेंगे, जिनसे आपके कार्यक्षेत्र में और अधिक उन्नति होगी तथा आप और अधिक सफल व्यक्ति बनेंगे। अकसर देखा गया है कि व्यक्ति अपनी सफलता या असफलता का सारा श्रेय अपनी किस्मत या परिस्थितियों पर डाल देता है। यह सही नहीं है।

बदलते आत्मविश्वास को कायम रखने के लिए हम यह साफ तौर पर देख सकते हैं कि एक ओर तो हमें परिस्थितियों से जूझने की अपनी क्षमता को बढ़ना चाहिए और दूसरी ओर हमें दुर्गम परिस्थितियों की अपेक्षाओं को सँभालना सीखना चाहिए। जब व्यक्ति कुविचारों की गिरफ्त में आ जाता है तो वह यही कहता है कि बड़ी चिंता की बात है; क्या करें, क्या न करें?

कुविचारों का वह भी गुलाम हो जाता है, लेकिन वह इन कुविचारों से छुटकारा पा सकता है। यह कोई मुश्किल कार्य नहीं है। अच्छी पुस्तकें, मनोरंजन, परिवार आदि में मन लगाकर वह इन विचारों से बच सकता है। किसी भी परिस्थिति में हमें व्यसनों का गुलाम नहीं होना चाहिए और जैसी परिस्थिति हो, उसे उसी प्रकार से निबटाया जाना चाहिए, जो उस समस्या या परिस्थिति के लिए आवश्यक हो।

हमारी परिस्थिति हमारी प्रकृति को नहीं बदल सकती। प्रकृति हमारे व्यक्तित्व का एक अंग है और उस पर हमारा प्रभुत्व है। हमारी परिस्थितियाँ बदलती रहती हैं और हमारी व्यक्तिगत प्रकृति से लाभ उठाती रहती हैं। यदि हम गेहूँ हैं तो मक्का नहीं हो सकते, यदि मक्का हैं तो गेहूँ नहीं हो सकते। परंतु यदि हम गेहूँ हैं तो यथोचित समय पर जमीन जोतने, खाद-पानी ठीक समय पर देने से उत्तम गेहूँ तो अवश्य हो सकते हैं। यदि हम ज्वार हैं तो किसी प्रकार उत्तम ज्वार तो अवश्य हो सकते हैं। हम अपनी वास्तविक क्षमताओं एवं प्रकृति में थोड़ी सी सजगता के साथ क्रांतिकारी परिवर्तन कर सकते हैं।

□

10

ईर्ष्या नहीं, प्रतिद्वंद्विता

ईर्ष्या मनुष्य को अंदर-ही-अंदर अग्नि के समान जलाती रहती है। ईर्ष्या की अग्नि मनुष्य को क्रोधी बना देती है। वह व्यक्तियों को नीचा दिखाने के अवसर ढूँढ़ता रहता है। ईर्ष्या का भाव मनुष्य के विचारों को मलिन करता है। उसके मन में गलत विचार पैदा होते हैं। गलत विचार मनुष्य को गलत मार्ग पर ले जाते हैं। ध्यान रहे, ईर्ष्या सुलगाती है और प्रतिद्वंद्विता ऊँचाई पर पहुँचाती है।

ईर्ष्या, क्रोध, लालच, गर्व आदि सभी विकार विवेक के शत्रु हैं। जब मनुष्य किसी अन्य की सफलता से ईर्ष्या करता है, तब वह अपना विवेक खो देता है और उसके विरुद्ध लोगों को भड़काता है। जब मनुष्य अधीर होता है तो उसे क्रोध आता है। क्रोध में आपा खोकर वह विवेकहीन हो जाता है और अपना अहित करता है। साथ ही, दूसरों के लिए भी हानिकारक बन जाता है। मनुष्य जब किसी वस्तु आदि के प्रति अत्यधिक आकर्षित हो जाता है तो उसके मन में लालच समा जाता है। वह अवैध तरीके प्रयोग कर उस वस्तु को प्राप्त करने का प्रयास करता है। इसके लिए वह हिंसक प्रवृत्ति तक अपना लेता है। उसके मन में एक ही खयाल रहता है कि किसी भी प्रकार उसे वह वस्तु प्राप्त करनी है, चाहे इसके लिए कुछ भी क्यों न करना पड़े; और यही वह क्षण होता है, जब मनुष्य विवेकहीन हो जाता है।

ईर्ष्या वह खतरनाक और नशीला कीड़ा है, जो मनुष्य को एक बार काट ले तो वह हमेशा उसी के मद में चूर रहने लगता है और केवल दुःख-ही-दुःख प्राप्त करता है, क्योंकि वह केवल दूसरों को उन्नत देखकर परेशान

रहता है। दूसरा सुखी है तो उसके प्रति ईर्ष्या है, दूसरा सुंदर है तो ईर्ष्या है। मेरी तरक्की क्यों नहीं हो रही, उसकी हो रही है तो उसे ईर्ष्या है। उसकी सबसे मित्रता है, वह सबसे अच्छा व्यवहार करता है, सभी उसे चाहते हैं, मुझे नहीं तो उसे ईर्ष्या है। आप स्वयं भी वैसे ही बनें, जिससे आपको किसी से ईर्ष्या करने की आवश्यकता ही न पड़े।

ईश्वर ने मनुष्य को रचनाधर्मिता के गौरव से नवाजा है। हमें इसके महत्त्व को नजरअंदाज नहीं करना चहिए। हमें ज्यादा-से-ज्यादा रचनात्मक होना चाहिए। परमेश्वर की रचना का उपयोग कीजिए और अपनी खूबियों से सजा-सँवारकर बेहतरीन चीजों का निर्माण कीजिए। बेहतरीन परिस्थितियाँ बनानेवाले लोगों की जिंदगी भी खुद-ब-खुद बेहतरीन हो जाती है।

ईश्वर ने मनुष्य को रचनाधर्मिता के गौरव से नवाजा है। हमें इसके महत्त्व को नजरअंदाज नहीं करना चहिए। हमें ज्यादा-से-ज्यादा रचनात्मक होना चाहिए। परमेश्वर की रचना का उपयोग कीजिए और अपनी खूबियों से सजा-सँवारकर बेहतरीन चीजों का निर्माण कीजिए। बेहतरीन परिस्थितियाँ बनानेवाले लोगों की जिंदगी भी खुद-ब-खुद बेहतरीन हो जाती है।

ईश्वर ने मनुष्य को समस्त प्राणियों में सर्वश्रेष्ठ इसलिए बनाया है कि वह उन समस्त ऊँचाइयों का स्पर्श करे, जिनके लिए वह अवतरित हुआ है। गहरे अर्थों में देखें तो हम अनंत काल से इस ब्रह्मांड का एक अटूट हिस्सा बने हुए हैं। अलग-अलग समय व देश-काल में हमारा आगमन होता रहा है। हमारे सभी धर्मग्रंथों में कहीं-न-कहीं इस बात के संकेत मिलते हैं। हमें बस, उत्साह को नहीं छोड़ना है और अपने लक्ष्य की ओर बढ़ते रहना है।

उत्साह मनुष्य का वह महत्त्वपूर्ण गुण है, जो उसके अन्य गुणों—दृढ़ निश्चय, आत्मविश्वास, धैर्य, विवेक आदि को दुगुना करता है, जिससे वह मनुष्य बिना बाधा के कार्य को करता जाता है और सफल होता है। निरुत्साह से

किया जानेवाला कार्य कभी पूरा नहीं होता, क्योंकि उसका प्रारंभ ही उचित नहीं होगा तो अंत कैसे अच्छा हो सकता है! यदि कोई मनुष्य उत्साह से कार्य करता है तो वह केवल स्वयं कार्य नहीं करता है, बल्कि उसे देखकर अन्य लोगों का भी उत्साह बढ़ता है; क्योंकि वे यह देखते हैं कि अगला व्यक्ति कितने उत्साह से कार्य को करके सफलता प्राप्त कर रहा है तो हम भी ऐसा कर सकते हैं और वे भी प्रेरणा लेकर उत्साह से भर जाते हैं, अर्थात् एक व्यक्ति के उत्साह को देखकर उसके आसपास के लोग भी उत्साह में भर जाते हैं; लेकिन केवल वे जो सफलता प्राप्त करना चाहते हैं, वे ही ऐसी प्रेरणा ग्रहण करते हैं।

वहीं उत्साह-रहित, उदास, निराश व विषदग्रस्त लोग निकम्मेपन की भावना से भरे रहते हैं। उन्हें लगता है कि वे जीवन में कुछ कर नहीं सकते। वे अपनी छोटी-छोटी गलतियों के लिए परेशान रहते हैं तथा हरदम उन्हीं के बारे में सोचते रहते हैं। उनका मन रोने, चीखने-चिल्लाने को करता है। उन्हें बहुधा आत्महत्या का खयाल आता है। इसी उदासी से उबरने के खयाल से अनेक लोग व्यसनों के आदी हो जाते हैं। नशा करने से उन्हें लगता है कि कुछ देर के लिए ही सही, वे इस समस्या से उबरे तो।

वहीं उत्साह-रहित, उदास, निराश व विषादग्रस्त लोग निकम्मेपन की भावना से भरे रहते हैं। उन्हें लगता है कि वे जीवन में कुछ कर नहीं सकते। वे अपनी छोटी-छोटी गलतियों के लिए परेशान रहते हैं तथा हरदम उन्हीं के बारे में सोचते रहते हैं। उनका मन रोने, चीखने-चिल्लाने को करता है। उन्हें बहुधा आत्महत्या का खयाल आता है। इसी उदासी से उबरने के खयाल से अनेक लोग व्यसनों के आदी हो जाते हैं।

उदासी से घिरे लोगों को रेडियो व टी.वी. के कार्यक्रम, बच्चों का भागना-दौड़ना, किलकारी मारना आदि अच्छा नहीं लगता। उन पर सवेरे से ही आलस्य छाया रहता है। उन्हें बिस्तर छोड़ना, प्रतिदिन हजामत बनाना, स्नान करना, अच्छे कपड़े पहनना नहीं भाता। इस प्रकार के व्यक्ति किसी भी

काम, खेलकूद अथवा मनोविनोद में रुचि नहीं लेते। उन्हें भूख नहीं लगती तथा रुचिकर व सुस्वादपूर्ण भोजन में उनकी दिलचस्पी नहीं रहती।

उनके जीवन में कोई लक्ष्य नहीं होता। केवल 'टाइम पास', अर्थात् वे जिंदगी गुजार रहे हैं। उनके अंदर नेतृत्व की कमी है। वे कहीं-न-कहीं पीछे रह जाते हैं। वे समझ नहीं पा रहे कि उनमें विश्वास की कमी है।

मूर्ति तो पत्थर के भीतर छिपी है। उसे बनाने की जरूरत नहीं है। सिर्फ उसके ऊपर जो व्यर्थ पत्थर जुड़ा है, उसे अलग कर देने की जरूरत है और तब मूर्ति प्रकट हो जाएगी। मूर्ति बनाई नहीं जाती, मूर्ति सिर्फ आविष्कृत होती है, डिस्कवर होती है, अनावृत होती है, उघाड़ी जाती है।

एक कहावत है—'स्लीप वाइजर', अर्थात् हमें रोजाना कुछ-न-कुछ अवश्य सीखना चाहिए। हम वैसे ही सोए न रह जाएँ, जैसे सुबह जागे थे।

बहुत कम लोग समझ पाते हैं कि हमारी साहसिक गलतियाँ ही सफलता की सीढ़ियाँ बन जाती हैं। पराजय हमारी असफलता का कारण नहीं है, बल्कि पराजय में जो सीख, नसीहत एवं अनुभव छिपा है, उसे न पहचान पाना ही हमें असफल बनाता है। हमें चाहिए कि हम अपनी गलतियों तथा उपलब्धियों के साथ जुड़ी जिम्मेदारियों को स्वीकारना सीखें।

मूर्ति तो पत्थर के भीतर छिपी है। उसे बनाने की जरूरत नहीं है। सिर्फ उसके ऊपर जो व्यर्थ पत्थर जुड़ा है, उसे अलग कर देने की जरूरत है और तब मूर्ति प्रकट हो जाएगी। मूर्ति बनाई नहीं जाती, मूर्ति सिर्फ आविष्कृत होती है, डिस्कवर होती है, अनावृत होती है, उघाड़ी जाती है।

एक कहावत है—'स्लीप वाइजर', अर्थात् हमें रोजाना कुछ-न-कुछ अवश्य सीखना चाहिए। हम वैसे ही सोए न रह जाएँ, जैसे सुबह जागे थे।

एक डायरी बनाएँ। उसमें यह लिखें कि आप अपना दिन कैसे बिताते हैं? इससे आपको पता चलेगा कि आपने अपना कितना समय गैर-जरूरी

कामों में दिया ? एक दैनिक योजना बनाएँ। यह योजना आप रात में सोने से पहले या फिर सुबह के समय बना लें। इससे यह होगा कि आगामी पूरे दिन आप क्या करने वाले हैं, इसका पता चल जाएगा। अब आप अपने प्लान के अनुसार अपने काम को करते रहेंगे। जब आप अकेले में खुद का आकलन करेंगे तो निश्चित तौर पर अपनी कमियों को पहचान सकते हैं। ध्यान रखें कि समय से बड़ा धन इस दुनिया में कुछ नहीं है, जिसका व्यय आपको पूरी समझदारी और परिपक्वता के साथ करना चाहिए।

फिर एक दिशा विशेष निश्चित कर लेने के बाद क्षमताओं का निर्माण करें। विशिष्ट जीविकाओं के लिए विशिष्ट शिक्षा और प्रशिक्षण की आवश्यकता होती है। आप जिस क्षेत्र में भी जाना चाहें, उसमें आप सफल होंगे, बशर्ते कि आप उसमें सर्वश्रेष्ठ बनने की चेष्टा करें। उस पर अपनी व्यक्तिगत छाप छोड़ें। जानकारी अर्जित करके हर काम के फंदों को समझें। इसके लिए आप कोई कोर्स कर सकते हैं, प्रशिक्षणाधीन एवं ग्रीष्मकालीन काम-धंधे कर सकते हैं, काम के अर्थशास्त्र को सीख-समझ सकते हैं; उन विशेष क्षमताओं को प्राप्त कर सकते हैं, जिनकी मदद से आप कोई कार्य अधिक निपुणता से कर सकेंगे।

फिर एक दिशा विशेष निश्चित कर लेने के बाद क्षमताओं का निर्माण करें। विशिष्ट जीविकाओं के लिए विशिष्ट शिक्षा और प्रशिक्षण की आवश्यकता होती है। आप जिस क्षेत्र में भी जाना चाहें, उसमें आप सफल होंगे, बशर्ते कि आप उसमें सर्वश्रेष्ठ बनने की चेष्टा करें। उस पर अपनी व्यक्तिगत छाप छोड़ें। जानकारी अर्जित करके हर काम के फंदों को समझें।

एक बच्चा जब चलना सीखता है तो वह कई बार गिरता है, फिर उठकर चलता है और इस प्रकार वह चलना सीख जाता है; क्योंकि उसमें खड़ा होने के लिए आत्मविश्वास जागता जाता है और वह सफल होता है।

भ्रांत धारणाओं से ऊपर उठकर जान लें कि सफलता विशिष्ट रूप

से परिस्थितियों या मनोवृत्ति का कोई नतीजा नहीं है। बहुधा यह सफलता-उन्मुख व्यवहार का परिणाम होता है, जिसमें उन विशेषताओं या गुणों का हिस्सा रहता है, जिन्हें कोई भी सीख सकता है और विकसित कर सकता है। सफलता पाने का कोई गुप्त तरीका नहीं है, बल्कि सफलता का रास्ता तो किसी भी उस व्यक्ति के लिए खुला है, जिसका एक लक्ष्य है और जो सभी सफल लोगों में सामान्यतः देखी गई विशेषताओं, अर्थात् उनकी विचार-शैली, मनोवृत्ति एवं व्यवहार को अपने में ढालता है।

एक बार महान् दार्शनिक सुकरात के पास एक व्यक्ति आया और उनसे जीवन में सफलता का रहस्य पूछा। सुकरात उस व्यक्ति को अगले दिन नदी के बीच ले गए। जब नदी का जल-स्तर उस व्यक्ति की नाक तक आ पहुँचा तथा उसे साँस लेने में कठिनाई महसूस होने लगी तो वह साँस लेने के लिए छटपटाने लगा; किंतु सुकरात तब भी उसकी गरदन पानी के अंदर डुबोते रहे।

एक बार गांधीजी की एक छोटी सी पेंसिल इधर-उधर हो गई। उसकी तलाश में उन्होंने दो घंटे खर्च कर दिए और जब वह मिल गई, तब उन्हें चैन पड़ा। वे जानते थे कि छोटी चीजों के प्रति लापरवाही हुई कि फिर बड़ी चीजों के लिए भी आदमी में वह दुर्गुण आ जाता है।

एक बार एक चौड़े रास्ते ने पगडंडी से कहा, "मुझे लगता है कि तुम मेरे आसपास ही चलती हो।" पगडंडी ने विनम्रता से कहा, "नहीं मालूम, तुम्हारे रहते लोग मुझ पर ही चलना क्यों पसंद करते हैं, जबकि मैं तुमसे काफी छोटी हूँ।"

एक बार महान् दार्शनिक सुकरात के पास एक व्यक्ति आया और उनसे जीवन में सफलता का रहस्य पूछा। सुकरात उस व्यक्ति को अगले दिन नदी के बीच ले गए। जब नदी का जल-स्तर उस व्यक्ति की नाक तक आ पहुँचा तथा उसे साँस लेने में कठिनाई महसूस होने लगी तो वह साँस लेने के लिए छटपटाने लगा; किंतु सुकरात तब भी उसकी गरदन पानी के अंदर डुबोते रहे।

अंत में जब उन्हें लगा कि साँस नहीं लेने के कारण उस व्यक्ति की जान जा सकती है तो उन्होंने उसे नदी से बाहर निकाला। सुकरात ने उस व्यक्ति से कहा कि वह नदी में साँस लेने के लिए जिस तरीके से तड़प रहा था, वैसी ही तड़प हमारे अंदर अपने जीवन में सफलता पाने के लिए होनी चाहिए। सुकरात का सफलता पाने का यह दर्शन बड़ा अहम तथा व्यावहारिक है, जो अप्रत्यक्ष रूप से समय प्रबंधन के तरीके को भी बता जाता है।

एक लक्ष्य को निश्चित कर उसकी पूर्ति के लिए पूरे जी-जान से हम तभी जुट सकते हैं, जब अन्य प्रलोभनों की ओर से अपना ध्यान हटा लें। जो व्यक्ति एक ही कार्य को अपना जीवन-संकल्प बनाकर कार्य करता है, उसकी संपूर्ण विजय होती है। किसी उद्देश्य विशेष पर अपनी समस्त शक्तियों को केंद्रित करने से उस कार्य की सिद्धि हेतु किए जानेवाले समस्त साधन ज्ञात हो जाते हैं। जो त्रुटियाँ सिद्धि में बाधा डालती हैं, उनका भी धीरे-धीरे आभास हो जाता है, जिससे उनसे पार पाना आसान होता है। इसके ठीक विपरीत जब हम किसी उद्देश्य पर पूरी तरह केंद्रित न होकर अपनी शक्ति को इधर-उधर विकेंद्रित करते रहते हैं तो हमें उस कार्य की बारीकियों का भान नहीं हो पाता। हम पहले कार्य की गलतियों या त्रुटियों का ठीक से समाधान खोज भी नहीं पाते हैं और दूसरा कार्य प्रारंभ कर देते हैं। इसके नतीजे कभी संतोषप्रद या प्रशंसनीय नहीं होते। ध्यान रखिए, आधे-अधूरे मन से किए गए कार्यों के परिणाम भी निश्चित ही आधे-अधूरे होते हैं।

एक लक्ष्य को निश्चित कर उसकी पूर्ति के लिए पूरे जी-जान से हम तभी जुट सकते हैं, जब अन्य प्रलोभनों की ओर से अपना ध्यान हटा लें। जो व्यक्ति एक ही कार्य को अपना जीवन-संकल्प बनाकर कार्य करता है, उसकी संपूर्ण विजय होती है। किसी उद्देश्य विशेष पर अपनी समस्त शक्तियों को केंद्रित करने से उस कार्य की सिद्धि हेतु किए जानेवाले समस्त साधन ज्ञात हो जाते हैं।

एक समस्या के कई सारे समाधान हो सकते हैं। यह जरूरी नहीं कि भीड़ ने जो रास्ता चुना, वही समाधान उचित है। आपको आपकी समस्या गहराई से समझने की जरूरत है। इसके लिए अपने रास्तों या उपायों का मन में मंथन या विश्लेषण कीजिए। विश्लेषण की क्रिया से पैदा हुआ नव-विकसित रास्ता ही आपको आपकी समस्या से निपटने में सहायक साबित होगा। इस प्रकार के निर्णय लेना ही आपको सही निर्णय ले सकने में सहायक साबित होगा।

एक समस्या के कई सारे समाधान हो सकते हैं। यह जरूरी नहीं कि भीड़ ने जो रास्ता चुना, वही समाधान उचित है। आपको आपकी समस्या गहराई से समझने की जरूरत है। इसके लिए अपने रास्तों या उपायों का मन में मंथन या विश्लेषण कीजिए। विश्लेषण की क्रिया से पैदा हुआ नव-विकसित रास्ता ही आपको आपकी समस्या से निपटने में सहायक साबित होगा।

एक-एक सफलता को जोड़कर हम ऐसा सेतु निर्मित कर लेते हैं, जिस पर हमारी प्रगति का रथ बिना रुके दौड़ता ही चला जाता है। इसमें आपकी एकाग्रता आपकी मदद करती है। एकाग्रचित्त होकर जैसे ही आप किसी काम में लगते हैं, आधा काम आरंभ में ही हो जाता है।

एकाग्रता के भाव में यही होता है। एकाग्रता के सिद्धांत का प्रतिपादन करते हुए हमें और भी दो बातों पर ध्यान देना है। एक प्रश्न तो यह उठता है कि जब मनुष्य वर्षों तक एक काम को एकाग्रता और संलग्नता के साथ अनेक कठिनाइयाँ झेलता हुआ करता रहे और फिर भी अपने व दूसरों के अनुभव से यह देखे कि इस विशिष्ट कार्य में सफलता नहीं मिलती तो उसको दूसरे काम में हाथ डालना चाहिए या नहीं? या हमेशा उसी काम में उसे लगे रहना चाहिए? यदि उस कार्य की सफलता का वर्षों के अनुभव के बाद कारण ज्ञात हो जाए और फिर हम इसी परिणाम पर पहुँचें कि यह कारण ऐसा मजबूत है कि इसे नहीं

हटा सकते तो उस समय दूसरा कार्य कर लेना उचित है। परंतु एक मंतव्य को छोड़कर दूसरा मंतव्य ग्रहण करने के पूर्व बारंबार विचारने और धैर्य एवं प्रतीक्षा की आवश्यकता है; क्योंकि प्रायः देखने में आता है कि मनुष्य जब तक व्यवसाय से नितांत थककर और आपत्तिग्रस्त होकर मारे घबराहट के दूसरे काम में हाथ डालने लगता है, तब तक उसे अपने पहले कार्य में भी विजय मिल जाती है।

ऐसा कई बार होगा कि आपको अपनी क्षमताओं पर संदेह होगा, क्योंकि कई बार ऐसा होगा कि आप प्रयास करेंगे, परंतु आपको सफलता नहीं मिलेगी। इस बात का ध्यान रखिए कि यह इस प्रक्रिया में होनेवाली सामान्य-सी बात है। सिर्फ इस वजह से कि आपको अपने प्रयासों में एकाध बार असफलता मिली। निराश मत होइए और प्रयास करना मत छोड़िए। दीर्घकालिक नजरिया रखिए और सोच को बड़ा बनाए रखिए। फिर से प्रयास करिए। याद रखें, असफलता की सीढ़ियाँ ही इनसान को सफलता के शिखर पर ले जाती हैं।

ऐसा कई बार होगा कि आपको अपनी क्षमताओं पर संदेह होगा, क्योंकि कई बार ऐसा होगा कि आप प्रयास करेंगे, परंतु आपको सफलता नहीं मिलेगी। इस बात का ध्यान रखिए कि यह इस प्रक्रिया में होनेवाली सामान्य-सी बात है। सिर्फ इस वजह से कि आपको अपने प्रयासों में एकाध बार असफलता मिली। निराश मत होइए और प्रयास करना मत छोड़िए।

ऐसा कौन सा पेशा है, कौन सा व्यवसाय है, जिसमें अड़चनें उपस्थित नहीं होतीं? जो किसी पेशे को करेगा, उसको उस पेशे को करने में अड़चनों का सामना किए बिना कैसे सफलता मिलेगी?

ऐसा क्यों होता है कि कठिन परिस्थितियों में कुछ लोग बिल्कुल टूट जाते हैं, बिखर जाते हैं; जबकि इन्हीं परिस्थितियों का कुछ लोग न सिर्फ दृढ़ता से सामना करते हैं, बल्कि विपरीत परिस्थितियों में वे और भी ज्यादा निखर

जाते हैं। दुनिया में ऐसा कोई भी नहीं, जिसके जीवन में प्रतिकूल परिस्थितियाँ नहीं आतीं; परंतु कुछ लोग बुरी-से-बुरी परिस्थिति से सफलतापूर्वक लड़कर कठिन-से-कठिन परिस्थिति से बाहर आ जाने की क्षमता रखते हैं।

ऐसी कोई भी चीज, जिसके विषय में सोचने भर से हम अपनी सुध-बुध खो बैठते हैं, वह हमारे जीवन-निर्माण की पूँजी बन सकती है। हम एक कॉपी व पेंसिल लेकर अपनी उन चीजों को प्राथमिकता के आधार पर सूचीबद्ध कर सकते हैं। इन इच्छाओं को एक साथ लिखने का लाभ यह होगा कि हमें अपने स्वभाव, अपनी अपेक्षाओं, अपनी आकांक्षाओं तथा अपने सपनों से परिचित होने का मौका मिलेगा।

ऐसा इनसान भी खोजना मुश्किल है, जिसने कभी कोई गलती न की हो; लेकिन एक बार की गलती से सबक लेकर जीवन में दोबारा उसे न दोहरानेवाले लोग ही बुद्धिमान कहलाते हैं। हमें, जहाँ तक संभव हो, अपनी गलतियों में सुधार कर लेना चाहिए। टाल-मटोल छोड़कर परिस्थितियों का सामना करना चाहिए, फिर ईश्वर को तथा स्वयं को साक्षी मानकर सत्य को स्वीकार करना चाहिए।

ऐसा इनसान भी खोजना मुश्किल है, जिसने कभी कोई गलती न की हो; लेकिन एक बार की गलती से सबक लेकर जीवन में दोबारा उसे न दोहरानेवाले लोग ही बुद्धिमान कहलाते हैं। हमें, जहाँ तक संभव हो, अपनी गलतियों में सुधार कर लेना चाहिए। टाल-मटोल छोड़कर परिस्थितियों का सामना करना चाहिए, फिर ईश्वर को तथा स्वयं को साक्षी मानकर सत्य को स्वीकार करना चाहिए। हमें अपने मन में यह भी ठान लेना चाहिए कि अब से ऐसी गलती नहीं करेंगे। कई बार हमारे संबंध आर्थिक लेन-देन को लेकर बिगड़ जाते हैं। ऐसे में हमें यह खयाल रखना चाहिए कि हमारे लिए पैसा अधिक मायने रखता है या संबंध?

ऐसे भी नौजवान हैं, जो अपने उत्साह और उल्लास से भरकर अपने

कार्य-व्यापार में लगे रहते हैं। उनका निश्चय अटल होता है। सतत प्रयत्न करना उनका स्वभाव बन जाता है। ऐसे ही नवयुवक उन्नति के शिखर पर पहुँच जाते हैं। महान् तथा सफल लोगों का विश्लेषण कीजिए। उनके महान् बनने का पहला कारण होगा—आत्मविश्वास और सिर्फ आत्मविश्वास। ऐसे महान् लोगों के उदाहरणों से हमारा अतीत भरा पड़ा है, जो अपने समय में लोगों को पसंद नहीं आए, लेकिन बाद में वही मनुष्यता की परम गौरव गरिमा को उपलब्ध हुए।

ऐसे भाग्यशाली लोग कम ही होते हैं, जिन्हें अपने पहले प्रयास में ही सफलता मिल जाती है। सफल लोगों से आप कभी पूछेंगे तो आपको पता चलेगा कि सफलता की मंजिल तक पहुँचने से पहले वे कितनी बार असफल रहे थे। अत: किसी परीक्षा में सफल नहीं होने पर खुद को दुनिया का निकृष्ट व्यक्ति समझ लेने की प्रवृत्ति गलत है। कई बार असफलता की वजह किसी ऐसे लक्ष्य पर अपना समय व धन खर्च करना भी होता है, जो हमारे सामर्थ्य से बाहर रहता है।

ऐसे भाग्यशाली लोग कम ही होते हैं, जिन्हें अपने पहले प्रयास में ही सफलता मिल जाती है। सफल लोगों से आप कभी पूछेंगे तो आपको पता चलेगा कि सफलता की मंजिल तक पहुँचने से पहले वे कितनी बार असफल रहे थे। अत: किसी परीक्षा में सफल नहीं होने पर खुद को दुनिया का निकृष्ट व्यक्ति समझ लेने की प्रवृत्ति गलत है।

अपने लक्ष्य बड़े बनाएँ। इसका नतीजा होगा कि आप उन्हें हासिल करने की दिशा में अपने कदम आगे बढ़ाएँगे और अपनी सीमाओं का विस्तार करेंगे। अवसर एक वरदान होता है, जो जीवन में बार-बार नहीं आता है। अत: उसके स्वागत के लिए सदैव तैयार रहना चाहिए और पूर्ण आत्मविश्वास एवं निष्ठा के साथ सामने आए हुए अवसर का लाभ उठाना चाहिए। अवसर के अनुरूप ही बात करें। दूसरे की बात सुनें ज्यादा, अपनी बात कम करें।

असफलता वह अवसर है, जब आप अधिक समझदारी से दोबारा शुरुआत कर सकते हैं।

वास्तव में, सफल लोग अपने निरंतर विश्वास से जीतते हैं, लेकिन वे असफलताओं का मुकाबला भी उसी विश्वास से करते हैं। उत्साह उन लोगों का गहना है, जो सफलता प्राप्त करना चाहते हैं। उत्साहवर्द्धन वह विद्या है, जो मरते हुए के लिए संजीवनी की तरह कार्य करती है। किसी काम को करते समय या किसी विषय को सोचते हुए उदासीनता और चिंता के भाव को न उठने दीजिए। उसे एक मनोरंजन ही समझिए।

किसी नए कार्य को करने का मन बनाएँ और उसके लिए पहल करें। कितने ही लोग अपनी क्षमताओं पर यकीन न करने के कारण अपने अच्छे विचारों को बेकार और अनुत्पादक साबित कर देते हैं। किसी भी कार्य को पूरी ईमानदारी एवं निष्ठापूर्वक मन लगाकर करें, बोझिल मन से नहीं।

किसी नए कार्य को करने का मन बनाएँ और उसके लिए पहल करें। कितने ही लोग अपनी क्षमताओं पर यकीन न करने के कारण अपने अच्छे विचारों को बेकार और अनुत्पादक साबित कर देते हैं। किसी भी कार्य को पूरी ईमानदारी एवं निष्ठापूर्वक मन लगाकर करें, बोझिल मन से नहीं। कोई भी काम सिर्फ काम चलाने के लिए नहीं, बल्कि आगे बढ़ने के लिए करें। कोल्हू का बैल सारा दिन घूमता रहता है, लेकिन रहता वहीं-का-वहीं है।

गलतियों को तर्कपूर्ण तरीके से सोचना और स्वीकार करना बड़ा अंतर लाता है। गलतियों पर भावुक प्रतिक्रिया हमारे निर्णयों को बदल देती है और अपराध-बोध पैदा करती है। जहाज समंदर के किनारे सर्वाधिक सुरक्षित रहता है; मगर क्या आप नहीं जानते कि उसे किनारे के लिए नहीं, बल्कि समंदर के बीच में जाने के लिए बनाया गया है?

जीवन के बारे में स्पष्ट नजरिया रखें। जीवन दस गीयर की साइकिल के

समान है। हम लोगों में बहुत से लोगों के पास इस प्रकार के गीयर हैं, जिन्हें हम प्रयोग नहीं करते। जो भी काम करें, भरपूर आनंद के साथ करें। कई बार हम खुद को दयनीय बना देते हैं, यह सोचकर कि हम अच्छा काम नहीं कर रहे हैं। जो भी करें, पूरे मन के साथ करें। जितनी अधिक अंदरूनी खुशी होगी, उतना ही हम सफलता के लिए प्रेरित होंगे।

दूसरों की प्रशंसा खुले मन से करें। प्रशंसा एक ऐसा गुण है, जो सबको आपका हितैषी बना देती है। दूसरों को उनके उद्देश्य हासिल करने में सहायता करें। अधीनस्थों को अपनी भूमिकाएँ निभाने के लिए सही स्पेस और अधिकार दें। खुद तक सीमित न रहें। दूसरों से प्रेरित होना अच्छी बात है, पर उनकी सफलता की नकल करना हमेशा काम नहीं आता। खुद को स्वीकार करें, जोखिम लें। इस प्रक्रिया में अनुभव होंगे। कुल मिलाकर प्रत्येक व्यक्ति नेता है और नेता बनने की क्षमता रखता है।

नकल नहीं, सृजन करिए। नकारात्मक सोच को त्यागकर अपनी विचारधारा में सकारात्मक विचारों की क्रांति लाएँ। पढ़े-लिखे होने से अच्छा है, पढ़ते-लिखते रहना। बहानेबाजी या टालते रहने की प्रवृत्ति मनुष्य को अकर्मण्य बना देती है। समस्या का समाधान करें, घबराएँ नहीं। असफलता ही सफलता का मार्ग प्रशस्त करती है। निरंतर प्रयास करते रहें।

नकल नहीं, सृजन करिए। नकारात्मक सोच को त्यागकर अपनी विचारधारा में सकारात्मक विचारों की क्रांति लाएँ। पढ़े-लिखे होने से अच्छा है, पढ़ते-लिखते रहना। बहानेबाजी या टालते रहने की प्रवृत्ति मनुष्य को अकर्मण्य बना देती है। समस्या का समाधान करें, घबराएँ नहीं। असफलता ही सफलता का मार्ग प्रशस्त करती है। निरंतर प्रयास करते रहें।

मजबूत पक्ष उभारें। अपने मजबूत पक्षों और क्षमताओं को जानें। मनोवैज्ञानिकों ने सिद्ध किया है कि अपनी किसी भी प्रिय हॉबी को निखारकर

सफलता प्राप्त करने के साथ-साथ जीवन के उबाऊपन, नीरसता व असंतुष्टि से बचा जा सकता है।

मेहनत कीजिए, लेकिन बिना योजना के नहीं। एक-एक कदम उठाइए। जब एक कदम उठा चुके हों, तब तैयारी करें। यदि आप पूरी जिंदगी के लिए खुशी चाहते हैं तो अपने काम से प्यार करना सीखें। यह कार्य अनवरत करते रहें। व्यापक अध्ययन कीजिए, ताकि मस्तिष्क का उपयोग हो सके। योजनाबद्ध रूप से अपने कार्य को अंजाम दें। समय बिल्कुल व्यर्थ न गँवाएँ। विपरीत परिस्थितियों में संयम से काम लें और धैर्यपूर्वक उनका सामना करें। यह सफलता-प्राप्ति का एक महत्त्वपूर्ण गुण है। विशिष्टता त्यागकर सामान्य व्यक्ति बने रहने का प्रयत्न कीजिए।

> ***सफलता के ये तीन नियम हमेशा याद रखें—मेहनत, आत्मविश्वास एवं आत्मविकास। सफलता के लिए इंतजार करना आना चाहिए। पौधे से फल की इच्छा रखना मूर्खता से अधिक कुछ भी नहीं है। सफलता के लिए विश्वास पैदा कीजिए। असफल होने पर भी उस विश्वास को कायम रखिए। सफलता पाने के लिए समय का महत्त्व समझें।***

सफलता के ये तीन नियम हमेशा याद रखें—मेहनत, आत्मविश्वास एवं आत्मविकास। सफलता के लिए इंतजार करना आना चाहिए। पौधे से फल की इच्छा रखना मूर्खता से अधिक कुछ भी नहीं है। सफलता के लिए विश्वास पैदा कीजिए। असफल होने पर भी उस विश्वास को कायम रखिए। सफलता पाने के लिए समय का महत्त्व समझें। उसका एक-एक पल उपयोग में लाएँ। सफलता प्राप्त करने के लिए एकाकीपन, भय, संकोच, भावुकता तथा हीन-भावना जैसे अवगुणों को अपने पास भटकने भी न दें। अनुशासन का पालन करें।

सोच-समझकर बोलें, क्योंकि वार्त्तालाप आपकी छवि बनाने और बिगाड़ने में महत्त्वपूर्ण भूमिका निभाता है। सोचिए, जो भी मेरे पास है, मेरे

लिए खास है। स्वयं में निर्णय लेने की क्षमता का विकास करें। स्वयं में सीखने और अनुभव-प्राप्ति के स्वभाव को विकसित करें। हम जो भी हैं, जो कुछ भी करते हैं, वह तभी होता है, जब हम उसे वास्तव में करना चाहते हैं।

हर दिन की शुरुआत सुखद, संतुष्ट व सुखी नजरिए से कीजिए। आप पाएँगे कि आपका दिन सुखद व सफल गुजरेगा। कई आदतें ऐसी होती हैं, जिन्हें हम खुद ही नहीं छोड़ना चाहते और कहते हैं कि छूटती नहीं। इनके बारे में गंभीरता से सोचें, चिंतन करें। हर समय कोई महापुरुष आपको शिक्षा देने के लिए भले ही मौजूद न हो, लेकिन उसके विचार हमेशा आपके साथ रहते हैं।

हर इनसान के जीवन में एक बार सुअवसर दस्तक देता है। उस क्षण को पहचानकर पकड़ने का प्रयत्न करें। यदि एक बार सफल न हो पाएँ तो पछताकर या रोकर समय बरबाद न करें। नए अवसर आपकी राह में रहेंगे। बस, आपकी मेहनत, लगन व एकाग्रता आवश्यक होगी।

□

11

क्षमताएँ और मूल्यांकन

कई बार संकट की स्थिति आती है तो कैसा व्यवहार करें? अच्छे नेता या मैनेजर की सबसे बड़ी जिम्मेदारी यह है कि जब स्थिति ठीक हो तो वह कोई काम न भी करे तो भी ठीक है। कंपनी मुनाफे में जा रही है। बिक्री अच्छी हो रही है तो कुछ न भी करें तो भी चल जाएगा। लेकिन जब स्थिति बिल्कुल नकारात्मक है, तब प्रोत्साहन चाहिए। जब धंधा मंदा चल रहा है, हालात ठीक नहीं हैं, सपोर्ट नहीं है, टीम नहीं है, काम नहीं हो पा रहा है, मार्केट से ऑर्डर नहीं आ रहे हैं, तब ऐसी स्थिति में वह अपनी टीम को किस प्रकार प्रोत्साहित करता है। निराश नहीं होने देता और खुद को कैसे प्रोत्साहित करता है, यहाँ से नेतृत्व पता चलता है। ज्यादातर लोग जो बिक्री नहीं बढ़ा पा रहे हैं, इसकी वजह यह है कि वे उस समय सही निर्णय नहीं ले पा रहे हैं। वे खुद को ठीक से प्रोत्साहित नहीं कर पा रहे हैं, न ही अपनी टीम को प्रोत्साहित कर पा रहे हैं। ज्यादातर गलत निर्णय तभी लिये जाते हैं, जब परिस्थितियाँ खराब हो रही होती हैं। अब यहाँ दो चीजें विरोधाभास पैदा करती हैं। ज्यादातर मैनेजर खराब स्थिति में ही अच्छे निर्णय लेते हैं और तभी उनकी परख होती है कि वे अच्छे हैं या बेकार और ज्यादातर अच्छे-से-अच्छे मैनेजर भी इस समय टूट जाते हैं, क्योंकि उन्होंने इस तरह की स्थिति का पहले सामना नहीं किया होता।

कई बार स्वयं में आत्मविश्वास जगाने के लिए आत्मविश्वास से भरपूर व्यक्ति का अभिनय करना या उस जैसा बरताव करना काफी मददगार साबित होता है। आत्मविश्वास से प्रफुल्लित एक व्यक्ति के शारीरिक संकेत कुछ खास होते हैं। उसके चेहरे के हाव-भाव विश्रामपूर्ण होते हैं, जिससे

आत्मविश्वास और प्रभावोत्पादकता झलकती है। उसकी शारीरिक क्रियाएँ आरामदायक, सहज व शांत होती हैं। उसकी दृष्टि सीधी, ध्यानपूर्ण, रुचिपूर्ण और प्रभावशाली होती है। उसकी आवाज सुरीली व आसानी से सुने जाने की सीमा तक ऊँची होती है।

कई बार हम जब कोई कार्य कर रहे होते हैं, तभी हम अपना मूल्यांकन करने लगते हैं और अपनी क्षमताओं पर संदेह करने लगते हैं। हमें यह प्रवृत्ति छोड़ देनी होगी, क्योंकि इससे हमारा आत्मविश्वास टूट जाता है। इसलिए सिर्फ कार्य करें, उसके बारे में सोच-सोचकर व्यर्थ समय न नष्ट करें। इन सब कदमों से हमारे आत्मविश्वास में बढ़ोतरी होती है।

कई बार हम जब कोई कार्य कर रहे होते हैं, तभी हम अपना मूल्यांकन करने लगते हैं और अपनी क्षमताओं पर संदेह करने लगते हैं। हमें यह प्रवृत्ति छोड़ देनी होगी, क्योंकि इससे हमारा आत्मविश्वास टूट जाता है। इसलिए सिर्फ कार्य करें, उसके बारे में सोच-सोचकर व्यर्थ समय न नष्ट करें। इन सब कदमों से हमारे आत्मविश्वास में बढ़ोतरी होती है।

कई बार हम निर्णय सिर्फ इसलिए गलत ले लेते हैं, क्योंकि हम शायद सोचते हैं कि हमारे निर्णय सबसे बेहतर निर्णय हैं। कई बार हम सोच या नजरिए की बात करते हैं। हम सबने अपनी सोच की शक्ति के बारे में सुना है और यह हमारी सोच ही है, जो हमारी सफल होने की संभावना को निर्धारित करती है। हम जानते हैं कि सकारात्मक सोच जीवन के कई क्षेत्रों में महत्त्वपूर्ण भूमिका निभाती है, जबकि नकारात्मक सोच स्वयं ही हमारे जीवन को तबाह कर देती है। आमतौर पर सकारात्मक सोच हमें हमेशा खुश रखती है और सफलता की ओर ले जाती है, जबकि नकारात्मक सोच हमें दुःखी, उदास, तनावपूर्ण और जीवन से छुटकारा पाने के विचार की ओर ले जाती है। इसलिए अच्छी और रचनात्मक सोच सफलता व उपलब्धियों के लिए बहुत जरूरी है।

कई बार हमें पता ही नहीं होता कि हम अपने बिजनेस को आगे कैसे

बढ़ा सकते हैं। अपनी बिक्री कैसे सुधार सकते हैं। अकसर हम बिजनेस के बारे में बात करते हैं। उसकी वृद्धि के बारे में बात करते हैं, लेकिन हमें पता नहीं होता कि बिजनेस की ग्रोथ होगी कैसे? हमें अपने बिजनेस और बिक्री को कैसे आगे बढ़ाना है? आप में से जो लोग बिजनेस नहीं करते, उन्हें कई बार लगता है, यह मेरे किस काम का है? मैं आपको बताऊँ, यदि आप इन फॉर्मूलों को अपनी कंपनी में जहाँ आप नौकरी करते हैं, वहाँ सजेस्ट करें या अप्लाई करना चाहें या करवाना चाहें तो इससे यदि 1 प्रतिशत भी सुधार आ गया तो आप उस टीम के बहुत बेहतर खिलाड़ी बनने वाले हैं। एक कहावत है कि एक अच्छे कर्मचारी की हर नियोक्ता, हर कंपनी को जरूरत होती है, मुझे भी जरूरत है, हमेशा रहेगी। अच्छा कर्मचारी मिलना मुश्किल है। ऐसे में अगर आप अच्छे कर्मचारी बन जाते हैं तो आपकी कंपनी में आपका महत्त्व बढ़ जाएगा।

कई लोग जिम्मेदारियों से घबराते हैं। जिम्मेदारियाँ उन्हें तनावग्रस्त कर देती हैं। उनका मन सतत जिम्मेदारी से दबा-सा रहता है। कुछ लोग नींद का भी सुख नहीं ले पाते। वे तनाव-युक्त रहते हैं, यह देखकर कि अमुक व्यक्ति उनकी बात ही नहीं सुनता या मेरा बच्चा मेरी बहुत अवज्ञा करता है।

कई लोग जिम्मेदारियों से घबराते हैं। जिम्मेदारियाँ उन्हें तनावग्रस्त कर देती हैं। उनका मन सतत जिम्मेदारी से दबा-सा रहता है। कुछ लोग नींद का भी सुख नहीं ले पाते। वे तनाव-युक्त रहते हैं, यह देखकर कि अमुक व्यक्ति उनकी बात ही नहीं सुनता या मेरा बच्चा मेरी बहुत अवज्ञा करता है।

कठिनाइयों का सामना करते हुए जो अपना मार्ग खुद ही बनाकर निर्दिष्ट स्थान को प्राप्त होते हैं, वही प्रशंसा प्राप्त करते हैं। सिफारिश, दौलत या बेईमानी आदि अनुचित उपायों से जो आगे बढ़ जाते हैं, उन्हें एक दिन गिरना ही पड़ता है। घृणित कार्यों से हम उन्नति कर भी जाएँ तो क्या वह उन्नति सर्वग्राह्य है? क्या वह उन्नति स्थायी है? कदापि नहीं। भाग्यश्री उन्हीं लोगों

को चुनती है, जो अपना आस्तीन चढ़ाकर कार्य करने के लिए सदा तत्पर रहते हैं। जो न धूप से परेशान होते हैं, न सर्दी से काँप उठते हैं, न परिश्रम से डरते, न सदा आलस्य से भरे रहते हैं।

कभी असफलता मिलने पर हम यदि बारीकी से उसकी छानबीन करें तो निन्यानबे प्रतिशत यही पाएँगे कि उसका कारण था—हमारा साधनों की ओर ध्यान न देना। हमें आवश्यकता है अपने साधनों को पुष्ट करने की और उन्हें पूर्ण बनाने की। यदि हमारे साधन बिल्कुल ठीक हैं तो साध्य की प्राप्ति होगी ही। हम यह भूल जाते हैं कि कारण ही कार्य का जन्मदाता है। कार्य स्वतः उत्पन्न नहीं हो सकता और जब तक कारण अभीष्ट, समुचित एवं सशक्त न हो, कार्य की उत्पत्ति नहीं होगी। एक बार हमने ध्येय निश्चित कर लिया और उसके साधन पक्के कर लिये कि फिर हम ध्येय को लगभग छोड़ सकते हैं; क्योंकि हम आश्वस्त हैं कि यदि साधन पूर्ण हैं तो साध्य तो प्राप्त ही होगा। जब कारण विद्यमान है तो कार्य की उत्पत्ति होगी ही। उसके बारे में विशेष चिंता की कोई आवश्यकता नहीं। यदि कारण के विषय में हम सावधान रहें तो कार्य स्वयं संपन्न हो जाएगा। कार्य है ध्येय की सिद्धि और कारण है साधन। इसलिए साधन की ओर ध्यान देते रहना जीवन का एक बड़ा रहस्य है।

कभी असफलता मिलने पर हम यदि बारीकी से उसकी छानबीन करें तो निन्यानबे प्रतिशत यही पाएँगे कि उसका कारण था—हमारा साधनों की ओर ध्यान न देना। हमें आवश्यकता है अपने साधनों को पुष्ट करने की और उन्हें पूर्ण बनाने की। यदि हमारे साधन बिल्कुल ठीक हैं तो साध्य की प्राप्ति होगी ही। हम यह भूल जाते हैं कि कारण ही कार्य का जन्मदाता है।

कभी किसी का विश्वास न तोड़ें, क्योंकि विश्वास टूटने पर सच्चाई और ईमानदारी हमेशा के लिए शक के घेरे में आ जाती है। कभी-कभी अतीत या भविष्य की चिंता करना सकारात्मक सोच में रुकावट डालता है।

अगर आप अतीत की यादों में डूबे हैं तो अतीत के दु:खद और बुरे अनुभव आपके वर्तमान के अनुभव पर हावी हो जाते हैं। इसलिए आज के विचार और दृष्टिकोण पर प्रभाव न डालते हुए अपने अतीत की घटनाओं को भूलना सीखें। अगर आप पूरी तरह से भविष्य के बारे में सोचते रहते हैं, जो आपके वर्तमान पर हावी हो जाता है तो आप भविष्य के बारे में चिंता करना कम करें और वर्तमान में रहने की कोशिश करें।

कभी-कभी हम ऐसी स्थितियों में घिरे होते हैं, जिनको हम बदल नहीं सकते। हालाँकि ऐसी स्थितियाँ बहुत कष्टप्रद होती हैं, परंतु फिर भी उनके प्रति सकारात्मक रवैया अपनाकर आप इस स्थिति में भी अपने आप को सँभाल सकते हैं, जैसा कि विक्टर फ्रैंक ने कहा है, "हम सब, जो बंदी शिविरों में रहे हैं, हमारी झोंपड़ियों के बीच घूम-घूमकर सभी को सांत्वना और अपनी रोटी के आखिरी टुकड़े को दे देनेवाले उन इनसानों को भूल नहीं सकते। भले ही वे संख्या में कम रहे हों, पर वे इस सच्चाई का पर्याप्त प्रमाण देते थे कि इनसान से उसका सबकुछ छीना जा सकता है, परंतु उससे उसकी किसी भी परिस्थिति में अपनी नियति को अपनी तरह से निर्धारित करने की स्वतंत्रता कोई नहीं छीन सकता। ऐसा करने से उसको कोई नहीं रोक सकता।"

हम सब, जो बंदी शिविरों में रहे हैं, हमारी झोंपड़ियों के बीच घूम-घूमकर सभी को सांत्वना और अपनी रोटी के आखिरी टुकड़े को दे देनेवाले उन इनसानों को भूल नहीं सकते। भले ही वे संख्या में कम रहे हों, पर वे इस सच्चाई का पर्याप्त प्रमाण देते थे कि इनसान से उसका सबकुछ छीना जा सकता है, परंतु उससे उसकी किसी भी परिस्थिति में अपनी नियति को अपनी तरह से निर्धारित करने की स्वतंत्रता कोई नहीं छीन सकता। ऐसा करने से उसको कोई नहीं रोक सकता।

कर्म के नियम से मनुष्य को भयभीत नहीं होना चाहिए। फिर भी, मनुष्य

इतना कमजोर है कि कर्म के परिणाम सहन करने के लिए वह कितनी ही बार तैयार नहीं होता। वह गलत काम तो कर लेता है, परंतु गलत काम का परिणाम भोगने की ताकत उसमें नहीं होती। इसलिए क्षमा की अपेक्षा होती है, जैसे बच्चा माता-पिता से क्षमा की अपेक्षा रखता है, वैसे ही भक्त ईश्वर से। कर्म मार्ग से भक्ति मार्ग की यही विशेषता है कि इसमें क्षमा की आशा होती है।

कल्पना को ठोस विचारों में बदलना

कल्पना कीजिए कि आप एक ऐसे व्यक्ति से बात कर रहे हैं, जो पूरी तरह अंतर्मुखी है या नितांत बहिर्मुखी। ऐसे व्यक्ति से लोग दूर ही रहना चाहते हैं, क्योंकि व्यक्तित्व की यह सामान्य स्थिति नहीं है, चरम सीमा है। दोनों स्थितियों के मिले-जुले रूप को आदर्श माना जा सकता है। अत्यधिक संकोची और अपने में ही सिमटकर रहनेवाले व्यक्ति से लोग जल्दी ऊब जाते हैं। दूसरी तरफ, ऐसे व्यवहार को भी उचित नहीं कहा जा सकता, जिसमें व्यक्ति बहुत बढ़-चढ़कर बोलता है और आगे बढ़कर बाजी मारने की कोशिश करता है। दोनों व्यक्तित्वों के बीच एक अनुकूल संतुलन बनाएँ और फिर देखें, किस तरह सामाजिक जमावड़े में आप 'आकर्षण का केंद्र' बनते हैं।

> ***कल्पना कीजिए कि आप एक ऐसे व्यक्ति से बात कर रहे हैं, जो पूरी तरह अंतर्मुखी है या नितांत बहिर्मुखी। ऐसे व्यक्ति से लोग दूर ही रहना चाहते हैं, क्योंकि व्यक्तित्व की यह सामान्य स्थिति नहीं है, चरम सीमा है। दोनों स्थितियों के मिले-जुले रूप को आदर्श माना जा सकता है। अत्यधिक संकोची और अपने में ही सिमटकर रहनेवाले व्यक्ति से लोग जल्दी ऊब जाते हैं।***

कल्पना को सही राह पर रखना अति आवश्यक है, क्योंकि कल्पना के विकृत स्वरूप से शक्ति का क्षय, असद् विचार, मनोजनित रोग उत्पन्न

होते हैं। असत् कल्पना विचार, सामर्थ्य और संकल्प को कुंठित कर देती है। कल्पना संहारक भी है, अतः निरर्थक, व्यर्थ के, प्रतिकूल विचारों को मनो-मंदिर में स्थान देना अत्यंत बुरा है। मानव दृष्टि से केवल सर्वोत्तम चित्रों की ही सृष्टि कीजिए।

कल्पना द्वारा हम अपने भविष्य का निर्माण कर सकते हैं, साथ ही अनेक प्रकार की व्याधियों, पाप और दुःख की आँधियों, कायरता, निरुत्साह, उदासीनता, ग्लानि तथा रोगों की बात भी सोच सकते हैं। बुरी कल्पना शैतान से भी बढ़कर है। मन की यह अशुभ वृत्ति आयु, सामर्थ्य, मनोबल की सर्वदा हानि करनेवाली है। इसके विपरीत, यदि कल्पना का ठीक प्रकार से विकास एवं उपयोग किया जाए तो यह सब दुःखों, व्याधियों, अंतरस्थ दीनता, अहं की भावना का नाश कर मुक्ति मंदिर में प्रवेश करा सकती है। यह हमारी रक्षा करनेवाली, सत्प्रेरणा, अभ्यंतर स्वतंत्रता देने वाली है। कल्पना-शक्ति के दुरुपयोगों से पूर्ण स्वस्थ मनुष्य तक क्षय को प्राप्त हो सकता है तथा सदुपयोग से मरण-शय्या पर पड़ा हुआ रोगी भी आरोग्य प्राप्त कर सकता है। मन की स्थिति सुधारने, स्थिरता कायम रखने, नवीन रचनात्मक कार्य करने में कल्पना से अत्यधिक सहायता मिलती है; क्योंकि इसका राज्य अतीत, भविष्य एवं वर्तमान—तीनों पर समान रूप से है। प्रश्नों की कल्पना कीजिए और वास्तविक धरातल पर उनके उत्तर खोजिए।

कल्पना द्वारा हम अपने भविष्य का निर्माण कर सकते हैं, साथ ही अनेक प्रकार की व्याधियों, पाप और दुःख की आँधियों, कायरता, निरुत्साह, उदासीनता, ग्लानि तथा रोगों की बात भी सोच सकते हैं। बुरी कल्पना शैतान से भी बढ़कर है। मन की यह अशुभ वृत्ति आयु, सामर्थ्य, मनोबल की सर्वदा हानि करनेवाली है।

प्रश्न बीजमंत्र होते हैं। एक छिटका तो उसके बाद प्रश्नों की झड़ी लग जाती है। हमारे अबूझे प्रश्न हमें बताते हैं कि जानना एक पड़ाव भर है।

ज्ञानार्जन की कोशिश में लगे उपकरणों की भी सीमा है। इसके बावजूद ज्ञान के किसी एक चरण में ही हम उसके बारे में प्रश्नों की सुदीर्घ शृंखला से जुड़ जाते हैं। ज्ञानार्जन की अनवरत चलने वाली प्रक्रिया में कुछ के उत्तर हमें मिलते हैं, कुछ के नहीं भी मिलते। इसी प्रकार, प्रथम और द्वितीयक चरणों में ज्ञान आगे बढ़ता है। यह परंपरा इतनी लंबी और सुदीर्घ होती है कि हमारे ज्ञान का स्तर हमेशा प्रथम पायदान पर होता है। जिज्ञासु के रूप में हम स्वयं को सदैव एक नए लक्ष्य के सामने पाते हैं, जो हमेशा लक्ष्य बना रहता है।

कहा गया है कि तुम विचार द्वारा भाग्य पर विजय प्राप्त करते हो। यदि तुम यह समझ लो कि मनुष्यों के भाग्य-निर्माण में विचार ही एकमात्र कारण है तो तुम्हें हाथ में तलवार नहीं लेनी पड़ेगी। जैसा विचार होगा, अनिवार्य रूप से वैसा ही परिणाम होगा।

कहा गया है कि तुम विचार द्वारा भाग्य पर विजय प्राप्त करते हो। यदि तुम यह समझ लो कि मनुष्यों के भाग्य-निर्माण में विचार ही एकमात्र कारण है तो तुम्हें हाथ में तलवार नहीं लेनी पड़ेगी। जैसा विचार होगा, अनिवार्य रूप से वैसा ही परिणाम होगा।

समन्वयता

काम और मनोरंजन, आराम और काम में समन्वय बिठाएँ। या तो हम इतना काम करते हैं कि उसके बोझ तले ही दब जाते हैं या फिर आराम से, हिप्पो के अंदाज में, बेकार बैठे रहकर अवसर का इंतजार करते रहते हैं। काम और मनोरंजन, आराम और काम में अच्छा समन्वय बैठाने से आपको इन सबका महत्त्व समझ में आएगा। आपको नदी के दूसरी तरफ की घास ज्यादा हरी है, ऐसा दिखना बंद हो जाएगा।

कारोबार की सफलता में लगन का विशेष योगदान है। कई लोग यह मानते हैं कि सफल होने में लगन से ज्यादा संयोग का हाथ होता है। उनका कहना है कि अगर व्यक्ति सही समय पर सही जगह पर होगा तो वह सफल हो सकता है। कार्यों को समयावधि के भीतर जल्दी से निपटाना हानिकारक

हो सकता है। कार्य को निपटाते समय हो सकता है कि हम यह भूल बैठें कि कार्य को पूर्ण करने की प्रक्रिया ठीक तरीके से अपनाई गई भी या नहीं। इसके कारण वांछित परिणाम प्राप्त करना मुश्किल होता है।

किसी बात के लिए किसी को निर्देशित करना बहुत ही सहज काम होता है; लेकिन जब उसे जीवन में करने की नौबत आती है तो यह काम बहुत ही कठिन लगने लगता है। दरअसल, यह सबकुछ और नहीं, बल्कि जीवन-प्रबंधन के सिद्धांत के कारण संभव हो पाता है। जीवन-प्रबंधन वास्तव में व्यक्तिगत प्रबंधन होता है, जिसमें 24 घंटे के समय में आपको क्या करना है और क्या नहीं करना है, आप सब तय करते हैं।

किसी बात के लिए किसी को निर्देशित करना बहुत ही सहज काम होता है; लेकिन जब उसे जीवन में करने की नौबत आती है तो यह काम बहुत ही कठिन लगने लगता है। दरअसल, यह सबकुछ और नहीं, बल्कि जीवन-प्रबंधन के सिद्धांत के कारण संभव हो पाता है।

किसी भी काम को करने के लिए अंदर से ऊर्जावान् होना जरूरी है, तभी आप कोई काम कर सकते हैं। कई बार किसी काम को लेकर उत्साहित न होने की वजह से काम को नहीं करते, शायद वह काम हमें जरूरी नहीं लगता। इसलिए किसी भी काम को करने के लिए पहले खुद को प्रेरित करें। साथ ही किसी भी काम को 'ना' से शुरू न करें। ऐसा करने से आपका आत्मविश्वास और उत्साह दोनों कम होंगे। हमेशा काम के होने की जितनी भी गुंजाइश है, उसे लेकर चलें। आप जो काम नहीं कर पाते, कल्पना करें कि आप वही काम कर रहे हैं, जिससे सभी खुश हैं, आप भी खुश हैं और सभी आपकी तारीफ कर रहे हैं। इससे आप में सकारात्मक भाव आते हैं, जिससे आपका आत्मविश्वास बढ़ता है। हमेशा अनुकूल परिणाम की कल्पना न करें। कभी-कभी निराशा भी हाथ लगती है। उसे भी खुशी-खुशी स्वीकार करें, क्योंकि गलतियों से ही इनसान सीखता है। जो नीचे गिरते हैं, वे ही बुलंदियाँ छूते हैं, इसलिए विफलता से अपने आत्मविश्वास को कम न होने

दें, बल्कि अपनी गलतियों का अवलोकन करें और उसे सुधारें।

किसी भी चीज को, जिसे आप पाना चाहते हैं, उसको पाने का एक सरल ढंग है—उसके बारे में निरंतर विचार करना। हर एक पदार्थ का प्रतिबिंब उसके निजी बिंब के अनुसार होता है। दूसरे शब्दों में कहें तो वस्तु प्रायः वैसी ही होती है, जैसा हम उसके बारे में सोचते हैं। इसे यूँ भी समझ सकते हैं कि जिसके बारे में हम जैसा सोचते हैं, ज्ञात-अज्ञात कारणों से हमारा वह विचार उस व्यक्ति तक निश्चित ही संप्रेषित हो जाता है। जैसी हमारी भावनाएँ होंगी, हमारी उपलब्धियाँ भी वैसा ही रूप अख्तियार कर लेती हैं। जिस व्यक्ति को चित्रकार या संगीतज्ञ बनना है, उसे चाहिए कि वह उसी क्षेत्र से संबंधित विचारों को तथा बातों को अपने जीवन का हिस्सा बनाए। किसी भी प्रकार की निराशाजनक बातें और किसी का अहित करके अपना हित साधने की प्रवृत्ति कभी स्थायी सफलता नहीं देती।

किसी भी चीज को शुरू करने से पहले अपने मन में यह सवाल करें कि अपने काम को पूरा करने के बाद आप क्या करना चाहते हैं? यह सवाल करने के बाद आप अपने काम करने की क्षमता में और मजबूती देखेंगे। अपने आप पर विश्वास रखें। लालच और अफसोस को अपने से दूर रखें। समय बरबाद न करें और अपने काम पर ध्यान केंद्रित करें।

किसी भी चीज को शुरू करने से पहले अपने मन में यह सवाल करें कि अपने काम को पूरा करने के बाद आप क्या करना चाहते हैं? यह सवाल करने के बाद आप अपने काम करने की क्षमता में और मजबूती देखेंगे। अपने आप पर विश्वास रखें। लालच और अफसोस को अपने से दूर रखें। समय बरबाद न करें और अपने काम पर ध्यान केंद्रित करें।

विद्वानों ने कहा है कि चिंता अकर्मण्य मस्तिष्क की उपज है। जिस व्यक्ति को काम करना अच्छा नहीं लगता, उसे चिंता करना अच्छा लगता है। एक-दो बार यदि कोई महिला या पुरुष मित्र चिंतित दिखाई देता है तो लोग

उसकी मदद के लिए आगे आ सकते हैं; परंतु जब इसे वह अपने व्यवहार में शामिल कर लेता है तो कोई भी व्यक्ति इस बोझिली से ऊबकर दूर हटता हुआ नजर आता है।

कुछ लोग अपमानजनक प्रश्नों द्वारा हमें नीचा दिखाने की कोशिश करते हैं। जैसे आप अपने व्यवसाय में अच्छा नहीं कर पाते या पैसा नहीं कमा पाते, तब क्या करेंगे? इस तरह के लोग सोचते हैं कि मैं इनसे श्रेष्ठ हूँ, इसलिए यह मेरा अधिकार है कि वे मुझे व्यक्तिगत बातें बताएँ। इस तरह के लोगों से निपटने के लिए आप कुछ तरीके अपना सकते हैं। आप उनके रास्ते से खुद हट जाएँ या अपनी तीक्ष्ण बुद्धि की धार से उन्हें हटा दें।

पुरुषार्थ तथा भाग्य एक ही सिक्के के दो पहलू हैं। उठें और अपने पुरुषार्थ से भाग्य के क्षितिज पर अपनी एकाधिकारिता तथा अनन्यता के स्वर्णिम हस्ताक्षर अंकित कर दें।

□

12

जीने के भिन्न दृष्टिकोण

किसी दिन की शुरुआत एक ऐसी सूचना या समाचार से भी हो सकती है, जो हमारे लिए अप्रिय अथवा दुःखद हो। यह भी संभव है कि इसके बाद दिन का शेष हिस्सा निराशा के कुहासे में लिपटा हुआ प्रतीत हो। लेकिन आत्म-दया से उसका सामना नहीं किया जा सकता। यह तो बेजान और अधूरा तरीका साबित होगा। विस्तार के लिए बाहर से मदद मिलने का इंतजार करना बेमानी है। अपने स्वयं के कल्याण हेतु हमें भीतर से ही कुछ प्रयास करने होंगे। हमारे भीतर जो घटित हो रहा है, हमारे अंतर में जो प्रतिफलित हो रहा है, उस पर ध्यान एकाग्र करने का अभ्यास एक अच्छी शुरुआत है। एक बार जब हम अपने अंदर के अनुभव से समरस हो जाएँगे तो घटनाओं का बखूबी सामना करने में हम समर्थ होंगे। भले ही वे घटनाएँ अप्रिय ही क्यों न हों।

किसी दुर्बलता पर विजय पाना वैसा ही है, जैसे सुगठित व सुडौल बनना। अधिक मजबूत बनने के लिए आपको इस पर मेहनत करनी होती है। अगर आप किसी विषय में अच्छे नहीं हैं, किसी कार्य को ठीक से नहीं कर पाते हैं तो वही करने का निश्चय करें, जो आप यह जानने के लिए करते हैं कि अपनी कमजोरी को कैसे सुधारा जाए। पुस्तकों की किसी अच्छी दुकान पर जाएँ। उन पुस्तकों की तलाश करें, जिनकी विषय-वस्तु आपकी दुर्बलता को ध्यान में रखकर लिखी गई है। उन लोगों के वेब पृष्ठों एवं ब्लॉगों को निकालकर देखें, जो उस विषय में पारंगत हैं, जिसमें आप सुधरने का प्रयास कर रहे हैं। इसके अलावा, अपनी कमजोरी को सुधारने का सबसे अच्छा

तरीका यह है कि जिस विषय में आप कमजोर हैं, उसमें डूब जाएँ और साफ बाहर निकलने की चेष्टा करें। उसका अभ्यास करें। आप बेहतर हो जाएँगे। वह केवल मानवीय प्रकृति है। आप उस पर जितनी मेहनत करेंगे, उसमें उतने ही बेहतर होते चले जाएँगे।

कुछ लोग ऑफिस में समय से पहले आते हैं, ऑफिस में अपना काम पूरा करने के लिए देर तक रुकते हैं। हर समय उनके काम में हड़बड़ाहट देखने को मिलती है। यही नहीं, अपने खुद के लिए भी उनके पास समय नहीं होता। यदि यह आपके साथ भी है तो एक बार सोचने की जरूरत है। इसकी वजह काम की अधिकता न होकर काम की सही प्लानिंग न करना भी हो सकता है। किसी भी काम को अगर प्लानिंग के साथ किया जाए तो वह बेहतर परिणाम देता है। टाइम मैनेजमेंट एक बहुत ही जरूरी कदम है, जो काम को बेहतर बनाने में काफी सहायक है।

कुछ लोग ऑफिस में समय से पहले आते हैं, ऑफिस में अपना काम पूरा करने के लिए देर तक रुकते हैं। हर समय उनके काम में हड़बड़ाहट देखने को मिलती है। यही नहीं, अपने खुद के लिए भी उनके पास समय नहीं होता। यदि यह आपके साथ भी है तो एक बार सोचने की जरूरत है।

कुछ लोग कहते हैं कि वे अपनी तमाम कोशिशों के बावजूद समय प्रबंधन नहीं कर पाते। सच तो यह है कि उनके साथ ऐसा इसलिए होता है, क्योंकि उनकी प्राथमिकताएँ सही नहीं होतीं। वे यह समझ ही नहीं पाते कि किस कार्य को पहले करना है और किसे बाद में। यही नहीं, वे इस बात का आकलन भी ठीक से नहीं कर पाते कि एक दिन में उन्हें कितने कार्य निपटाने हैं। क्या प्रत्येक कार्य के लिए पर्याप्त समय मिल सकेगा? दरअसल, लोग प्रायः अपनी क्षमता से ज्यादा कार्यों के लिए हामी भर देते हैं, लेकिन जब उन कार्यों के लिए समय नहीं निकाल पाते तो परेशान हो जाते हैं, तनाव में आ जाते हैं।

कुछ लोग कहते हैं, यह भी कोई जिंदगी है कि हर घड़ी काम करते

रहो! बहुत दिन जीने के लिए आराम बहुत जरूरी है। ऐसा कहने में एक बुनियादी दोष है। हर घड़ी काम करने का मतलब यह नहीं है कि व्यक्ति कभी आराम ही न करे। उसका मतलब है—व्यक्ति कर्मठ रहे, आलस न करे। सच बात यह है कि निष्क्रिय जीवन से बढ़कर दूसरा अभिशाप नहीं है। जो लोग क्रियाशील रहते हैं, वे काम करने का संतोष पाते हैं और अपनी प्रसन्नता से धरती का बोझ हलका करते हैं। इसके विपरीत, जो काम से बचते हैं, वे स्वयं तो परेशान होते ही हैं, समाज में भी बड़ा दूषित वायुमंडल पैदा करते हैं। कर्ममय जीवन दूसरों पर अच्छा असर डालता है, आलसी दूसरे को आलसी बनाता है।

कुछ लोग जीवन की सफलता पैसे से आँकते हैं। जिसने अधिक कमाई कर ली, उसके लिए माना जाता है कि वह जिंदगी में सफल रहा। पर धन सफलता की असली कसौटी नहीं है। धन साधन है, जीवन का साध्य नहीं हो सकता। यदि पैसा ही सबकुछ होता तो बुद्ध, महावीर, महात्मा गांधी आदि महापुरुष क्यों गरीबी का जीवन अपनाते? बुद्ध और महावीर तो राजा के बेटे थे, राज्य के अधिकारी थे; लेकिन उन्होंने राज-पाट के वैभव से मुँह मोड़कर उस रास्ते को अपनाया, जिससे ढाई हजार वर्ष बाद आज भी वे जीवित हैं और जब तक मानव जाति है, आगे भी जीवित रहेंगे। गांधीजी को कौन सी कमी थी, लेकिन उन्होंने सादगी का जीवन अपनाया। आज सारी दुनिया उन्हें प्रेम करती है, उनका सम्मान करती है।

कुछ लोग जीवन की सफलता पैसे से आँकते हैं। जिसने अधिक कमाई कर ली, उसके लिए माना जाता है कि वह जिंदगी में सफल रहा। पर धन सफलता की असली कसौटी नहीं है। धन साधन है, जीवन का साध्य नहीं हो सकता। यदि पैसा ही सबकुछ होता तो बुद्ध, महावीर, महात्मा गांधी आदि महापुरुष क्यों गरीबी का जीवन अपनाते?

कुछ लोग सफलता को जमीन जायदाद, रुपया-पैसा तथा कोठी-बँगलों के रूप में देखते हैं। वहीं कुछ लोग बैंक-बैलेंस व औद्योगिक प्रगति को

सफलता का आधार मानकर चलते हैं। कुछ लोग ख्याति व पहचान के इतने अधिक भूखे होते हैं कि उनकी यही इच्छा सफलता के उत्प्रेरक का कार्य करती है। वे लोग, जिन्होंने अपने देश में लक्ष्य के नए आयामों को स्पर्श किया है, यदि आप उनसे पूछें तो उनमें से ज्यादातर लोग अपनी सफलता पर आश्चर्यचकित होते हुए भी नजर आएँगे, मानो पहले उनकी मंजिलें कुछ और थीं और जैसे-जैसे वे पास आती गईं, वैसे-वैसे उनके नए आयाम उद्घाटित होते गए।

कुछ लोग सोचते हैं कि उपकार सिर्फ धन-दौलत के माध्यम से ही किया जा सकता है। उपकार के लिए केवल धन ही नहीं चाहिए, उसके लिए मन भी चाहिए। यदि आपका हृदय सहानुभूति, दया, कृपा, क्षमा से रिक्त है तो सिर्फ धन से आप क्या उपकार कर सकते हैं?

कुछ लोग सोचते हैं कि उपकार सिर्फ धन-दौलत के माध्यम से ही किया जा सकता है। उपकार के लिए केवल धन ही नहीं चाहिए, उसके लिए मन भी चाहिए। यदि आपका हृदय सहानुभूति, दया, कृपा, क्षमा से रिक्त है तो सिर्फ धन से आप क्या उपकार कर सकते हैं?

कुछ लोगों की धारणा रहती है कि सफलता-असफलता हमारे भाग्य पर निर्भर करती है। ऐसा सोचना गलत है। सच्चाई यह है कि कठिन मेहनत और लगन, काम के करने का हुनर और आत्मनियंत्रण ही हमें सफलता की मंजिल तक ले जाते हैं। महाकवि गेटे के शब्दों में, "जिसने आत्मनियंत्रण कर लिया, मानो उसने सफलता प्राप्त कर ली।" महान् योद्धा सिकंदर ने विश्व-विजय करने से पहले अपने मन को काबू में किया था। नतीजतन वह महान् उपलब्धियाँ हासिल कर सका और जैसे ही उसने आत्मनियंत्रण खोया तथा भोग-विलास में डूबा, वहीं से उसका पतन होना शुरू हो गया। एक बार आत्मनियंत्रण करने के बाद उसे बरकरार रखना भी बहुत महत्त्वपूर्ण है।

कुछ लोगों की प्रवृत्ति होती है कि जो वार्त्तालाप उन्हें रुचिकर नहीं लगता, उसके प्रति वे अन्यमनस्क होने लगते हैं। उनका मन वार्त्तालाप में न

होकर उनकी छोटी सी दुनिया में विचरने लगता है और इसका परिणाम होता है कि वे उस विषय को पकड़ नहीं पाते, जिस विषय में बात की जा रही है। अधिकतर मामलों में आपसे बात कर रहा व्यक्ति सहज ही तुरंत समझ जाएगा कि आपका ध्यान उसकी बात सुनने में नहीं है। आपका यह व्यवहार वास्तव में उसे खलेगा और वह चिढ़ जाएगा। जब कोई कुछ कह रहा हो, उसको ध्यान से सुनना बहुत महत्त्व रखता है, अन्यथा आप महत्त्वपूर्ण जानकारी एवं सद्भाव—दोनों से वंचित रह जाएँगे।

> *कुछ लोगों की प्रवृत्ति होती है कि वे दूसरों के वाक्यों को खुद पूरा कर देते हैं। धीरे-धीरे बोलनेवालों या बोलने में बहुत समय लगानेवालों के साथ कुछ लोगों का धैर्य छूट जाया करता है और वे उनकी बात को आगे स्वयं पूरा कर देते हैं। कुछ लोगों में खुद को औरों से बेहतर दिखाने की प्रवृत्ति होती है। हो सकता है, यह उनकी सच्ची धारणा हो या फिर यह कभी-कभी किसी हीन भावना को ढकने का प्रयास हो सकता है।*

कुछ लोगों की प्रवृत्ति होती है कि वे दूसरों के वाक्यों को खुद पूरा कर देते हैं। धीरे-धीरे बोलनेवालों या बोलने में बहुत समय लगानेवालों के साथ कुछ लोगों का धैर्य छूट जाया करता है और वे उनकी बात को आगे स्वयं पूरा कर देते हैं। कुछ लोगों में खुद को औरों से बेहतर दिखाने की प्रवृत्ति होती है। हो सकता है, यह उनकी सच्ची धारणा हो या फिर यह कभी-कभी किसी हीन भावना को ढकने का प्रयास हो सकता है। कोई भी अपनी कमजोरियों को स्वीकार करना नहीं चाहता है। दूसरी ओर, घमंडी मानसिकता वालों को भी आमतौर पर पसंद नहीं किया जाता है।

कुम्हार जब घड़ा बनाता है तो बाहर से जोर से थपथपाता है और अंदर प्यार से सहलाता है। एक सुंदर व मजबूत इनसान बनने के लिए अपने कुम्हार (ईश्वर) पर भरोसा रखिए, वह हमें टूटने नहीं देगा।

कोई आगे निकलने के लिए ऐसे रास्ते अपनाता हुआ दिखेगा, जो

आपके आदर्शों के विरुद्ध होंगे। ऐसे में आपको हतोत्साहित होकर कुएँ में ही नहीं पड़े रहना है, बल्कि साहस के साथ हिल-हिलकर हर तरह की गंदगी को गिरा देना है और उससे सीख लेकर, उसे सीढ़ी बनाकर, बिना अपने आदर्शों का त्याग किए अपने कदमों को आगे बढ़ाते जाना है।

कोई भी काम शुरू करने से पहले स्वयं से तीन प्रश्न कीजिए—मैं यह क्यों कर रहा हूँ? इसके परिणाम क्या हो सकते हैं और क्या मैं सफल होऊँगा? और जब गहराई से सोचने पर इन प्रश्नों के संतोषजनक उत्तर मिल जाएँ, तभी आगे बढ़ें।

एक आदमी पेड़ के नीचे एकांत में बैठकर बहुत बड़ा सपना देखता है, किंतु उसे पाने के लिए कुछ नहीं करता तो वह बस, मन का लड्डू है। उससे कुछ हासिल होने वाला नहीं है। वह अपना बहुमूल्य समय यूँ ही गँवा रहा है। कोई भी काम एक दिन में नहीं सफल होता। काम एक पेड़ की तरह होता है। पहले उसकी आत्मा में एक बीज बोया जाता है, हिम्मत की खाद से उसे पोषित किया जाता है और मेहनत के पानी से उसे सींचा जाता है, तब जाकर सालों बाद वह फल देने के लायक होता है।

एक आदमी पेड़ के नीचे एकांत में बैठकर बहुत बड़ा सपना देखता है, किंतु उसे पाने के लिए कुछ नहीं करता तो वह बस, मन का लड्डू है। उससे कुछ हासिल होने वाला नहीं है। वह अपना बहुमूल्य समय यूँ ही गँवा रहा है। कोई भी काम एक दिन में नहीं सफल होता। काम एक पेड़ की तरह होता है। पहले उसकी आत्मा में एक बीज बोया जाता है, हिम्मत की खाद से उसे पोषित किया जाता है और मेहनत के पानी से उसे सींचा जाता है, तब जाकर सालों बाद वह फल देने के लायक होता है।

कोई भी कार्य उत्साह से किया जाना चाहिए। उसके प्रति सदैव सकारात्मक सोच रहनी चाहिए। तब उत्साह का संचार स्वतः होता है। किंतु किसी को हतोत्साहित कभी नहीं करना चाहिए, क्योंकि वह जितना करता

है, हतोत्साहित किए जाने पर और नीचे चला जाता है। कोई भी विचार हो, धारणा हो, भावना हो या कोई भी तथ्य हो; किसी भी संप्रेषण में ये तत्त्व जितने ठोस और संक्षिप्त होंगे, पाठक के लिए उतने ही अधिक लाभदायक होंगे। शेक्सपियर ने कहा था, "संक्षिप्तता बुद्धिमानी की आत्मा है।"

क्या आप स्वयं को खास मानते हैं? यकीनन आप खास हैं। आपका चेहरा खास है, आपकी उँगलियों के निशान किसी अन्य उँगलियों से मेल नहीं खाते। आपके बाल अपने ही ढंग से उगते हैं, आपकी प्रतिभा अनन्य है, आपकी छवि अनन्य है और सचमुच आप जैसा पूरी दुनिया में कोई नहीं है। मानिए, आप सबसे खास हैं। आपका उन्नति करने का अपना खास ढंग है। दुनिया भर में हरेक व्यक्ति ने अपने खास व्यक्तित्व, अपने खास परिवेश, अपनी खास प्रतिभा के बलबूते ही सफलता प्राप्त की है। आइए, कुछ ऐसे ही लोगों की जीवटता पर दृष्टि डालते हैं, जिनकी कहानियाँ निश्चित ही प्रेरणा का मील पत्थर साबित होंगी।

क्या आप स्वयं को खास मानते हैं? यकीनन आप खास हैं। आपका चेहरा खास है, आपकी उँगलियों के निशान किसी अन्य उँगलियों से मेल नहीं खाते। आपके बाल अपने ही ढंग से उगते हैं, आपकी प्रतिभा अनन्य है, आपकी छवि अनन्य है और सचमुच आप जैसा पूरी दुनिया में कोई नहीं है। मानिए, आप सबसे खास हैं। आपका उन्नति करने का अपना खास ढंग है।

कभी न कहें—आपके जीवन में खराब समय चल रहा है और आप प्रलाप कर रहे हैं।

आपको पता है कि प्रसन्न रहनेवाले लोगों ने अपने पूरे जीवन में उन लोगों से कहीं अधिक दौलत कमाई, जो दुःखी रहते हैं? प्रसन्नता एक आदत है और इस आदत को अपनाना लाभकारी है। कुछ लोग स्वभावतः खुश रहते हैं और कुछ खुश नहीं रहते। आप उन आदतों का विकास कर सकते हैं, जो आपके जीवन में अधिक खुशी भर सकेंगी। जब अपने जीवन

में आप अधिक खुशी उत्पन्न करने पर ध्यान देने लगते हैं, आप पाएँगे कि आप धन भी अधिक कमा रहे हैं।

कोई व्यक्ति अपने कार्यों से महान् होता है, अपने जन्म से नहीं।

नेतृत्व एक गुण है, जो जन्मजात नहीं होता। हम इसे अपने अंदर विकसित करते हैं। जन्मजात कुछ गुण हो सकते हैं, जिन्हें विकसित करना पड़ेगा, क्योंकि हीरा भी जब किसी खान से निकलता है तो उसे पहले तराशा जाता है। इसलिए अगर आपके अंदर नेतृत्व की कमी है तो उसे स्वीकार कीजिए और उस नेतृत्व को बढ़ाइए। नेतृत्व लगातार बढ़ाया जा सकता है।

क्रोध और तनाव को दूर करें

क्रोध की उत्पत्ति के विषय में आयुर्वेद का कहना है कि शरीर में जब पित्त की अधिकता हो जाती है तो उससे उत्पन्न गरमी क्रोध का कारण बनती है। कई लोग अस्वस्थ होने या लंबे समय तक बीमार रहने के कारण भी क्रोधित व चिड़चिड़े स्वभाव के होते हैं। क्रोध को रोकने के लिए यदि कोई उत्तम उपाय है तो वह मौन है। जबान पर काबू करना अपना ही क्रोध शांत करना नहीं है, बल्कि यह दूसरे के क्रोध को भी शांत कर देता है। ध्यान की ऊर्जा भी क्रोध को भस्म करने का काम करती है।

नेतृत्व एक गुण है, जो जन्मजात नहीं होता। हम इसे अपने अंदर विकसित करते हैं। जन्मजात कुछ गुण हो सकते हैं, जिन्हें विकसित करना पड़ेगा, क्योंकि हीरा भी जब किसी खान से निकलता है तो उसे पहले तराशा जाता है। इसलिए अगर आपके अंदर नेतृत्व की कमी है तो उसे स्वीकार कीजिए और उस नेतृत्व को बढ़ाइए। नेतृत्व लगातार बढ़ाया जा सकता है।

क्रोध में आदमी अंधा हो जाता है। उसे सही–गलत की पहचान नहीं रह जाती है और वह छोटी–छोटी बात पर कुछ ऐसा कर बैठता है, जिससे आगे उसे पछताना पड़ता है। ऐसे लोग क्रोध आने पर किसी का भी बुरा

कर बैठते हैं। क्रोधी स्वभाव वाले व्यक्ति का मन कभी शांत नहीं रहता। विद्या प्राप्त करने के लिए मन का शांत और एकाग्रचित्त होना जरूरी है। अशांत मन से शिक्षा प्राप्त करने पर मनुष्य केवल पाठ को सुनता है, उसे समझकर उसका पालन कभी नहीं कर पाता। इसलिए शिक्षा-प्राप्ति हेतु मनुष्य को अपने क्रोध पर नियंत्रण करना बहुत जरूरी होता है।

क्रोध में भावनात्मक एवं शारीरिक परिवर्तन—दोनों शामिल रहते हैं। व्यक्ति जब क्रोध या घबराहट में होता है तो सजीव कोशिकाओं से एक तरह का हॉर्मोन निकलता है, जिसे 'एड्रिनल' कहते हैं। एड्रिनॅलाइन जैसे रसायन छोड़े जाने पर आपके शरीर से भारी मात्रा में ऊर्जा प्रवाहित होती है। क्रोध का कारण हल हो जाने पर भी आपको उसके शारीरिक प्रभावों से निपटना पड़ सकता है (ताकि आप अतिरिक्त ऊर्जा को कहीं निकाल सकें, नष्ट कर सकें)। इसे आप किसी दूसरे व्यक्ति, अपने किसी साझेदार पर निकाल सकते हैं या ठोकर मारकर अथवा दीवार को टक्कर लगाकर मिटा सकते हैं।

क्रोध में भावनात्मक एवं शारीरिक परिवर्तन—दोनों शामिल रहते हैं। व्यक्ति जब क्रोध या घबराहट में होता है तो सजीव कोशिकाओं से एक तरह का हॉर्मोन निकलता है, जिसे 'एड्रिनल' कहते हैं। एड्रिनॅलाइन जैसे रसायन छोड़े जाने पर आपके शरीर से भारी मात्रा में ऊर्जा प्रवाहित होती है।

क्रोध मनुष्य का एक बहुत खतरनाक अवगुण है। क्रोध वह कीड़ा है, जो सूक्ष्म रूप में मनुष्य के अंदर घुसता है। यदि उस कीड़े पर तुरंत नियंत्रण नहीं किया जाए तो वह विकराल रूप धारण कर लेता है और मनुष्य को विनाश के मार्ग पर धकेल देता है। क्रोध ही है, जो मनुष्य को मूढ़ बना देता है। बड़े-से-बड़ा ज्ञानी भी क्रोध के चंगुल में फँसकर विनाश को प्राप्त हो जाता है। याद रखें, क्रोध पर विजय पानेवाला ही सफलता प्राप्त करता है। क्रोध से बचने के लिए मन में शांति बनाए रखना आवश्यक है। प्रसन्न रहकर क्रोध के आवेग को रोकें।

क्रोधित होना मानवीय स्वभाव का एक अंग है। इस दुनिया में शायद ही कोई ऐसा आदमी हो, जो कभी-न-कभी और किसी-न-किसी कारण को लेकर क्रोधित नहीं हुआ हो। लेकिन कुछ लोग ऐसे होते हैं, जिनका स्वभाव ही क्रोधपूर्ण बन जाता है। बात-बात में सर्प की भाँति फुँफकार उठने तथा झल्लाहट को अपनी आदत बना लेनेवाले लोग नहीं जानते कि उन्होंने अपने व्यक्तित्व में एक ऐसा शत्रु पैदा कर लिया है, जो सफलता के मार्ग में उनकी राह का रोड़ा साबित होगा। क्रोध के बारे में श्रीकृष्ण 'गीता' में कहते हैं—आत्मा को पतनोन्मुख बनानेवाले तीन ही मार्ग हैं—कामातुरता, क्रोध तथा मोह। अतः ये तीनों ही त्याज्य हैं। क्रोध यमराज की तरह होता है। उसका फल मनुष्य को भुगतना पड़ता है। अतः क्रोध पर नियंत्रण रखते हुए मनुष्य को सही स्थिति का आकलन करना चाहिए, ताकि बाद में पछताना न पड़े।

क्रोधित होना मानवीय स्वभाव का एक अंग है। इस दुनिया में शायद ही कोई ऐसा आदमी हो, जो कभी-न-कभी और किसी-न-किसी कारण को लेकर क्रोधित नहीं हुआ हो। लेकिन कुछ लोग ऐसे होते हैं, जिनका स्वभाव ही क्रोधपूर्ण बन जाता है।

क्रोध को खुश रहकर और हँसी-खुशी से हराया जा सकता है। खुशी ऐसी चीज है, जो हमारे जीवन में ऐसे दरवाजे से प्रवेश करती है, जिसे हम अकसर खुला रखना भूल जाते हैं। खुशी का सूत्र सरल है—अच्छे बनो, अच्छा करो।

खुशी की तरह दौलत भी कभी प्रत्यक्ष रूप से नहीं मिलती। यह किसी उपयोगी सेवा के फलस्वरूप मिलती है। खुशी तब मिलेगी, जब आप जो सोचते हैं, जो कहते हैं और जो करते हैं, उनमें सामंजस्य हो।

खूब हँसें। इससे रोग से मुक्ति मिलती है और रुग्ण व्यक्ति के शरीर में नई शक्ति का संचार होता है। प्रसन्नचित्त व्यक्ति हमेशा तरोताजा रहता है। हँसने से उम्र बढ़ती है, उत्साह में वृद्धि होती है, कार्य-शक्ति बढ़ती है। प्रसन्नचित्त व्यक्ति को सभी लोग पसंद करते हैं, क्योंकि उसके दिल में

कपट, द्वेष, ईर्ष्या और वैर-भाव समाप्त हो जाता है। जिसने अपने हृदय में वैर-भाव को स्थान दिया होता है, वह व्यक्ति खुलकर नहीं हँस सकता, भटकाव में जीवन गुजारता है।

गलत परामर्शों को सुननेवाला, उनसे उत्साहित होनेवाला तथा उनका स्वागत करनेवाला व्यक्ति अवश्य ही अपने मार्ग से भटक जाता है। हम संकल्प कर लें, अपने लक्ष्य को निरंतर दोहराते रहें, बार-बार अपने लक्ष्य की पूर्ति का प्रण करते रहें, तभी हम अपने पथ पर आरूढ़ बने रह सकते हैं और शनैः-शनैः उस लक्ष्य के लिए कार्य करना हमारा आचरण बन सकता है। वह हमारा स्वभाव बन सकता है। तब हम अपने जीवन के प्रभाव को पूर्णतया अपने लक्ष्य की ओर मोड़ सकते हैं, अपनी सब शक्तियों को उसी की सिद्धि के लिए लगा सकते हैं। कुछ समय के उपरांत हम से कर्म-संबंधी हमारी योग्यता और परिश्रम की ऐसी प्रचंड तरंग प्रवाहित होगी, जो न केवल सब विघ्न-बाधाओं को बहा ले जाएगी, बल्कि हमें भी हमारे लक्ष्य के निकट ले जाकर खड़ा कर देगी।

गलत परामर्शों को सुननेवाला, उनसे उत्साहित होनेवाला तथा उनका स्वागत करनेवाला व्यक्ति अवश्य ही अपने मार्ग से भटक जाता है। हम संकल्प कर लें, अपने लक्ष्य को निरंतर दोहराते रहें, बार-बार अपने लक्ष्य की पूर्ति का प्रण करते रहें, तभी हम अपने पथ पर आरूढ़ बने रह सकते हैं और शनैः-शनैः उस लक्ष्य के लिए कार्य करना हमारा आचरण बन सकता है।

गहरे पानी में उतरने की तैयारी ही इस बात की सूचना है कि हम जोखिम उठाने के लिए मन बना चुके हैं। खतरा मोल लिये बिना समुद्र के गहरे पानी से मछली नहीं पकड़ी जा सकती, हिमालय की चोटी पर नहीं पहुँचा जा सकता, चाँद के घर मेहमाननवाजी नहीं की जा सकती। जोखिम उठानेवाले लोग जीवन में उत्साह से भरे होते हैं। जोखिम से बचने का

मतलब है—अपनी जगह खड़े रहना, कुछ करना नहीं, कुछ सीखना नहीं। भला यह भी कोई जीवन है!

चिंता नहीं, चिंतन फायदेमंद

चिंता ऐसा विकार है, जो मन-मस्तिष्क को झकझोरकर रख देता है। इसलिए चिंता नहीं, चिंतन कीजिए। यह सोचिए कि आप औरों से बेहतर क्यों हैं? इस सवाल का जवाब यदि आप स्वयं से पूछते हैं तो आपकी चिंताओं का निवारण स्वयं हो जाएगा।

चिंता को सभी मनोवैज्ञानिकों ने नुकसानदेह समझकर इससे मुक्त रहने की बात कही है। यह व्यक्ति को अंदर-ही-अंदर भस्म कर देती है। किसी ने कहा भी है—चिंता चिता से है बड़ी, चिंता बुरी बलाय।

चिंता मनुष्य की योग्यता को चट कर जाती है, क्योंकि चिंता के कारण वह कहीं और ध्यान नहीं लगा पाता तथा अपनी आंतरिक शक्ति को भूल बैठता है। समस्या को कैसे सुलझाना है, उसे भूलकर वह केवल समस्या पर केंद्रित रहता है और उसके चारों ओर घूमता हुआ स्वयं को रोगों से ग्रस्त कर लेता है। इसके विपरीत, यदि वह उस समस्या के हल को खोज ले तो न समस्या रहेगी, न ही चिंता।

चिंता मनुष्य की योग्यता को चट कर जाती है, क्योंकि चिंता के कारण वह कहीं और ध्यान नहीं लगा पाता तथा अपनी आंतरिक शक्ति को भूल बैठता है। समस्या को कैसे सुलझाना है, उसे भूलकर वह केवल समस्या पर केंद्रित रहता है और उसके चारों ओर घूमता हुआ स्वयं को रोगों से ग्रस्त कर लेता है।

चिंता वह दीमक है, जो मनुष्य को अंदर-ही-अंदर खोखला कर देती है। कोई भी ऐसी समस्या नहीं है, जो चिंता करने से सुलझती हो या चिंता उसका हल हो; बल्कि चिंता को छोड़कर उस समस्या को हल करने के उपायों से समस्या सुलझती है। जो व्यक्ति चिंता जैसे महादुर्गुण पर काबू पा

लेता है, वही जीवन में सफलता प्राप्त करता है। अधिकतर मनुष्य भविष्य की चिंता में अपना वर्तमान चौपट कर लेते हैं। बस, वे सोचते रहते हैं कि आनेवाले समय में क्या होगा? जब यह चिंता उन्हें घेरती है तो वे आज को भी भूल जाते हैं। आज के कार्य के लिए उनके पास जो ऊर्जा होती है, उसे वे भविष्य के विषय में सोचकर समाप्त कर देते हैं। क्या चिंता कोई औषधि है, जिसे लेने से वह समस्या हल हो जाएगी? चिंता औषधि नहीं, बल्कि एक धीमा विष है, जो मनुष्य को धीरे-धीरे क्षीण करता जाता है।

चीन की एक लोकप्रिय कहावत है कि जो अपनी कीमत नहीं लगा सकता, वह दूसरे की कीमत भी नहीं जान सकेगा। अत: हमें अपने महत्त्व को पहचानना चाहिए।

चुंबकत्व के दोनों पहलुओं को अत्युत्तम परिणाम प्राप्त करने के लिए मिलकर काम करना चाहिए। साधारण शब्दों में, मानसिक चुंबकत्व उन विचार तरंगों को उत्पन्न कर सकता है, जो दूसरों को प्रभावित करती हैं। शारीरिक चुंबकत्व वह शक्ति है, जो दूसरों में उसी शक्ति को बाहर आने के लिए प्रेरित करती है। चुंबकीय आकर्षण या प्रभाव एक ऐसा गुण रहा है, जिसे लगभग सभी महान् व्यक्तियों से जोड़कर देखा जाता है।

चुंबकत्व के दोनों पहलुओं को अत्युत्तम परिणाम प्राप्त करने के लिए मिलकर काम करना चाहिए। साधारण शब्दों में, मानसिक चुंबकत्व उन विचार तरंगों को उत्पन्न कर सकता है, जो दूसरों को प्रभावित करती हैं। शारीरिक चुंबकत्व वह शक्ति है, जो दूसरों में उसी शक्ति को बाहर आने के लिए प्रेरित करती है। चुंबकीय आकर्षण या प्रभाव एक ऐसा गुण रहा है, जिसे लगभग सभी महान् व्यक्तियों से जोड़कर देखा जाता है। उनमें से बहुतों ने इस विशेष गुण को विकसित किया। कई दूसरों में यह गुण नैसर्गिक था और उन्होंने इसको विकसित या बेहतर करने के बारे में विचार किए बिना इसका उपयोग किया।

चुनौतियाँ और लक्ष्य

चुनौतियाँ और लक्ष्य आलसी एवं निकम्मे मस्तिष्क में वे गुण व शक्तियाँ पैदा कर देते हैं, जिनके विषय में कभी किसी ने सोचा भी नहीं था। बहुत सारे लोग अपने आपको तब तक पहचान ही नहीं सके, जब तक उनका सबकुछ नष्ट नहीं हो गया हो। कठिनाइयों ने उन्हें इसलिए निर्वस्त्र किया है कि वे स्वयं को पहचान सके। बाधाएँ और कठिनाइयाँ ऐसी छेनी व हथौड़े हैं, जो शक्तिशाली जीवन को सौंदर्य प्रदान करते हैं। सफलता के लिए आवश्यक है कि व्यक्ति अपने मस्तिष्क की संपूर्ण क्षमताओं को उसी गुण पर केंद्रित कर दे। एक व्यक्ति, जिसके पास केवल एक ही गुण है, यदि वह अपनी सारी क्षमताओं को उसी गुण पर केंद्रित कर दे तो उस व्यक्ति से अधिक सफल हो सकता है, जिसके पास गुण तो हैं, लेकिन एकाग्रता नहीं है। एकल लक्ष्यवाले व्यक्ति का मजाक उड़ना एक फैशन-सा बन गया है, जबकि वे सारे लोग एकल लक्ष्यवाले ही थे, जिन्होंने दुनिया की रंगत बदल डाली। आज के विशेषज्ञतावाले युग में वह व्यक्ति अपनी छाप छोड़ ही नहीं सकता, जिसका विचार एक न हो, जिसका एक सर्वोच्च लक्ष्य न हो, जिसकी महत्त्वाकांक्षा न हो।

चुनौतियाँ और लक्ष्य आलसी एवं निकम्मे मस्तिष्क में वे गुण व शक्तियाँ पैदा कर देते हैं, जिनके विषय में कभी किसी ने सोचा भी नहीं था। बहुत सारे लोग अपने आपको तब तक पहचान ही नहीं सके, जब तक उनका सबकुछ नष्ट नहीं हो गया हो। कठिनाइयों ने उन्हें इसलिए निर्वस्त्र किया है कि वे स्वयं को पहचान सके।

जब आप अपने जीवन के उद्देश्यों को पूरा करते हैं, तब आप अपनी आकांक्षाओं की पूर्ति करते हैं।

जब आप अपने आप को जानने लगते हैं तो आपकी पहुँच उस नैतिक पास तक हो जाती है, जो आपके भीतर है। जब आपको भीतरी दिशा का ज्ञान होता है तो वह बाहर आपके आचरण में दिखता है और दूसरे लोग

आपके अनुयायी बनने लगते हैं। जब हम यह जान जाते हैं कि हमें क्या करना है, तो यह उन लोगों को भी दिशा प्रदान करता है, जो हमारा अनुसरण करते हैं। इसीलिए जब कभी हम नेतृत्व की ट्रेनिंग करते हैं तो हमें यह कहा जाता है कि वैसा व्यवहार करो, जैसा कि नेता करते हैं। यह जरूरी है कि हमारा दिल, दिमाग और व्यवहार भी सच्चे नेता की तरह हो।

जब आप एक कठिन स्थिति का सामना कर रहे हों तो प्रतिक्रिया करने से पहले या एक निर्णय लेने की आवश्यकता के रूप में अधिक-से-अधिक समय लें। यह आपको अपनी भावनाओं को नियंत्रण में करने के लिए और अपने विकल्पों को तौलने के लिए समय देता है और इससे कोई फर्क नहीं पड़ता कि आप किस स्थिति में हैं। यह अनिवार्य है।

जब आप एक कठिन स्थिति का सामना कर रहे हों तो प्रतिक्रिया करने से पहले या एक निर्णय लेने की आवश्यकता के रूप में अधिक-से-अधिक समय लें। यह आपको अपनी भावनाओं को नियंत्रण में करने के लिए और अपने विकल्पों को तौलने के लिए समय देता है और इससे कोई फर्क नहीं पड़ता कि आप किस स्थिति में हैं। यह अनिवार्य है।

जब कभी भी हमारा दिमाग काम करते-करते अधिक गरम हो जाता है तो वह नकारात्मक भावनाएँ पैदा करने लगता है, जिसके निदान का बेहतर उपाय मुसकराहट है।

जब जल शांत होता है, तब आप तलहटी और अपना प्रतिबिंब—दोनों देख सकते हैं; परंतु जब आप पानी में पत्थर फेंकते हैं तो सबकुछ गड्ड-मड्ड हो जाता है और कुछ भी दिखाई नहीं देता है। इसी तरह जब मन शांत होता है, तब निर्णय लेने के सभी दायरे, मुद्दे की गंभीरता और निर्णय के प्रभाव साफ दिखने लग जाते हैं। जब जीवन में बाधाएँ आ खड़ी हों, तब हमें आंतरिक शक्तियों को जाग्रत् करके नई प्रकार की ऊर्जा का अनुभव करना चाहिए। यह नहीं भूलना चाहिए कि मनुष्य का जीवन संघर्षों

का सामना करने के साथ ही प्रेम और सहयोग करने के लिए बना है। जीवन का वास्तविक ध्येय खुद को उबारने के साथ ही दूसरे की मदद का भी होना चाहिए। यह नहीं भूलना चाहिए कि अकेला मनुष्य कुछ नहीं कर सकता है। किसी भी मनुष्य की पहचान दूसरे मनुष्य से ही है। इसका अभिप्राय यह भी नहीं है कि हम खुद दूसरों पर आश्रित हो जाएँ। देखा यह जाता है कि अकसर हम किस कारण से भी दुःखी रहते हैं कि दूसरों से काफी अपेक्षाएँ पाल लेते हैं। इन अपेक्षाओं के पूरा न होने पर हमको दुःख का अनुभव होता है।

जब तक हम अपने आप को दुर्बल न बनाएँ, तब तक हम पर कुछ नहीं हो सकता। हमें वही मिलता है, जिसके हम पात्र हैं। आइए, हम अपना अभियान छोड़ दें और यह समझ लें कि हम पर आई हुई कोई भी आपत्ति ऐसी नहीं है, जिसके हम पात्र न थे। फिजूल चोट कभी नहीं पड़ी; ऐसी कोई बुराई नहीं है, जो मैंने स्वयं अपने हाथों न बुलाई हो। इसका हमें ज्ञान होना चाहिए। आप आत्मनिरीक्षण कर देखो तो पाओगे कि ऐसी एक भी चोट आपको नहीं लगी, जो स्वयं आपकी ही की गई न हो। आधा काम आपने किया और आधा बाहरी दुनिया ने और इस तरह आपको चोट लगी।

□

13

प्रभावी निर्णय लेने की क्षमता

जब आप कोई सलाह दे रहे हैं या आपको कोई सलाह दे रहा है तो आप उस सलाह को खुले दिमाग से सुनते हैं, सीधा खारिज करते हैं या तुरंत स्वीकार करते हैं। अधिकांश जो अच्छे नेता हैं, वे खुले दिमाग से सुनते हैं, फिर उसको स्वीकार या अस्वीकार करते हैं। ज्यादातर जो अच्छे नेता नहीं हैं, जो नकारात्मक सोच के हैं, वे या तो उसे सीधा अस्वीकार कर देते हैं या फौरन स्वीकार कर लेते हैं, क्योंकि उससे बहस नहीं करनी। आप खुद को देखिए कि आप किस श्रेणी में आते हैं। कहीं ऐसा तो नहीं कि आप बहुत ज्यादा डर के साए में रह रहे हैं? अपनी कंपनी में भले ही आप मालिक हैं, लेकिन दो-चार-पाँच-दस लोगों ने आपकी कंपनी को हाईजैक कर रखा है। आपको उनके निर्णय मानने ही पड़ रहे हैं, चाहे वे गलत ही हों। आपके अंदर हिम्मत नहीं कि आप उनके निर्णयों का विरोध कर सकें। कहीं ऐसा तो नहीं है कि आप हर निर्णय को अपोज कर देते हैं, बिना यह समझे, बिना यह सोचे कि वह फायदे का भी हो सकता है? कई लोग ऐसे हैं। और अगर ऐसे लोग हैं तो उन्हें साइड लाइन किया जाए। किसी का दबाव आपके ऊपर इतना नहीं होना चाहिए। यह परिवार का भी कोई व्यक्ति हो सकता है। यह जरूरी नहीं है कि आपकी टीम में सारे आपके कर्मचारी होंगे। हो सकता है, आपका भाई हो। बड़ा भाई है। वह आपके साथ काम कर रहा है। अब आप उसके प्रभाव में काम कर रहे हैं। अब अगर आपको दिख रहा है कि वह गलत है, उसके साए में आकर आप नकारात्मक हो रहे हैं। हटाइए उस साए को अपने ऊपर से।

जब परिस्थितियाँ विषम हों तो हम अपने आप को बहुत कमजोर और असुरक्षित महसूस करते हैं। ऐसी मानसिक अवस्था में कई बार हमें ऐसे काम या हरकतें करने का मन करता है, जो सामान्य अवस्था में कभी हमारे खयाल में भी नहीं आते। आप स्थिति से मुँह चुराना चाहेंगे या फिर आप जो कर रहे हैं, उसको उचित ठहराने को व्यग्र होंगे; पर इससे स्थिति बदतर ही होगी। ऐसी स्थिति में किसी बहाने का सहारा कतई न लें, जो आपको अस्थायी और क्षण-भंगुर राहत का खोखला अहसास कराता हो।

जब भी जिंदगी में कटु अनुभवों या बुरे दौर से आपका सामना हो तो खुद को उसमें उलझाए रखने के बजाय अपने काम पर ध्यान दें। ऐसे वक्त में अकसर व्यक्ति अपनी कहानी दूसरों को सुनाकर उनसे सहानुभूति चाहता है; लेकिन यह आपकी बहुत मदद नहीं करता है। जब भी आप इस कहानी को दूसरों के सामने रखते हैं तो बार-बार उसी कहानी में जिंदगी जीने लगते हैं।

जब भी जिंदगी में कटु अनुभवों या बुरे दौर से आपका सामना हो तो खुद को उसमें उलझाए रखने के बजाय अपने काम पर ध्यान दें। ऐसे वक्त में अकसर व्यक्ति अपनी कहानी दूसरों को सुनाकर उनसे सहानुभूति चाहता है; लेकिन यह आपकी बहुत मदद नहीं करता है। जब भी आप इस कहानी को दूसरों के सामने रखते हैं तो बार-बार उसी कहानी में जिंदगी जीने लगते हैं। बिजनेस का नुकसान, रिश्तों में अलगाव और निराशा से खुद को बाहर निकालने के तरीकों के बारे में सोचना चाहिए। जिस स्थिति में आप खुद को पा रहे हैं, उस स्थिति से बाहर निकलने के बारे में सोचने पर ध्यान केंद्रित करेंगे तो ज्यादा फायदा पाएँगे।

जब मन में पूर्ण रूप से स्पष्टता हो तो प्रभावी निर्णय लेने की क्षमता स्वत: ही आ जाती है। एक अस्पष्ट मन अतीत और भविष्य में ग्रसित रहता है और वर्तमान शंकाओं व विकृतियों में घिर जाता है।

जब लोहे का जहाज बनाने की बात उठी, तब बहुत से लोगों ने कहा कि

लोहा जल में डूब जानेवाली धातु है; पानी पर तो केवल लकड़ी ही तैर सकती है। बाद में अनुभव करने से यह भलीभाँति प्रमाणित हो गया कि लकड़ी ही नहीं, बल्कि लोहा भी पानी पर तैर सकता है। जो बात उस समय असंभव और असत्य प्रतीत होती थी, वह बात अब इतनी सुगम, संभव और सत्य हो गई है कि अमेरिका एवं ब्रिटेन के बीच में अटलांटिक महासागर पर रोज लोहे के बने हुए जहाज आसानी से आते-जाते हैं।

जब व्यक्ति के जीवन में निश्चित समय के प्रति जागरूकता नहीं होती है और उसके समुचित संचालन हेतु कोई योजना नहीं होती है, उसके मार्गदर्शन के लिए कोई सिद्धांत नहीं होता है, तब व्यक्ति इधर-उधर भटककर समाप्त हो जाता है। शानदार रास्ते तो उन्हीं कदमों तले खुलते हैं, जिन्होंने कोई नक्शा तैयार किया हुआ हो, जिनका कोई मिशन हो और जिनकी रहबर हो जागरूकता। निठल्ले लोग 'लोहा नहीं तैर सकता' कहते हुए ही जीवन बिता देते हैं।

जब व्यक्ति के जीवन में निश्चित समय के प्रति जागरूकता नहीं होती है और उसके समुचित संचालन हेतु कोई योजना नहीं होती है, उसके मार्गदर्शन के लिए कोई सिद्धांत नहीं होता है, तब व्यक्ति इधर-उधर भटककर समाप्त हो जाता है। शानदार रास्ते तो उन्हीं कदमों तले खुलते हैं, जिन्होंने कोई नक्शा तैयार किया हुआ हो, जिनका कोई मिशन हो और जिनकी रहबर हो जागरूकता।

जब लोग निठल्ले रहते हैं तो उनके मस्तिष्क में शून्यता आने लगती है। प्रकृति शून्यता पसंद नहीं करती। मस्तिष्क की यह शून्यता या रिक्तता जलते हुए बिजली के लट्टू के अंदर की रिक्तता से बहुत कुछ मिलती-जुलती होती है। आप उस लट्टू को तोड़ दीजिए और प्रकृति उस सैद्धांतिक रिक्तता को वायु से भरकर समाप्त कर देगी। इसी तरह प्रकृति भी रिक्त या शून्य मस्तिष्क को भरने के लिए दौड़ पड़ती है। सामान्यतः वह इस रिक्तता को मनोभावों से भरती है; क्योंकि चिंता, भय, घृणा, ईर्ष्या तथा स्पर्धा के मनोभाव प्राकृत ओज

तथा प्राकृत चेतन-शक्ति से संचालित होते हैं। ये मनोभाव इतने प्रबल होते हैं कि वे मस्तिष्क से अन्य सभी शांत एवं सुखद विचारों तथा मनोभावों को बाहर निकाल फेंकते हैं।

जब हम निश्चित और निर्धारित ढंग से किसी कार्य को करने के लिए तत्पर होते हैं तो स्वाभाविक ढंग से हमारी प्रतिभा का विकास होता है। जब हम भूमि में अच्छा बीज रोपते हैं, उचित खाद और समय पर पानी देते हैं तो मौसम के सहयोग से पौधे के अंकुरित होने से लेकर वृक्ष बनने तक समस्त क्रियाएँ भली प्रकार संपन्न होती हैं; जबकि पौधे के सूखने या नष्ट होने की संभावना तभी होती है, जब भूमि की उर्वरता कम होती है या मौसम एकदम प्रतिकूल हो जाता है अथवा फिर पौधे को धूप या पानी ठीक मात्रा और समय पर प्राप्त नहीं होता। इसी प्रकार, जब किसी व्यक्ति के विचार नकारात्मकता से घिरे होते हैं तो उसकी सोचने की शक्ति क्षीण हो जाती है, उत्साह और उल्लास मंद पड़ जाते हैं। फलस्वरूप साहस और आत्मविश्वास भी तिरोहित हो जाते हैं। नकारात्मक विचारों के चलते उसका व्यक्तित्व एकदम नकारा तथा प्रभावहीन हो जाता है। जिन लोगों की सोच शुद्ध और सफल है, उनके सामने बुरे विचारवालों की शक्ति और बड़ी-से-बड़ी सामर्थ्य भी कम व हलकी प्रतीत होती है।

जब हम निश्चित और निर्धारित ढंग से किसी कार्य को करने के लिए तत्पर होते हैं तो स्वाभाविक ढंग से हमारी प्रतिभा का विकास होता है। जब हम भूमि में अच्छा बीज रोपते हैं, उचित खाद और समय पर पानी देते हैं तो मौसम के सहयोग से पौधे के अंकुरित होने से लेकर वृक्ष बनने तक समस्त क्रियाएँ भली प्रकार संपन्न होती हैं...

हमारा ध्यान केंद्रीभूत होता है, हमारी ऊर्जा अप्रासंगिक गतिविधियों या विचारों पर नष्ट नहीं होती। इसीलिए ध्यान केंद्रित करने की क्षमता का विकास करना हर उस व्यक्ति के लिए अनिवार्य है, जो अपने जीवन पर पूरा नियंत्रण रखना चाहता है। प्रत्येक प्रकार की सफलता के लिए यह क्षमता अत्यावश्यक

है। इसके बिना हमारे प्रयास बिखर जाते हैं; लेकिन इस योग्यता के साथ हम बड़े-बड़े कार्य पूरे कर सकते हैं।

जब हमारी प्रशंसा की जाती है और हमें प्रोत्साहित किया जाता है तो आमतौर पर हम उस समय के मुकाबले काफी अधिक बेहतर महसूस करते हैं, जबकि हमारी आलोचना की जाती है या हमारी गलती सुधारी जाती है। सुदृढ़ीकरण और सकारात्मक भाषा छात्रों एवं सभी उम्र के व्यक्तियों के लिए प्रेरणादायक होती है। याद रखें कि प्रशंसा को विशिष्ट और स्वयं छात्र की बजाय किए गए काम पर लक्षित होना चाहिए, अन्यथा वह छात्र की प्रगति में मदद नहीं करेगी।

जब हमारी प्रशंसा की जाती है और हमें प्रोत्साहित किया जाता है तो आमतौर पर हम उस समय के मुकाबले काफी अधिक बेहतर महसूस करते हैं, जबकि हमारी आलोचना की जाती है या हमारी गलती सुधारी जाती है। सुदृढ़ीकरण और सकारात्मक भाषा छात्रों एवं सभी उम्र के व्यक्तियों के लिए प्रेरणादायक होती है।

जब हमारी मनोवृत्ति और हमारा व्यवहार सकारात्मक होता है, हम केवल सुखद अनुभूतियों और रचनात्मक कल्पनाओं को अपने मन में काम करने देते हैं। हम अपनी अंतरंग दृष्टि से यह भी स्पष्ट देख लेते हैं कि हम जीवन से वास्तव में क्या चाहते हैं और वह किस तरह घटित होना चाहिए?

जब हमारे मन में किसी चीज को पाने की या कुछ कर गुजरने की इच्छा उत्पन्न होती है, तब हमारा मन कल्पना करने लगता है कि वे चीजें कैसी होंगी? या वह कार्य, जिसको हम करना चाह रहे हैं, वह पूरा होने पर कैसा होगा? उसका परिणाम क्या होगा? अर्थात् कल्पना से ही हम उस इच्छा को ज्वलंत के रूप में परिवर्तित कर सकते हैं। जब तक कोई भी इच्छा ज्वलंत इच्छा में परिवर्तित नहीं होती, तब तक उसका पूर्ण होना संभव नहीं होता। इसीलिए सपने जब तक ज्वलंत इच्छा के रूप में परिवर्तित नहीं होते, तब तक वे महज एक कोरी कल्पना ही रहते हैं और ऐसी कल्पना से कभी भी

सफलता नहीं मिलती। इसलिए सफलता पाने के लिए ज्वलंत इच्छा का होना नितांत आवश्यक है।

जितने बड़े-बड़े प्रशंसनीय और आश्चर्यजनक कार्य दिखाई देते हैं, वे सब संलग्नता की न थकनेवाली शक्ति के प्रतीक हैं। इसी शक्ति द्वारा खान से निकले हुए एक-एक पत्थर के जोड़ने से एक अत्यंत उन्नत इमारत बन जाती है। दूर-दूर के देशों के मध्य में जो नहरें बनवाई जाती हैं, वे एक-दूसरे से संबद्ध हो जाती हैं।

जितने भी आविष्कारक हुए हैं, उन्होंने जो आविष्कार किए हैं, उनके लिए उनके पास पर्याप्त सामग्री नहीं थी। साधारण वस्तुओं के प्रयोग से ही उन्होंने गंभीर सिद्धांत खोज निकाले। अंतर केवल इतना ही है कि उनके जैसी संलग्नता और इच्छा-शक्ति हमारे पास नहीं है। ऐसा कोई सिद्धांत नहीं है, जिसके सार्वजनिक मनन के लिए उनको खोज निकालनेवाले को कष्ट, निंदा और विरोध न झेलना पड़ा हो। संसार का नियम है कि जहाँ किसी ने नई बात की या नया कथन किया तो उसका विरोध होने लगता है। बुरे या साधारण मनुष्य नई बात का विरोध करें तो उसमें आश्चर्य ही क्य है; किंतु ज्ञानी और विद्वान् लोग भी उनका विरोध करने लग जाते हैं।

जितने भी आविष्कारक हुए हैं, उन्होंने जो आविष्कार किए हैं, उनके लिए उनके पास पर्याप्त सामग्री नहीं थी। साधारण वस्तुओं के प्रयोग से ही उन्होंने गंभीर सिद्धांत खोज निकाले। अंतर केवल इतना ही है कि उनके जैसी संलग्नता और इच्छा-शक्ति हमारे पास नहीं है। ऐसा कोई सिद्धांत नहीं है, जिसके सार्वजनिक मनन के लिए उनको खोज निकालनेवाले को कष्ट, निंदा और विरोध न झेलना पड़ा हो।

जिन लोगों के पास चुनौतियों से आँखें चार करने का जज्बा होता है और जटिल परिस्थितियों को नेस्तनाबूद करने का साहस होता है, उनके सपने अवश्य पूरे होते हैं। विपरीत-से-विपरीत परिस्थितियाँ भी उनके आगे घुटने

टेक देती हैं। जिन लोगों के व्यक्तित्व में रचनात्मकता की चिनगारी सुलग रही होती है, वे प्रत्येक कार्य अच्छी तरह से करते हैं। ऐसा करके उन्हें वास्तव में आनंद की अनुभूति होती है। यह परिस्थिति कार्य की गुणवत्ता के दृष्टिकोण से एक आदर्श अवस्था कही जा सकती है। यह वह वक्त होता है, जब काम हमारे लिए बन जाता है।

जिस कब्रिस्तान में हमारी गलतियाँ दफन हैं, वहीं पर हमारी सफलता के दुश्मन भी दफन हैं। उनकी हमें जरा भी परवाह नहीं करनी चाहिए। परंतु सबसे दर्दनाक कब्रिस्तान वह है, जहाँ उन लोगों की पार्थिव देह खामोशी से विश्राम कर रही है, जो गलतियाँ करने से डरते थे।

जिस कब्रिस्तान में हमारी गलतियाँ दफन हैं, वहीं पर हमारी सफलता के दुश्मन भी दफन हैं। उनकी हमें जरा भी परवाह नहीं करनी चाहिए। परंतु सबसे दर्दनाक कब्रिस्तान वह है, जहाँ उन लोगों की पार्थिव देह खामोशी से विश्राम कर रही है, जो गलतियाँ करने से डरते थे।

जिस जिंदगी के पन्ने उद्यम, साहस और धैर्य की रोशनी से नहीं लिखे गए, वह अधूरी है। जहाँ विवेक का मंत्र नहीं, वह जीव सुखी नहीं। कर्मयोगी मनुष्य ही जीवन के आदर्श होते हैं। कर्मठता ही हमारे जीवन का पर्याय है। कर्मयोगी मनुष्य के हृदय में आशा, उत्साह एवं परिश्रम की ऐसी मनो-मुग्धकारी त्रिवेणी की जल-रश्मियाँ बहती हैं, जिनमें अवगाहन करके मनुष्य का रोम-रोम पुलकित हो झूम उठता है।

जिस प्रकार मृत्यु आने पर उससे यह नहीं कहा जा सकता कि कल आ जाना, उसी प्रकार आज जो अवसर प्राप्त हुआ है, उससे भी यह नहीं कहा जा सकता कि 'हे अवसर! कल आ जाना।' आज जो भी सामने है, उसे स्वीकार करें। कल की प्रतीक्षा न करें। कल की बात करनेवाले का तात्पर्य अप्रत्यक्ष रूप से उस कार्य को टालना होता है, जो उस व्यक्ति के नकारात्मक रवैए को प्रकट करता है। इस प्रकार के लोग जीवन में सफल नहीं होते।

जिस प्रकार राख में दबी चिनगारी को हवा देने पर वह विकराल अग्नि

का रूप धारण कर लेती है, उसी प्रकार किसी निरुत्साहित को उत्साहित करने पर वह अपनी समस्त शक्ति को एकत्रित कर पुनः कार्य में जुट जाता है और सफल होता है।

जिस प्रकार स्कूल में जब शिक्षक ब्लैकबोर्ड पर कुछ समझाकर कहते हैं, "अब इसे करके बताएँ। देखें, कौन पहले करता है?" तो वे विद्यार्थियों का उत्साह बढ़ाते हैं। उनके ये शब्द 'कौन पहले करता है' विद्यार्थियों में उत्साह भरने की वे औषधि होते हैं, जिसके कारण विद्यार्थी उस प्रश्न को उत्साहपूर्वक कि मैं पहले करूँ, करते हैं। और उनमें से जब एक विद्यार्थी उस प्रश्न को सबसे पहले हल कर लेता है तो दूसरे को भी उससे प्रेरणा मिलती है और वह भी उत्साह में उस प्रश्न को हल करता है। फिर दूसरे से तीसरे को, तीसरे से आगे, फिर आगे।

जिस प्रकार हमारी आपत्तियाँ और क्लेश हमारी आंतरिक शक्तियों की वृद्धि करते हैं, उसी प्रकार जिनको हम अपना शत्रु समझते हैं, वे भी हमारे लिए कल्याणकारी होते हैं। जब तक हमारा कोई शत्रु न बने, तब तक हमें हमारी बुराइयाँ और कच्चापन कौन दिखाएगा?

जिस प्रकार हमारी आपत्तियाँ और क्लेश हमारी आंतरिक शक्तियों की वृद्धि करते हैं, उसी प्रकार जिनको हम अपना शत्रु समझते हैं, वे भी हमारे लिए कल्याणकारी होते हैं। जब तक हमारा कोई शत्रु न बने, तब तक हमें हमारी बुराइयाँ और कच्चापन कौन दिखाएगा? जो मित्र होते हैं, वे तो कृपा और प्रेम से ऐसे भरे होते हैं कि हमें कड़वी परंतु यथार्थ बात नहीं कहते। वे सदा हमारे दोषों को क्षमा की दृष्टि से देखते हैं और उनको छिपाने का प्रयत्न करते हैं। परंतु जो शत्रु होता है, वह बुराई करने में नहीं हिचकिचाता। वह हमारी घोर-से-घोर निंदा करता है, हमारी पोल खोलता है, हर पल उचित-अनुचित प्रहार करता है। यदि सच पूछिए तो वह हमारे लिए एक अच्छे दर्पण का काम करता है। शत्रु-स्वरूप आरसी में हमें हमारी न्यूनता, हीनता, भ्रम, व्यर्थ व्यय इत्यादि दोष यथार्थ रूप में दिखाई देने लगते

हैं; बल्कि जितने हम में दोष होते हैं, उनसे भी बढ़कर वह हमें दिखाता है। शत्रु का प्रहार क्या है, मानो किसी डॉक्टर का नश्तर है। जैसे डॉक्टर का नश्तर हमारे शरीर के फोड़े को चीरकर, उसकी जड़ तक का मवाद निकालकर उसे स्वच्छ कर देता है। उसी प्रकार शत्रु का प्रहार हमारी बुराइयों और अशक्तियों को चीरकर स्वच्छ कर देता है। तभी तो कहा भी गया है, 'निंदक नियरे रखिए।'

जिस मनुष्य में आत्मविश्वास नहीं है, वह शक्तिमान होकर भी कायर है और पंडित होकर भी मूर्ख है।

जिस विद्यार्थी का मन सजने-सँवरने में लग जाता है, वह अपना ज्यादातर समय इन्हीं बातों में गँवा देता है। ऐसे व्यक्ति खुद को हर वक्त सबसे सुंदर और अलग दिखने के लिए ही मेहनत करते रहते हैं और इसी वजह से हमेशा उनके दिमाग में सौंदर्य, अच्छे पहनावे एवं रहन-सहन से जुड़ी बातें ही घूमती रहती हैं। सजने-सँवरने के बारे में सोचने वाला व्यक्ति कभी भी एक जगह ध्यान केंद्रित करके विद्या नहीं प्राप्त कर पाता। विद्यार्थी को ऐसी परिस्थितियों से बचना चाहिए।

जिस विद्यार्थी का मन सजने-सँवरने में लग जाता है, वह अपना ज्यादातर समय इन्हीं बातों में गँवा देता है। ऐसे व्यक्ति खुद को हर वक्त सबसे सुंदर और अलग दिखने के लिए ही मेहनत करते रहते हैं और इसी वजह से हमेशा उनके दिमाग में सौंदर्य, अच्छे पहनावे एवं रहन-सहन से जुड़ी बातें ही घूमती रहती हैं।

जीवन एक यात्रा है और समय गतिमान है, इसलिए हम क्या करें और क्या न करें, की स्पष्ट पहचान होनी चाहिए। इसके अतिरिक्त स्वयं की क्षमता की पहचान के साथ-साथ ऊर्जा-चक्र का ज्ञान आवश्यक है। आप अपने समय के मालिक बन सकते हैं, यदि कुछ आवश्यक सिद्धांतों पर निरंतर कार्य करें। अपने लक्ष्य को अपने सामने रखें, प्राथमिकता का निर्धारण करें; ऐसी तकनीक का प्रयोग करें, जो आपके कार्य को सरल बनाएँ; जिस

चीज को पहले सोचें, उसे पहले समाप्त भी करें; अपनी कार्य क्षमता को बढ़ाने के लिए कुछ खाली समय बचाकर रखें। अपना राइटिंग पैड सदैव अपने पास रखें। अति आवश्यक एवं आवश्यक कार्यों के मध्य स्पष्ट विभेद रखें। हमेशा 'हाँ' कहने की आदत से बचें। अपने तनाव का प्रबंधन करें। अपनी पढ़ाई के स्थान को साफ-सुथरा व व्यवस्थित रखें, कुछ समय अपने को प्रतिदिन व्यवस्थित करने के लिए भी दें और अपने नजदीकी व दूरस्थ लक्ष्य के विषय में स्पष्ट रहें।

□

14

जीवन और जुनून

जीवन एक वरदान है, इसका महत्त्व जानिए। एक कमजोर व रोते-पीटते इनसान के बजाय जिंदादिल व बहादुर व्यक्ति के रूप में जिंदा रहिए। यही सुख व सफलता का सूत्र है। यही दृढ़ इच्छा-शक्ति बढ़ाने की तरफ पहला कदम है।

जीवन की कठिन परिस्थितियों के लिए आपको शर्मिंदा होने की जरूरत नहीं है। यदि कोई आपको नीचा दिखाने की कोशिश करता है तो इससे परेशान हुए बिना ऐसी बातों को नजरअंदाज कर दें। इन बातों पर ध्यान देने की बजाय अपने दृष्टिकोण को आगे रखने का प्रयास करें। आपको अपनी लड़ाई के हथियार चुनते समय बेहद सावधानी और बुद्धिमानी से कदम उठाने चाहिए। जो बातें आपके सपनों की पूर्ति करने में बाधक हैं या आपके आत्मविश्वास को कमजोर करती हों, ऐसी नकारात्मक चीजों को खोजकर अपने सामने लाएँ। ऐसा करते समय किसी गलत चीज को न पकड़ लें, इस बात को ध्यान रखें।

जीवन के अद्भुत सौंदर्य, उसकी व्यापकता एवं उसकी गरिमा को अनुभूत करना हर एक के वश में नहीं होता; लेकिन यह ऐसा अनुभव है, जिन्हें सिर्फ मनुष्य ही कर सकता है।

जीवन के हर क्षेत्र में सफल होने के लिए ईमानदारी एवं सत्यनिष्ठा बहुत ही आवश्यक हैं और सबसे अच्छी बात यह है कि इन दोनों गुणों को कोई भी व्यक्ति अपने अंदर विकसित कर सकता है। हमेशा ईमानदार बनने के लिए हिम्मत करें और कभी भी मेहनत से न डरें। जीवन को देखने के दो तरीके हैं।

पहला यह कि किसी एक उद्देश्य की प्राप्ति के पश्चात् सुखी होना। दूसरा यह कि जो भी हो, उसी में सुखी रहना। बच्चे की तरह प्रसन्न रहना दिव्यता है। यह अपने अंदर से मुक्त होना तथा प्रत्येक से बिना किसी संकोच के सहज रहना है।

जीवन को सकारात्मक सोच एवं ऊर्जा के साथ समझने का प्रयास किया जाना चाहिए, क्योंकि जब हम जीवन को समझ पाते हैं, तब तक उम्र के उत्तरार्द्ध में पहुँच जाते हैं। जीवन हमें एक बहुमूल्य ईश्वरीय उपहार है, जिसे हमें श्रेष्ठतम सिद्ध करते हुए जीना चाहिए। जीवन का यथेष्ट लक्ष्य निर्धारित किया जाना चाहिए और लक्ष्य की ओर सकारात्मक सोच के साथ आगे बढ़ना चाहिए। हम देखेंगे, हमारे जीवन की शैली ही बदल गई है, हमारा दृष्टिकोण ही बदल गया है और हम देखेंगे, दृढ़ आत्मविश्वास एवं सफलता के नए आयामों ने हमारे जीवन के सुनहरे द्वार खोल दिए हैं।

जीवन को सकारात्मक सोच एवं ऊर्जा के साथ समझने का प्रयास किया जाना चाहिए, क्योंकि जब हम जीवन को समझ पाते हैं, तब तक उम्र के उत्तरार्द्ध में पहुँच जाते हैं। जीवन हमें एक बहुमूल्य ईश्वरीय उपहार है, जिसे हमें श्रेष्ठतम सिद्ध करते हुए जीना चाहिए।

जीवन को सफल बनाने के लिए जितना स्वावलंबन आवश्यक है, उतना ही आत्मसंयम भी है। मनुष्य की इंद्रियाँ उसे रात-दिन अपनी ओर खींचती रहती हैं। जिह्वा चाहती है कि अच्छे-अच्छे स्वादिष्ट भोजन और तरल द्रव्य, शरबत, शराब खाने-पीने को मिलते रहें। कान सदा मधुर वचन और गायन सुनने के लिए हमें प्रेरित करते रहते हैं। हमारी नासिका यही चाहती है कि हमें अच्छी-अच्छी सुगंधित वस्तुएँ सूँघने के लिए मिलें। इसी प्रकार कामेंद्रिय हमें व्यभिचार की ओर प्रवृत्त करती रहती है। इसमें संदेह नहीं कि इंद्रिय-जनित वासनाओं की पूर्ति में हमें सुख मिलता है और सुख के हेतु ही संसार में सबकुछ किया जाता है; परंतु प्रश्न तो यह है कि जिसका समाधान करने को समस्त ज्ञानी संसार सदा से लगा हुआ है, वह

इंद्रिय-जनित सुख स्थायी है या अल्पकालीन? वस्तुतः वह सुख यदि स्थायी हो तो उसको प्राप्त करने के लिए जितना भी परिश्रम किया जाए, कम है; परंतु यदि वह थोड़ी देर में ही समाप्त हो जाए और हमें किसी कष्ट में छोड़ जाए तो वह सुख किस काम का?

जीवन को स्फूर्तिमय व आनंददायक बनाने के लिए प्रातः पाँच से छह बजे के मध्य उठने की आदत डालें। इसके लिए यदि शुरू में आँखें नहीं खुलतीं तो घर-परिवार के किसी जिम्मेदार सदस्य या अलार्म घड़ी की मदद ली जा सकती है। आजकल की अनियमित जीवन-शैली तथा बदतर खान-पान के चलते स्वास्थ्य संबंधी समस्याएँ आम हो गई हैं। प्रातः उठने के बाद व्यायाम की भी आदत डालें। इससे आपका शरीर भी चुस्त-दुरुस्त रहेगा तथा आप अपने कार्यों को मन लगाकर कर सकेंगे।

जीवन में अध्यात्म हो या व्यवसाय, हर जगह तप जरूरी है। जब तक हम अपनी जिम्मेदारियों को नहीं निभाते, सफलता कभी नहीं मिल सकती। अध्यात्म में भी सफलता का यही एक मार्ग है। प्रकृति या यूँ कहें, परमात्मा ने आपको जो काम दिया है, उसे ईमानदारी से बिना किसी शिकायत के पूरा करते चलें, आपको भगवान् खुद-ब-खुद मिल जाएगा।

जीवन को स्फूर्तिमय व आनंददायक बनाने के लिए प्रातः पाँच से छह बजे के मध्य उठने की आदत डालें। इसके लिए यदि शुरू में आँखें नहीं खुलतीं तो घर-परिवार के किसी जिम्मेदार सदस्य या अलार्म घड़ी की मदद ली जा सकती है। आजकल की अनियमित जीवन-शैली तथा बदतर खान-पान के चलते स्वास्थ्य संबंधी समस्याएँ आम हो गई हैं।

जीवन में कठिनाइयाँ हमें बरबाद करने नहीं आती हैं, बल्कि ये हमारी छुपी हुई सामर्थ्य और शक्तियों को बाहर निकालने में हमारी मदद करती हैं। कठिनाइयों को यह जान लेने दो कि आप उससे भी ज्यादा कठिन हो। जीवन

में कभी प्रसन्नता और सहजता का दामन न छोड़ें। प्रसन्नता है तो जीवन है, जीवन का उजाला है। जीवन में जब भी विपदाओं के तूफान उठें, मन घबराए, हौसला पस्त होने लगे तो सहजता और प्रसन्नता का संतुलन बनाने का अभ्यास करें। सहजता और प्रसन्नता को धारण कर ऋषि-मुनि भी अजर-अमर हो गए। सिद्ध पुरुषों ने प्रसन्नता को एक समर्थ सिद्धि माना है।

जीवन में प्रत्यक्ष या अप्रत्यक्ष रूप से विपदाओं का सामना तो हर हाल में करना ही पड़ेगा। जीवन में आनेवाली कठिन परिस्थितियों का सामना करने के दो तरीके हो सकते हैं—या तो उनसे हम दूर भाग जाएँ या उन पर विजय प्राप्त करने की कोशिश करें। जीवन से डरकर भागनेवाले के लिए इस सृष्टि में कहीं भी स्थान नहीं है। हमें एक चुनौती पूरी होने पर दूसरी का सामना करने को तैयार रहना पकड़ेगा। हमारे जीवन की असली जीत तो यह है कि अधिक-से-अधिक परेशानी में भी अपने मानसिक संतुलन को हम न खोएँ। हमारा जीवन समुद्र में उतरे उस जहाज की तरह है, जिसे हर पल समुद्र की उग्र धाराओं, प्रतिकूल हवाओं तथा व्हेल-शार्क का सामना करना पड़ता है। बंदरगाह में खड़े जहाज के सामने इस प्रकार की कोई चुनौती नहीं रहती है। अगर जहाज तैयार हुआ है तो उसका धर्म है कि समुद्र में उतरकर वह चुनौतियों का सामना करे। इसी प्रकार से मनुष्य का जीवन चुनौतियों को स्वीकार करने के लिए ही बना है।

जीवन में प्रत्यक्ष या अप्रत्यक्ष रूप से विपदाओं का सामना तो हर हाल में करना ही पड़ेगा। जीवन में आनेवाली कठिन परिस्थितियों का सामना करने के दो तरीके हो सकते हैं—या तो उनसे हम दूर भाग जाएँ या उन पर विजय प्राप्त करने की कोशिश करें।

जीवन में मनचाहे उद्देश्यों की प्रतिपूर्ति के लिए नूतन जानकारियों के प्रति जागरूकता का विकास करें। विभिन्न क्षेत्रों में सफलता-प्राप्ति हेतु हमें अनेक प्रकार की सूचनाओं एवं जानकारियों की आवश्यकता होती है, जिन्हें विभिन्न माध्यमों से एकत्रित किया जा सकता है। महत्त्वपूर्ण अथवा अपनी

रुचि और क्षेत्र से संबंधित जानकारियों से वंचित व्यक्ति अनेक बार उपलब्ध अवसरों का लाभ नहीं उठा पाते और फिर जिंदगी भर इस चूक के लिए पछताते रहते हैं। ऐसी संभावित घटनाओं, अवसरों, आयोजनों व फैसलों के प्रति सजग रहें, जो आपके जीवन को प्रभावित कर सकते हैं।

जीवन में विनम्रता के बिना कोई भी व्यक्ति सफल नहीं बन सकता। जीवन में सफलता के लिए हमें हमेशा कुछ-न-कुछ सीखने की चाह रखना चाहिए। अगर आप अपनी इस बात पर डटे रहेंगे कि आपसे ज्यादा होशियार और चतुर दुनिया में कोई नहीं है तो आप गलत हैं। याद रखें, मृत शरीर हमेशा तना रहता है और झुका हुआ इनसान बहुत ही विनम्र भाव वाला।

> ***जीवन में विनम्रता के बिना कोई भी व्यक्ति सफल नहीं बन सकता। जीवन में सफलता के लिए हमें हमेशा कुछ-न-कुछ सीखने की चाह रखना चाहिए। अगर आप अपनी इस बात पर डटे रहेंगे कि आपसे ज्यादा होशियार और चतुर दुनिया में कोई नहीं है तो आप गलत हैं। याद रखें, मृत शरीर हमेशा तना रहता है और झुका हुआ इनसान बहुत ही विनम्र भाव वाला।***

जीवन वरदान है और आनेवाली पीढ़ियों के लिए उत्तराधिकार है। कभी आप उन लोगों को देखिए, जो जीवन के अँधियारे जंगलों में से भी सकुशल गुजर गए हैं। ऐसे लोग हमारे समाज, देश व पुस्तकों में सर्वत्र बिखरे पकड़े हैं। इन साहसी लोगों ने जीवन की हर चुनौती को मुसकराते हुए स्वीकार किया तथा पूरे जोशो-खरोश के साथ अपने लक्ष्य की प्राप्ति की। ये शूरवीर इसकी मिसाल हैं कि जीवन जीने के लिए है। तमाम बाधाओं के बाद विजय पानेवाले लोग ही इतिहास के पन्नों में अपना नाम दर्ज कराते हैं।

जीवन सुंदर, सूक्ष्म, अर्थपूर्ण तथा सुखों से परिपूरित हो, इसका काफी दारोमदार हमारी मानसिकता पर रहता है। जिन लोगों ने अपने जीवन में सफल होने का ख्वाब देखा है, उन्हें यह बात निश्चित कर लेनी चाहिए कि

सकारात्मक विचारों के पंख लगाकर ही वे सफलता के स्वच्छंद गगन में उड़ान भर सकते हैं। नकारात्मक विचारों से अपना दामन छुड़ाए बिना हम सफलता की मंजिल तक नहीं पहुँच सकते।

जीवन, कार्य और सामाजिक व्यवहार के अंतर्गत हमें अपने और दूसरों के प्रति सदैव सच्चा रहना चाहिए। इसे इस तरह भी समझा जा सकता है कि किसी भी कार्य को करने, सौंपने के लिए आप जो भी समयावधि निर्धारित करते हैं, आपको उसका ईमानदारीपूर्वक पालन करना चाहिए। बहुत से अवसरों पर आयोजित होनेवाले कार्यक्रमों में या वे आयोजन, जो आप अपनी तरफ से करते हैं, उन सब में आपको इस नियम का दृढ़तापूर्वक पालन करना चाहिए। सच्चाई एक ऐसा गुण है, जो आपके समय को सुव्यवस्थित करता है और आप कम समय में अधिक उपयोगी व लाभदायक कार्यों को करने में सफल रहते हैं।

> ***जीवन, कार्य और सामाजिक व्यवहार के अंतर्गत हमें अपने और दूसरों के प्रति सदैव सच्चा रहना चाहिए। इसे इस तरह भी समझा जा सकता है कि किसी भी कार्य को करने, सौंपने के लिए आप जो भी समयावधि निर्धारित करते हैं, आपको उसका ईमानदारीपूर्वक पालन करना चाहिए।***

जो इनसान आपकी जिंदगी को दु:खी बना रहा है, उसे भी आप अपने उत्साह को तोड़ने की इजाजत मत दीजिए। आश्वस्त रहिए, आशावान् रहिए और हमेशा इस बात को याद रखिए कि कोई भी आपकी नीयत और सोच को आपसे नहीं छीन सकता है।

जो पर्वत हमें दूर से बड़े-बड़े दिखाई देते हैं, जब हम पास पहुँचते हैं तो उनमें भी हमें अनेक मार्ग दिखाई देने लगते हैं और जब हम उस मार्ग पर होकर जाते हैं तो हमें शंका होती है कि क्या यही मार्ग पर्वत पर था, जो दूर से इतना ऊँचा दिखाई दे रहा था? पर्वत की ऊँचाई जितनी थी, उतनी ही रही। उसमें किसी प्रकार का परिवर्तन नहीं हुआ। जो कुछ परिवर्तन हुआ, वह केवल हमारे विचार में हुआ। जब तक हम ऊँचाई से डरते रहे, हमें रास्ता तय

करना कठिन लग रहा था। परंतु जब हमने दृढ़ इच्छा कर ली तो वही मार्ग हमारे लिए सुगम हो गया और हम पर्वत के पार हो गए।

जो भी व्यक्ति विजेता बनना या अपने व्यक्तित्व का विकास करना चाहता है, उसे ज्यादा-से-ज्यादा ध्यान सकारात्मक व्यवहार पर केंद्रित करना चाहिए। इससे सभी तरह की उपलब्धियों को प्राप्त करने में सहायता मिलती है। सभी तरह की सुख-सुविधाओं का मालिक होने का अर्थ सिर्फ खुशियाँ ही आपके हिस्से में हों, जरूरी नहीं है। सकारात्मक प्रवृत्तिवाला व्यक्ति सीमित आय में धनी व्यक्ति की अपेक्षा ज्यादा खुश रह सकता है। जीवन को बदलने के लिए हमें खुद के बारे में बनाई गई धारणाओं को भी बदलना पड़ता है। जब हम अपनी सोच, व्यवहार और मान्यताओं में बदलाव लाते हैं तो पूरा जीवन स्वत: ही बदलने लगता है।

जो लोग उस चीज की सराहना नहीं कर सकते, जो उनके पास है, वे कभी भी सफल नहीं हो सकते।

जो व्यक्ति पूर्ण पवित्रता से यह संकल्प करता है कि मैं विश्व की समस्त महान् विद्याओं को प्राप्त करने का पात्र हूँ, सभी समृद्धियों को प्राप्त करना मेरा अधिकार है और इस प्रकार निरंतर यह घोषित करता रहे कि मेरा जीवन-लक्ष्य महान् है, जो मेरे आचार-व्यवहार और आवृत्तियों से प्रकट होता है, वह निश्चित ही अपने संकल्पों को पूर्ण करता है।

जो व्यक्ति पूर्ण पवित्रता से यह संकल्प करता है कि मैं विश्व की समस्त महान् विद्याओं को प्राप्त करने का पात्र हूँ, सभी समृद्धियों को प्राप्त करना मेरा अधिकार है और इस प्रकार निरंतर यह घोषित करता रहे कि मेरा जीवन-लक्ष्य महान् है, जो मेरे आचार-व्यवहार और आवृत्तियों से प्रकट होता है, वह निश्चित ही अपने संकल्पों को पूर्ण करता है।

ज्ञान अर्जित करें, तरह-तरह के विषयों के बारे में पढ़ें और उनके बारे में ज्ञान अर्जित करें। जैसे-जैसे आपका ज्ञान बढ़ेगा, वैसे-वैसे आपका आत्मविश्वास भी बढ़ेगा। ज्ञान अनंत है। समाज की अन्य गतिविधियों की भाँति ज्ञान की यात्रा

तथा उसका मूल्यांकन—दोनों समय-सापेक्ष होते हैं। ज्ञान का स्तर मनुष्य तथा उसके समाज के विवेकीकरण की अवस्था को दरशाता है। ज्ञान की खूबी है कि उसका अस्तित्व होता है, आकार नहीं होता। ज्ञान को रूपाकार देने का काम ज्ञानीजन करते आए हैं। चूँकि बड़े-से-बड़े ज्ञानीजन की सीमा होती है, व्यक्ति विराट् ज्ञान-संपदा के किसी एक अंश को ही सहेज पाता है। उसी के आधार पर वह सामाजिक घटनाओं और व्यक्तित्वों का मूल्यांकन करता है। यह एक कौड़ी द्वारा धरती को मापने जैसा सत्साहस है। ज्ञान को नियंत्रित करने, उसे अपने अनुकूल ढालने, उससे मनचाहा काम लेने की कोशिश आदिकाल से होती रही है। इतिहास पूर्वग्रह-रहित नहीं होता, इसलिए समाजचेता विद्वान् ऐतिहासिक तथ्यों को अधूरा, एकांगी और मनगढ़ंत मानते हैं।

ज्ञान इतना बहुआयामी है कि मनुष्य किसी वस्तु या विचार के एक समय में एक पक्ष को लेकर ही बात कर पाता है। किसी वस्तु या विचार को लेकर हमारी शंकाएँ दरशाती हैं कि हमारे भीतर उस वस्तु को जानने की अभिलाषा जन्म ले चुकी है।

ज्ञान इतना बहुआयामी है कि मनुष्य किसी वस्तु या विचार के एक समय में एक पक्ष को लेकर ही बात कर पाता है। किसी वस्तु या विचार को लेकर हमारी शंकाएँ दरशाती हैं कि हमारे भीतर उस वस्तु को जानने की अभिलाषा जन्म ले चुकी है। जब हम सवाल करते हैं कि पृथ्वी सूर्य की परिक्रमा क्यों करती है तो निश्चित रूप से हमें इसके पूर्व प्रश्न कि पृथ्वी सूर्य की परिक्रमा करती है, का बोध होता है। पृथ्वी सूरज की परिक्रमा क्यों करती है ? उसकी गति और कारण क्या है ? उसके लिए ऊर्जा कहाँ से प्राप्त होती है ? दूसरे ग्रहों व उपग्रहों की गति से उसका क्या संबंध है ? ऐसे प्रश्नों की अंतहीन श्रृंखला किसी एक प्रश्न के साथ ही आरंभ हो जाती है। जरूरी नहीं कि सभी प्रश्न किसी एक व्यक्ति के दिमाग में एक ही बार में आ जाएँ; परंतु आपसी चर्चा के दौरान, बहस के दौरान, चिंतन-मनन अथवा इतिहास के भिन्न-भिन्न दौर में ये प्रश्न जनमते ही रहते हैं।

ज्ञान का दूसरा नाम है—शक्ति। कोई भी उस व्यक्ति से प्रभावित नहीं होता है, जिसे इतना भी पता न हो कि आसपास या संसार में क्या हो रहा है। उसे मूर्ख समझा जाता है। ऐसा मूर्ख, जिसे कोई भी समझदार पुरुष या स्त्री मित्र बनाना या उसका अनुसरण करना नहीं चाहेगा। अतः अपने सामान्य ज्ञान को समृद्ध करना आवश्यक है और आपको उस विषय का विशेषज्ञ होना चाहिए, जिस क्षेत्र में आप काम कर रहे हैं। अपना सामान्य ज्ञान बढ़ाने के उद्‌देश्य से अखबार पढ़ें, टी.वी. पर ज्ञानवर्धक कार्यक्रम देखें, अच्छी व लोकप्रिय पुस्तकें पढ़ें, जानकार एवं बुद्धिमान लोगों के साथ विचार-विमर्श (संबंध बनाएँ, संप्रेषण) करें।

ज्ञान रूपी दीपक के प्रकाश से ही अज्ञान का अँधेरा भागता है, न कि अज्ञानी की भाँति कार्य करने से। अज्ञानी व्यक्ति अंधकार में भटकता हुआ अपने जीवन को नष्ट करता रहता है।

ज्ञान रूपी दीपक के प्रकाश से ही अज्ञान का अँधेरा भागता है, न कि अज्ञानी की भाँति कार्य करने से। अज्ञानी व्यक्ति अंधकार में भटकता हुआ अपने जीवन को नष्ट करता रहता है।

ज्ञानार्जन की प्रक्रिया अंतहीन, चिरंतन और सतत परिवर्तनशील है। ज्ञान की पूर्णता संदेहों को विराम देती, तर्कों को समापन की ओर ले जाती है। ज्ञान की संपूर्णता सदैव एक लक्ष्य होती है, जैसे ही किसी एक रहस्य से परदा हटता है, दूसरा आवरण चुनौती बनकर उपस्थित हो जाता है। यह सिलसिला निरंतर बना रहता है। व्यवहार में कहा जाता है कि जहाँ ज्ञान है, वहाँ शंकाओं के लिए कोई स्थान नहीं है; पर हकीकत है कि जहाँ शंकाएँ हैं, वहीं ज्ञान की खुली आमद है। भले किसी को यह विचित्र लगे, पर सच यही है कि हमारी शंकाएँ हमारे ज्ञान के सफर को आगे बढ़ाती हैं, निरंतर बढ़ते रहने की प्रेरणा देती हैं। पीटर अबेलार्ड के शब्दों में, "संदेह हमें जाँच-पड़ताल को प्रेरित करता है और जाँच-पड़ताल हमें सत्य का रास्ता दिखा देती है।"

□

15

अपनी क्षमताओं पर ध्यान-केंद्रण

अपना ध्यान अपनी कमजोरियों के बजाय अपनी क्षमताओं पर लगाएँ। उन विषयों पर ध्यान केंद्रित करें, जहाँ आपने अपनी क्षमता का सबूत दिया है। फिर भी, आपको अपनी कमियों, कमजोरियों पर भी अंकुश लगाना चाहिए और उन्हें दूर करने की चेष्टा करनी चाहिए; किंतु इस प्रक्रिया में भी आपका ध्यान आपकी क्षमताओं पर रहना चाहिए।

अपनी बात के महत्त्व को सही परिप्रेक्ष्य में समझने की कोशिश करें। अपनी भावनाओं और व्यवहार के बारे में आपको शर्मिंदा होने की जरूरत नहीं है; लेकिन यह समझने की कोशिश अवश्य करें कि आप उग्र क्यों हो जाते हैं, आपको गुस्सा क्यों आता है, ताकि आप इन हालात से निपट सकें।

आपने जितनी भी सफलताएँ प्राप्त की हैं, छोटी या बड़ी, उनके लिए अपनी पीठ थपथपाएँ, खुद को शाबाशी दें। इससे आपका उत्साह बढ़ेगा और आप अपनी क्षमताओं को और मजबूत करने की दिशा में प्रयास कर सकेंगे। अपने अंदर किन्हीं गुणों की कमी पाकर लोग अकसर उनके बारे में हीन-भावना से भर जाते हैं। इस ग्रंथि से निकलने का तरीका यही है कि आप अपने अंदर जिन गुणों की कमी पाते हैं, उनके बारे में पछताने के बजाय अपने सकारात्मक गुणों पर पूरा ध्यान दें। आपके अपने बारे में जो कुछ पसंद है, उन सभी बातों को एक कागज पर लिख लें और उनका अधिकतम उपयोग करें। याद रखें, इस संसार में कोई भी पूर्ण नहीं है।

अपने आप से पूछें कि कैसे आप और अधिक कार्य कर सकते हैं? कार्यक्षमता आपके मस्तिष्क पर निर्भर करती है। जब आप अपने मस्तिष्क

पर जोर डालेंगे और उससे यह सवाल करेंगे कि कैसे आप और अधिक कार्य कर सकेंगे, तब आपका मस्तिष्क आपको कार्य करने के विभिन्न तरीके बताएगा, जिसके द्वारा आप काफी समय व ऊर्जा बचा सकेंगे। अपने आप से रोजाना यह सवाल करें कि कैसे आप और बेहतर तरीके से कार्य कर सकते हैं? आत्मविश्वास की कोई सीमा नहीं है।

अपने गुणों को पहचानें, उनका महत्त्व समझें, उनसे प्यार करना और उनके बारे में खुश होना सीखें, बजाय इसके कि जो योग्यताएँ आपके पास नहीं हैं, उनके बारे में सोचते रहें। अपने जज्बातों पर काबू पाना हालाँकि कठिन काम है, परंतु फिर भी जब किसी से मिलें तो अपने क्रोध, तनाव व परेशानियों को भुलाकर दिल से मुसकराते हुए मिलिए।

अपने जीवन को मुसकान और मुसकान को जीवन में परिणत कर देना ही सर्वोपरि नियम है। अपने परिवार, मित्रों, नाते-रिश्तेदारों का तदनुरूपी संगठनों की सहायता लेना उचित होगा, ताकि आप टूट न जाएँ। अपने बारे में विश्वस्त रहें। आपके चेहरे पर मुसकान हो और बात करते समय व्यक्ति की आँखों में देखें।

अपने जीवन को मुसकान और मुसकान को जीवन में परिणत कर देना ही सर्वोपरि नियम है। अपने परिवार, मित्रों, नाते-रिश्तेदारों का तदनुरूपी संगठनों की सहायता लेना उचित होगा, ताकि आप टूट न जाएँ। अपने बारे में विश्वस्त रहें। आपके चेहरे पर मुसकान हो और बात करते समय व्यक्ति की आँखों में देखें। आपको अपने बारे में निश्चयी होना चाहिए। अगर आप आश्वस्त नहीं हैं, तब भी ऐसा अभिनय करें, जैसे कि आपको पूरा भरोसा है। इससे आप तनाव-मुक्त एवं शांत दिखेंगे।

अपने मस्तिष्क को संकुचित न बनाएँ। सदैव ऐसे लोगों के साथ संबंध रखें, जिनके नए-नए विचारों तथा कार्य करने के नए तरीकों से आप लाभान्वित हों। अपने आपको सदैव विभिन्न व्यवसायों एवं सामाजिक हितों

वाले व्यक्तियों से जोड़े रखें। अपने मस्तिष्क में किसी व्यर्थ या आंशिक विचार को स्थान न दें। यह कार्य बहुत कठिन है। इसके लिए सावधानीपूर्वक अभ्यास करना होगा।

अड़ियल न बनें, अपना धैर्य न खोएँ और बहुत अधिक सोच-विचार न करें। यह सोचें कि जिन लोगों से आप भेंट करते हैं, वे सब भी आखिरकार इनसान हैं और इससे आपको काफी राहत महसूस होगी।

अपने विचारों पर नियंत्रण रखना सीखें। अपने सेंस ऑफ ह्यूमर को अच्छा बनाएँ। आपकी पहली कोशिश होनी चाहिए कि दूसरों से मजाक न करें और यदि कोई आपसे मजाक करता है, तब उसे सहने की क्षमता विकसित करें।

अपने विचारों पर नियंत्रण रखना सीखें। अपने सेंस ऑफ ह्यूमर को अच्छा बनाएँ। आपकी पहली कोशिश होनी चाहिए कि दूसरों से मजाक न करें और यदि कोई आपसे मजाक करता है, तब उसे सहने की क्षमता विकसित करें। आकर्षक दिखने के लिए आकर्षक होना भी जरूरी है, किसी की देखा-देखी व नकल में न तो उलटे-सीधे परिधान ही पहनें, न ही भड़काऊ मेकअप व ज्वैलरी का ही प्रदर्शन करें।

आत्मघाती धारणाओं से बचें

स्वयं को उन सभी धारणाओं से बाहर निकालें, जो आपको उस स्थिति में पहुँचा देती हैं, जहाँ आपका अपने ऊपर से भरोसा उठ जाता है। इस मन:स्थिति के चलते आप कोई कोशिश करने से पहले ही हार मान लेंगे। अत: आपके लिए यह अत्यंत महत्त्वपूर्ण है कि उन सभी विचारों को त्याग दें, जो आपको निरुत्साहित करते हैं। इसके बजाय दूसरी तरह से सोचें। अपने स्वाभिमान को आगे रखें। इससे आपको अच्छे परिणाम प्राप्त होंगे।

आप अपनी बात को किस तरीके से कहते हैं, इस पर भी ध्यान दें। आप अपने तमाम लक्ष्यों को वर्तमान रूप में सकारात्मक भाषा में लिखें और सदैव

अपने दिमाग में रखें। आप जो कहना चाहते हैं, एक बार उस पर मन-ही-मन विचार कर लें। आप जो कुछ पाना चाहते हैं, कब तक पाने की उम्मीद रखते हैं। उसके बदले में आप क्या देंगे और वहाँ तक पहुँचने के लिए क्या योजना अपनाएँगे, इस बारे में एक स्पष्ट संक्षिप्त विवरण लिखें। आप जो भी कहना चाहते हैं, संक्षेप में कहें।

आप असफल नहीं हैं। आपके लक्ष्य आपके द्वारा निर्धारित हों। आपके लक्ष्य सदैव स्पष्ट, विस्तृत, प्राप्ति योग्य एवं विश्वसनीय हों। आपको अपनी सोच व बोलचाल के शब्दकोश में से असंभाव्य, नहीं कार्य करेगा, यह नहीं हो सकता और इसको करने का कोई फायदा नहीं, जैसे शब्दों को बाहर निकाल फेंकना होगा।

आप असफल नहीं हैं। आपके लक्ष्य आपके द्वारा निर्धारित हों। आपके लक्ष्य सदैव स्पष्ट, विस्तृत, प्राप्ति योग्य एवं विश्वसनीय हों। आपको अपनी सोच व बोलचाल के शब्दकोश में से असंभाव्य, नहीं कार्य करेगा, यह नहीं हो सकता और इसको करने का कोई फायदा नहीं, जैसे शब्दों को बाहर निकाल फेंकना होगा।

आपको अपने मस्तिष्क को पुरातनवादी सोच से बाहर निकालकर सदैव नई सोच एवं विचारों को ग्रहण करनेवाला बनाना होगा। आप सदा नए प्रयोग करने के लिए तैयार रहें, अपने प्रत्येक कार्य में प्रगतिशील रहें। आपको वह रास्ता अपनाना होगा, जिस पर चलकर तमाम सफल व्यक्तियों ने अल्प समय में आशातीत सफलता पाई है। इसके लिए आपको एक ऐसा तरीका अपनाना होगा, जहाँ आप अपने समय को गुणात्मक कर सकें, यानी अपने सीमित समय से असीमित समय का लाभ उठा सकें।

आशावादी बनें और आशापूर्ण जीवन जिएँ।

इस बात का अभ्यास निरंतर करें कि आप लोगों से सदैव प्रश्न पूछें और उन्हें धैर्यपूर्वक सुनें। पूछने व सुनने की आदत से आपको वे जानकारियाँ मिलेंगी, जिनके द्वारा आप सदैव उचित निर्णय ले सकेंगे। याद रखें, बड़े लोग

सदैव सुनने की और छोटे लोग सदैव बोलने की आदत में माहिर होते हैं।

उन सत्य घोषणाओं, प्रतिज्ञापनों को दोहराएँ, जो आपको प्रेरित व प्रोत्साहित करते हैं।

आप नेता हैं

नेता बनें। एक नेता को पूरी तरह निष्पक्ष होना चाहिए। उसे अपनी टीम में किसी के प्रति भी व्यक्तिगत पक्षपात नहीं दिखाना चाहिए। किसी को अधिक अधिकार या किसी को कम काम देने जैसा पक्षपात नहीं करना चाहिए। टीम में सभी सदस्यों के साथ समान व्यवहार किया जाना चाहिए।

एक प्रभावी नेता को अत्यधिक समझदारी से काम लेना चाहिए और उसे हमेशा पूरे समूह की बेहतरी पर ध्यान देना चाहिए, न कि अलग-अलग सदस्यों की उन्नति पर। इसके साथ ही उसे ईमानदार और विश्वसनीय होना चाहिए तथा टीम के सदस्यों एवं अन्य लोगों को उससे मिलने में कोई असुविधा नहीं होनी चाहिए।

एक प्रभावी नेता को अत्यधिक समझदारी से काम लेना चाहिए और उसे हमेशा पूरे समूह की बेहतरी पर ध्यान देना चाहिए, न कि अलग-अलग सदस्यों की उन्नति पर। इसके साथ ही उसे ईमानदार और विश्वसनीय होना चाहिए तथा टीम के सदस्यों एवं अन्य लोगों को उससे मिलने में कोई असुविधा नहीं होनी चाहिए।

एक प्रभावी नेता को अपनी टीम के सदस्यों के लिए उदाहरण स्थापित करना चाहिए और उनके लिए एक अनुकरणीय आदर्श बनना चाहिए। अगर वह आलसी व बेईमान है और जिम्मेदारी से पल्ला झाड़ने वाला है तो वह कैसे उम्मीद कर सकता है कि दूसरे लोग कर्मठ और ईमानदार हों?

एक नेता बनने के उद्देश्य से व्यक्ति को उस काम की सारी बारीकियों एवं पेचीदगियों की जानकारी होनी चाहिए, जो कार्य उसकी टीम को करने हैं।

जब तक उसे काम के बारे में पता नहीं होगा, वह अपनी टीम को सही दिशा में नहीं ले जा सकेगा।

एक व्यक्ति को बधाई दें, दूसरे की प्रशंसा करें और तीसरे को दाद दें। याद रखें, जब आप दूसरों के बारे में भला बोलते हैं, आप अपने बारे में भी भला महसूस करते हैं। एक संपूर्ण प्रसन्नता थके हुए के लिए विश्राम का प्रतीक, हतोत्साही के लिए आशा का दीप, ठिठुरे हुए के लिए धूप की ताजगी तथा कष्ट के लिए प्रकृति का सर्वोत्तम प्रतिकार है।

एक स्नेहपूर्ण मुसकान घर में सुख, व्यापार में लाभ तथा समाज में स्वास्थ्य लाती है। यह समर्थन के लिए किया हुआ मित्रता का हस्ताक्षर है।

ऐसे क्षेत्रों में स्वयं को सक्रिय करें, जिनसे आप अनभिज्ञ हों या पूर्व परिचित न हों। बौद्धिक स्तर पर कुछ भी चुनौतीपूर्ण हो, वह मानसिक विकास में सहायक हो सकता है। ऐसे प्रेरणास्पद गानों को सुनना, जो आपके मन पर स्वस्थ प्रभाव डालते हैं। जब आप घर पर काम कर रहे हों, गाड़ी चलाते हुए दफ्तर जा रहे हों या अपने कमरे में आराम कर रहे हों, इन गानों को बजाएँ।

ऐसे क्षेत्रों में स्वयं को सक्रिय करें, जिनसे आप अनभिज्ञ हों या पूर्व परिचित न हों। बौद्धिक स्तर पर कुछ भी चुनौतीपूर्ण हो, वह मानसिक विकास में सहायक हो सकता है। ऐसे प्रेरणास्पद गानों को सुनना, जो आपके मन पर स्वस्थ प्रभाव डालते हैं।

किसी भी नेता के लिए रचनात्मक प्रतिपुष्टि में निपुण होना भी अत्यावश्यक है। उसके दल में सदस्य अगर अच्छा काम करते हैं तो उसे उनकी प्रशंसा अवश्य करनी चाहिए, ताकि उनका उत्साह बना रहे। इसी प्रकार, अगर उनसे कभी कुछ गलत हो जाए तो नेता को चाहिए कि वह उन्हें बताए कि उनसे कहाँ गलती हुई है और वे किस तरह स्थिति को सुधार सकते हैं। फिर भी, आलोचना सदैव रचनात्मक होनी चाहिए, किसी को नीचा दिखाने के लिए नहीं।

कोई भी माहौल तभी खुशनुमा रह सकता है, जब आप स्वयं खुश रहें। आपका संयमित, कुशलतापूर्ण तथा व्यवस्थित व्यवहार ही आपका असली परिचायक है। खुद को खुशी का एहसास कराने के लिए पहले प्रयास के रूप में आपको कोई पाँच शब्द लिखने होंगे, जो आपके गुणों को उत्कृष्ट रूप में व्यक्त करें। ध्यान रहे कि आपको अपने अंदर के सकारात्मक गुणों का ही उल्लेख करना है, जैसे कि आरामपसंद, परिश्रमी, मैत्रीपूर्ण आदि।

कोई वार्त्तालाप आरंभ करने का सबसे अच्छा तरीका है—अच्छी तरह अभ्यास करना। शीशे के सामने अभ्यास करना अच्छा है। कोई वार्त्तालाप आरंभ करने के लिए आपको पता होना चाहिए कि आपके आसपास क्या हो रहा है। सामयिक विषयों की अद्यतन जानकारी रखने से आप बहुत से विषयों पर बात कर सकते हैं और चर्चा में ज्ञानपूर्वक भाग ले सकते हैं।

कोई वार्त्तालाप आरंभ करने का सबसे अच्छा तरीका है—अच्छी तरह अभ्यास करना। शीशे के सामने अभ्यास करना अच्छा है। कोई वार्त्तालाप आरंभ करने के लिए आपको पता होना चाहिए कि आपके आसपास क्या हो रहा है। सामयिक विषयों की अद्यतन जानकारी रखने से आप बहुत से विषयों पर बात कर सकते हैं और चर्चा में ज्ञानपूर्वक भाग ले सकते हैं।

याद रखें कि जिस व्यक्ति से आप पहली बार मिल रहे हैं, वह भी शिष्टता दिखाने में भूल कर सकता है। उसे संदेह का लाभ दें और अगर वह शिष्टतापूर्ण व्यवहार में आपकी अपेक्षा पर खरा न उतरे, तब भी उसकी भूल को नजरअंदाज करते हुए उसे कुछ समय दें। हो सकता है कि वही व्यक्ति आगे चलकर आपका सबसे अच्छा मित्र साबित हो।

खुद की तुलना कभी किसी दूसरे से न करें। हमेशा याद रखें, इस संसार में कोई भी दो व्यक्ति एक जैसे नहीं हैं। आप बाकी लोगों से एक भिन्न अनुभव एवं प्रतिभा के साथ बड़े हुए हैं और आपको अपने व्यक्तित्व पर गर्व होना चाहिए। जहाँ तक संभव हो, खुशमिजाज रहने का प्रयत्न करें। यह

नजरिया आपको और भी आकर्षक बनाएगा। झरने के पानी की तरह मनुष्य भी बदलता है। मनुष्य हमेशा अपने स्वभाव के अनुरूप वही नहीं रहता, बल्कि वह बदलता है। यही सनातन नियम है।

मनुष्य जिस परिस्थिति में है, उसी को अनुकूल बना सकता है, उसी स्थिति में अपना सर्वश्रेष्ठ योगदान देकर नाम व दाम अर्जित कर सकता है। यही करना चाहिए। देश और दुनिया को बदलनेवाले महान् नेताओं ने यही किया है। तोल-मोल के बोल, अर्थात् शब्दों को मुँह से इस प्रकार निकालना चाहिए, जो सीधे हृदय पर छाप छोड़ें। स्पष्ट एवं मधुर वाणी सफलता के लिए उत्तम गुण है, जिसके सहारे मनुष्य अपनी बाधाओं को आसानी से जीत सकता है।

श्रेय उस व्यक्ति को मिलता है, जो वस्तुतः संघर्ष में कूदता है, जिसका चेहरा धूल-पसीने तथा रक्त से धूसरित हो जाता है। जो बहादुरी से लड़ता हैं, जो बार-बार गलतियाँ करता है और बार-बार चूकता है, जो उत्साह का आनंद लेता है और एक उचित ध्येय के लिए प्रयास में जुटा रहता है। जो जानता है कि यदि ठीक रहा तो उसे उपलब्धि की अपूर्व सफलता हासिल होगी और अगर नाकाम हो गया तो उसकी हार इस बात का प्रतीक होगी कि हाथ-पर-हाथ रख बैठने से उसने जूझना मुनासिब समझा। उसका चेहरा उन भीरु व्यक्तियों जैसा भी नहीं दिखेगा, जो न हार जानते हैं और न जीत।

श्रेय उस व्यक्ति को मिलता है, जो वस्तुतः संघर्ष में कूदता है, जिसका चेहरा धूल-पसीने तथा रक्त से धूसरित हो जाता है। जो बहादुरी से लड़ता है, जो बार-बार गलतियाँ करता है और बार-बार चूकता है, जो उत्साह का आनंद लेता है और एक उचित ध्येय के लिए प्रयास में जुटा रहता है।

थॉमस अल्वा एडिसन से एक बार एक महिला अपने बेटे को मिलवाने के लिए ले गई। महिला ने एडिसन से कहा कि मेरे बेटे को सफल होने का कोई नुस्खा बताइए। तब एडिसन का जवाब था—जब तक काम पूरा न हो

जाए, तब तक घड़ी की तरफ मत देखो।

दरअसल, काम सबके पास होता है। समय भी होता है, पर प्रबंधन सही नहीं होने से एक काम से दबा रहता है, दूसरा निपटाकर मस्त रहता है। महान् गुरुओं ने कहा है कि किसी के इंतजार में समय बरबाद नहीं करना चाहिए। समय ही सोना है, इसे खोकर तो रोना-ही-रोना है।

क्षमा बड़न को चाहिए

क्षमा माँगना और क्षमा करना—दोनों ही विशिष्ट गुण हैं, जो हमें सफल लोगों की श्रेणी में शामिल करने में सहायक होते हैं। इनसान होने के नाते हमें दूसरों को माफ करने की कला भी आनी चाहिए। कभी एकांत में बैठकर ठंडे दिमाग से विचार कीजिए और अपने अतीत में झाँककर देखिए। यदि आपका नजरिया स्वस्थ और ईमानदारीपूर्ण है तो आपको लगेगा कि आपने कितनी बार अपने दोस्तों का दिल दुखाया है, निर्णय लेने में असावधानी बरती है तथा औरों के लिए कड़वे बोल बोले हैं। आगे निकलने की होड़ में आपने अपनों से ही दगाबाजी की है।

क्षमा माँगना और क्षमा करना—दोनों ही विशिष्ट गुण हैं, जो हमें सफल लोगों की श्रेणी में शामिल करने में सहायक होते हैं। इनसान होने के नाते हमें दूसरों को माफ करने की कला भी आनी चाहिए। कभी एकांत में बैठकर ठंडे दिमाग से विचार कीजिए और अपने अतीत में झाँककर देखिए।

दरअसल, जब हम मानसिक स्तर पर कई भागों में बँट जाते हैं, तब स्वाभाविक रूप से हमारी शक्ति विकेंद्रित हो जाती है। इसका परिणाम यह होता है कि कई दिशाओं में शक्ति बँट जाने से उसके परिणाम भी बँटे हुए रूप से मिलते हैं। इसलिए जिस भी कार्य को हम करें, उसमें अपनी शत-प्रतिशत शक्ति इस्तेमाल करने का हुनर हमें आना चाहिए।

दरअसल, जीवन में हमें कृतज्ञता का भाव विकसित करना चाहिए। हमें

संसार के समस्त प्राणियों के प्रति ऋणी होना चाहिए, जिन्होंने किसी-न-किसी रूप में हमारे विकास और पोषण में अपनी भूमिका का निर्वाह किया है। हमें यह नहीं भूलना चाहिए कि ऐसी कोई समस्या नहीं है, जिसका समाधान न हो। हर रात के बाद सुबह होती है।

बहुत बार हम अपने प्रयासों में इसलिए कामयाब नहीं हो पाते कि हम अपनी मंजिल की रुकावटों के बारे में सटीक अंदाजा नहीं लगा पाते। जीवन के रजत पथ पर बिछी शानदार उपलब्धियाँ तथा श्रेय हमारे प्रयासों तथा असफलता की स्वाभाविक पगडंडियों पर उगे ऐसे छायादार वृक्ष हैं, जिनके नीचे बैठकर हम आगे की यात्रा के लिए शक्ति और सामर्थ्य जुटाते हैं।

बहुत बार हम अपने प्रयासों में इसलिए कामयाब नहीं हो पाते कि हम अपनी मंजिल की रुकावटों के बारे में सटीक अंदाजा नहीं लगा पाते। जीवन के रजत पथ पर बिछी शानदार उपलब्धियाँ तथा श्रेय हमारे प्रयासों तथा असफलता की स्वाभाविक पगडंडियों पर उगे ऐसे छायादार वृक्ष हैं, जिनके नीचे बैठकर हम आगे की यात्रा के लिए शक्ति और सामर्थ्य जुटाते हैं। बहुत बार ऐसा होता है कि हमारी साहसिक गलतियाँ ही हमारी सफलता की सीढ़ियों में परिवर्तित हो जाती हैं। पराजय हमारी असफलता का कारण नहीं है, बल्कि पराजय में जो सीख, शिक्षा और अनुभव छिपा है, उसे न पहचान पाना ही हमें असफल बनाता है। हमें चाहिए कि हम स्वीकारना सीखें और अपनी गलतियों एवं उपलब्धियों के साथ अपनी कोशिशों को भी ईमानदारी के साथ देखें। अपने प्रयासों में पूर्णता तथा इरादों में पवित्रता लेकर कार्य करनेवाले लोग एक हजार बार हारकर भी अंततः जीत जाते हैं। अपनी मौलिकता को बचाए रखकर काम करनेवाले व्यक्ति की जीत सुनिश्चित है।

□

16

दृष्टिकोण और मानसिकता

सफलता या असफलता के पीछे हमारे दृष्टिकोण व मानसिकता की बहुत बड़ी भूमिका होती है। हम बुरी-से-बुरी चीज को अच्छे नजरिए से देख सकते हैं, जबकि अच्छी-से-अच्छी चीज को हमारी सोच क्षण भर में बुरा बना देती है। असफलता से सबक लेकर आगे बढ़ने की नीति को एक हथियार के रूप में ग्रहण करनेवाले व्यक्ति निश्चित रूप से सफलता की ऊँचाइयों को छूते हैं।

दरअसल, हमारी जिंदगी का मकसद सिर्फ धन कमाना नहीं है। यदि धनवान् ही सबसे सुखी हो तो मंदिरों में बैठकर शांति पाने के उपाय खोजनेवाले लोग कौन हैं? विभिन्न धार्मिक संस्थाओं को लाखों-करोड़ों रुपए गुप्तदान में देनेवाले व्यक्ति निर्धन नहीं हो सकते। मखमल के बिस्तरों पर नींद की गोलियाँ खाने के बाद भी जिन्हें नींद नहीं आती, उनकी तिजोरियाँ नोटों से भरी पड़ी हैं।

दीपावली का पावन पर्व अमावस्या की स्याह अँधेरी रात में ही मनाया जाता है, जो हमें इस बात की प्रेरणा देता है कि निराशा भरी अँधेरी रात में आशाओं के दीप जलाकर ही हम प्रकाश के आगमन का पथ प्रशस्त कर सकते हैं।

दृढ़ इच्छा-शक्तिवाले मनुष्य के मार्ग में उसकी रुकावट के लिए यदि बड़े-बड़े पत्थर डाल भी दिए जाएँ तो भी उसकी प्रगति नहीं रुक सकती। वह उन्हें रुकावटें समझेगा ही नहीं, बल्कि उन्हें अपने मार्ग में अच्छे ढंग से जमाकर उन्हें अपनी सड़क या सीढ़ी बना लेगा, जिससे उसकी यात्रा और भी सरल हो जाएगी। ऐसे मनुष्य का यदि धन छीन लिया जाए तो वह पुनः धन

कमाने के लिए अधिक परिश्रम करने लगेगा।

दृढ़तापूर्वक आज्ञा दें कि स्वभाव, विचार, संकल्प, बुद्धि, कामनाएँ—सब आपकी आज्ञा मानें। संतोष और धैर्य धारण करें। कार्य कठिन है, पर इसके द्वारा जो पुरस्कार मिलता है, उसका लाभ बहुत है। अध्ययन करो, मनन करो, आशा करो, साहस करो और सावधानी तथा गंभीरता के साथ इस तप-मार्ग की ओर चल पड़ो। दृढ़तापूर्वक जमे रहने से शक्ति का विकास होता है। दृढ़ता पुरुष के समस्त गुणों की रानी है। दृढ़ता सफलता का एक अभिन्न अंग है। हमारा दृढ़ निश्चय छूने का ऐसा फर्श है, जिस पर आपत्ति की बौछारें उसे और भी अधिक मजबूती प्रदान करती हैं।

दो तिनके एक नदी में गिर गए। दोनों एक ही हवा के झोंके से उड़कर एक ही साथ नदी तक आ पहुँचे थे। दोनों की परिस्थितियाँ समान थीं, परंतु दोनों की मानसिक स्थिति एक जैसी नहीं थी। एक पानी में सुखपूर्वक बह रहा था—तैरने का आनंद लेते हुए तो दूसरे को किनारे पर पहुँचने की जल्दी थी। वह बड़े प्रयास करता, पूरी ताकत लगाता; परंतु नदी के शक्तिशाली बहाव के आगे बेचारे तिनके की औकात ही क्या थी! उसके सारे प्रयास व्यर्थ होते रहे। बहता तो वह उसी दिशा में रहा, जिस दिशा में नदी बह रही थी, परंतु पहले तिनके की तरह सुखपूर्वक नहीं, बल्कि दुःखी मन से।

दो तिनके एक नदी में गिर गए। दोनों एक ही हवा के झोंके से उड़कर एक ही साथ नदी तक आ पहुँचे थे। दोनों की परिस्थितियाँ समान थीं, परंतु दोनों की मानसिक स्थिति एक जैसी नहीं थी। एक पानी में सुखपूर्वक बह रहा था—तैरने का आनंद लेते हुए तो दूसरे को किनारे पर पहुँचने की जल्दी थी।

धीमे बोलें। आप आहिस्ता से बोलते हैं तो ऐसा प्रतीत होता है कि स्थिति पर आपका नियंत्रण है और आप में आत्मविश्वास नजर आता है।

धैर्य मनुष्य का वह आभूषण है, जो विषम परिस्थितियों में उत्पन्न

कठिनाइयों को टाल सकता है; वहीं दूसरी ओर, कठिन कार्यों को भी आसान कर सकता है। आज लोगों में सबसे अधिक कमी धैर्य की ही है। छोटा हो या बड़ा, बस, भागम-भाग, भागम-भाग। एक छोटी सी बात पर झगड़ा आरंभ हो जाता है और फिर देखते-ही-देखते विकराल रूप धारण कर लेता है।

दूसरों की बात ध्यान से सुनें। अधिकतर लोग यह चाहते हैं कि उनकी बात सुनी जाए और जो उनकी बात पर ध्यान देता है, उनका चहेता बन जाता है। अपने बारे में लंबी-चौड़ी हाँकने, आत्म-प्रशंसा के लालच से बचें और दूसरे व्यक्ति को बोलने दें। इसका अर्थ यह कतई नहीं कि आप सारे समय चुप रहें। सवाल पूछें, दूसरे व्यक्ति में दिलचस्पी दिखाएँ और बातचीत में शामिल हों।

दूसरों की बात ध्यान से सुनें। अधिकतर लोग यह चाहते हैं कि उनकी बात सुनी जाए और जो उनकी बात पर ध्यान देता है, उनका चहेता बन जाता है। अपने बारे में लंबी-चौड़ी हाँकने, आत्म-प्रशंसा के लालच से बचें और दूसरे व्यक्ति को बोलने दें। इसका अर्थ यह कतई नहीं कि आप सारे समय चुप रहें। सवाल पूछें, दूसरे व्यक्ति में दिलचस्पी दिखाएँ और बातचीत में शामिल हों।

ध्यान की एकाग्रता

ध्यान की एकाग्रता का अर्थ है—किसी भी विषय पर एकाग्रचित्त होकर विचार करना, अर्थात् एक समय में एक ही विषय-वस्तु पर ध्यान देना। जिस समय आप देख या सुन रहे होते हैं, उस समय केवल एक वस्तु पर ध्यान दीजिए। अन्य बातों को अपने ध्यान से हटा दीजिए। उस समय अपने मस्तिष्क में आ रहे विचारों को भटकने मत दीजिए। उदाहरण के लिए, जिस समय आप टेलीविजन देख रहे हैं तो पढ़ने-लिखने का कार्य न करें, क्योंकि ऐसा करने से न ही आप अच्छी तरह से लिख-पढ़ सकेंगे और न ही टी.वी. के कार्यक्रम आपकी समझ में आएँगे। अतः ध्यान को एकाग्रचित्त कीजिए।

ध्यान केंद्रित करने के अनेक उपयोग और लाभ हैं। यह क्षमता अध्ययन

में सहायक होती है और हमारी समझ तीव्र होती है। याददाश्त बढ़ती है और हमारे लिए किसी भी कार्य, नौकरी, गतिविधि या लक्ष्य पर ध्यान लगाना आसान हो जाता है और तब आप लक्ष्य अधिक आसानी एवं कुशलता से हासिल कर सकते हैं। मानसिक शक्तियों का विकास करने के लिए भी यह क्षमता आवश्यक है। यह रचनात्मक कल्पना का उपयोग करने के लिए एक शक्तिशाली साधन है। यह क्षमता विकसित हो जाने पर हमारा मन हमारी बात मानने के लिए अधिक तत्पर रहता है और निरर्थक व नकारात्मक विचारों या चिंताओं में संलग्न नहीं होता है। हमें मानसिक आधिपत्य प्राप्त होता है और हम मन की सच्ची शांति का अनुभव करते हैं।

अनुशासन के बिना सच्ची प्रगति संभव नहीं है। यह याद रखना जरूरी है कि जीवन में जो सफलता या शक्ति हासिल होती है, कठोर अनुशासन के फलस्वरूप ही मिलती है। कोई भी व्यक्ति अपने किसी व्यक्ति का अहित करना नहीं चाहता; लेकिन हर व्यक्ति की अपनी एक सामर्थ्य होती है। उसी के अनुसार वह कार्य कर सकता है। जीवन में कई बार हम सिर्फ इसलिए अपना व्यवहार खराब कर लेते हैं कि हम दूसरों से अत्यधिक अपेक्षा रखकर चल रहे होते हैं। यह भी याद रखिए कि जो आपका अपना है, वह अपनी शक्ति और सामर्थ्य से भी आगे जाकर सदैव आपकी मदद करेगा और जिसकी आपके प्रति अच्छी भावना नहीं है, वह आपके लिए मामूली-सा कार्य करके भी खुश नहीं होगा। फिर, इस तरह की स्थिति में दूसरे व्यक्तियों के साथ अत्यधिक अपेक्षाएँ पालना स्वयं की सोच को खराब करना है।

अनुशासन के बिना सच्ची प्रगति संभव नहीं है। यह याद रखना जरूरी है कि जीवन में जो सफलता या शक्ति हासिल होती है, कठोर अनुशासन के फलस्वरूप ही मिलती है। कोई भी व्यक्ति अपने किसी व्यक्ति का अहित करना नहीं चाहता; लेकिन हर व्यक्ति की अपनी एक सामर्थ्य होती है। उसी के अनुसार वह कार्य कर सकता है।

ध्यान रखिए, जितने अधिक परिश्रम व शक्ति के साथ कोई कार्य किया जाएगा, उसके सफल होने के अवसर भी उतने ही गुना बढ़ जाएँगे। मनुष्य का मूल्य उन चीजों से नहीं लगता, जो उसके पास हैं; बल्कि उस हस्ती से लगता है, जो वह खुद है।

न हमें हर चीज को अपनी पूर्वग्रह-युक्त दृष्टि से देखना चाहिए और न ही सदैव न्यायाधीश का चोला पहने रहना चाहिए। हमें स्वयं से भी पूछना चाहिए कि हमने क्या किया या नहीं किया, जिसके कारण यह घटना हुई या यह उक्ति सुनने को मिली। जीवन में घटनेवाली हर घटना में हममें से हर एक की जिम्मेदारी होती है, जो नकारी नहीं जा सकती। हमें किसी भी घटना में अपनी भूमिका को संज्ञान में लेने से बचना नहीं चाहिए। जो भी हम करते या कहते हैं, उसके बारे में हमें पूरी तरह सचेत रहना चाहिए कि हमने क्या किया या कहा या क्या दूसरे के पास है और हमारे पास नहीं है, जिसके कारण यह घटना या कोई घटना घटी या कांड हुआ।

न हमें हर चीज को अपनी पूर्वग्रह-युक्त दृष्टि से देखना चाहिए और न ही सदैव न्यायाधीश का चोला पहने रहना चाहिए। हमें स्वयं से भी पूछना चाहिए कि हमने क्या किया या नहीं किया, जिसके कारण यह घटना हुई या यह उक्ति सुनने को मिली। जीवन में घटनेवाली हर घटना में हममें से हर एक की जिम्मेदारी होती है, जो नकारी नहीं जा सकती।

हमारी सफलता के मार्ग में अवरोध बनकर जो बाधाएँ प्रकट होती हैं, उन्हें अपनी समझ-बूझ द्वारा हटाया जाना संभव है। नकारात्मक मानसिकता कहती है कि तुम्हें सफलता नहीं मिल सकती। सकारात्मक मानसिकता कहती है कि आप सफलता पा सकते हैं। नकारात्मक विचारों को बहिष्कृत करने का अर्थ न केवल ऐसे लक्ष्य निर्धारित करना है, जिन्हें प्राप्त किया जा सके, बल्कि एक आत्म-नियंत्रित ढंग से उनको पूरा करने की दिशा में कदम बढ़ाना भी है। ऐसा करने से आपका ध्यान उस कार्य पर लगा रहेगा, जो आपको पूरा करना

है। आपको पता होना चाहिए कि क्या करना है और क्या नहीं करना है। सही तरीके से सही काम करें।

नकारात्मक सोच तनाव व थकान के कारण पैदा होती है। तनाव हमारी सोच को काफी हद तक प्रभावित करता है। कई बार मन में आनेवाले नकारात्मक विचार हमें कुछ इस तरह घेर लेते हैं, जिससे कि हमारी सोच ही नकारात्मक होती जाती है और जीवन में सिर्फ निराशा ही दिखती है। नकारात्मक विचार मन में जितने अधिक होंगे, अवसाद की समस्या भी उतनी बढ़ती जाएगी। ऐसे में उन्हें खुद से दूर रखने का हर संभव प्रयास करना जरूरी होता है। अगर आप भी अकसर ऐसे नकारात्मक भावों से घिरे रहते हों तो अपने भीतर छोटे-छोटे बदलाव करें और खुद को सकारात्मक दिशा में ले जाएँ।

नकारात्मक सोच मनुष्य को लोगों से दूर करती है। वह उसे काम से दूर ले जाती है, उलझनों को बढ़ाती है; क्योंकि इस सोच के कारण लोग न तो उस पर विश्वास करते हैं और न ही उसके साथ उठना-बैठना पसंद करते हैं। इस प्रकार, वह अपने कार्यों को आसानी से नहीं कर पाता, अर्थात् उसकी सफलता उससे दूर होती जाती है और तनाव, चिंता आदि जैसे दुर्गुण उसे घेर लेते हैं। वह चिड़चिड़ा होकर लोगों से लड़ता-झगड़ता रहता है।

नकारात्मक सोच मनुष्य को लोगों से दूर करती है। वह उसे काम से दूर ले जाती है, उलझनों को बढ़ाती है; क्योंकि इस सोच के कारण लोग न तो उस पर विश्वास करते हैं और न ही उसके साथ उठना-बैठना पसंद करते हैं। इस प्रकार, वह अपने कार्यों को आसानी से नहीं कर पाता, अर्थात् उसकी सफलता उससे दूर होती जाती है और तनाव, चिंता आदि जैसे दुर्गुण उसे घेर लेते हैं।

नदी की निर्बाध धारा विशालतम पाषाण खंडों को रौंदती, कुचलती, टकराती, पृथ्वी की गोद में अठखेलियाँ करती, झाड़-झंखाड़ को मार्ग से दूर हटाती आगे बढ़ती जाती है। यही सिद्धांत मानव जीवन पर भी लागू होता है।

जो व्यक्ति नित्य गति के मंत्र को पहचान लेता है, वही सच्चे अर्थों में जीवन का आनंद प्राप्त करता है।

नदी की शुरुआत जहाँ से होती है, वहाँ वह बेहद सँकरी और छोटी होती है। जैसे-जैसे वह आगे बढ़ती है, चौड़ी होकर बड़ी नदी में बदलने लगती है। हमारे जीवन में किसी बड़े काम की शुरुआत भी इसी प्रकार होती है। जिस तरह नदी का पानी हमेशा आगे ही बढ़ता रहता है, ठीक उसी प्रकार यदि कोई व्यक्ति अपने जीवन में निरंतर परिश्रम करते हुए आगे बढ़े तो सफलता जरूर मिलती है।

पौधे के सूखने या नष्ट होने की संभावना तभी होती है, जब भूमि की उर्वरता कम हो जाती है या मौसम एकदम प्रतिकूल हो जाता है। ऐसे में पौधे को धूप या पानी ठीक से नहीं मिलता है। इसी प्रकार, जब किसी व्यक्ति के विचार निष्क्रियता से बोझिल हो जाते हैं, कर्म-शक्ति कम हो जाती है, उत्साह और उल्लास मंद पड़ जाते हैं, साहस और आत्मविश्वास का अभाव हो जाता है, तब उसका व्यक्तित्व एकदम नकारा तथा प्रभावहीन हो जाता है।

पौधे के सूखने या नष्ट होने की संभावना तभी होती है, जब भूमि की उर्वरता कम हो जाती है या मौसम एकदम प्रतिकूल हो जाता है। ऐसे में पौधे को धूप या पानी ठीक से नहीं मिलता है। इसी प्रकार, जब किसी व्यक्ति के विचार निष्क्रियता से बोझिल हो जाते हैं, कर्म-शक्ति कम हो जाती है, उत्साह और उल्लास मंद पड़ जाते हैं, साहस और आत्मविश्वास का अभाव हो जाता है, तब उसका व्यक्तित्व एकदम नकारा तथा प्रभावहीन हो जाता है। यदि हमारी चित्तवृत्ति शुद्ध और सत्य मार्ग का अवलंबन करती है तो हम पर दूसरों के गलत विचारों का कुछ भी प्रभाव नहीं होगा।

प्रकृति एक ग्रंथ है, जिसका रचयिता ईश्वर है और मनुष्य इसका एक अध्याय है। प्रकृति का समय ही इस संसार का निर्माता है। हमें उसकी कद्र करनी ही चाहिए। प्रकृति की शक्तियाँ, जो अत्यंत महत्त्वपूर्ण हैं, अत्यंत शांत

होती हैं। बादलों की गर्जना, बिजली की ऊर्जा और चमक, समुद्र का तेज बहाव बहुत भीषण प्रतीत होता है। प्रकृति के साथ दोस्ताना व्यवहार कीजिए, प्राकृतिक चीजों से घुल-मिल जाइए, सूर्योदय के समय पक्षियों के मधुरिम कलरव का आनंद लीजिए और सूर्यास्त के समय डूबते हुए सूर्य की लालिमा को निहारिए।

प्रकृति सभी के लिए एक समान दृष्टिकोण रखती है। सूर्य कभी नहीं कहता कि तुम झूठे हो, मैं तुम्हें प्रकाश नहीं दूँगा। हवा नहीं सोचती कि मैं बुरे व्यक्ति को ऑक्सीजन क्यों दूँ। गंगा की जलधारा प्यासे से उसका किरदार नहीं पूछती। ये सब देते हैं—बिना कुछ पाने की उम्मीद से। हम इन तत्त्वों से बने हैं, फिर भी कृतघ्न क्यों हो जाते हैं?

प्रकृति सभी के लिए एक समान दृष्टिकोण रखती है। सूर्य कभी नहीं कहता कि तुम झूठे हो, मैं तुम्हें प्रकाश नहीं दूँगा। हवा नहीं सोचती कि मैं बुरे व्यक्ति को ऑक्सीजन क्यों दूँ। गंगा की जलधारा प्यासे से उसका किरदार नहीं पूछती। ये सब देते हैं—बिना कुछ पाने की उम्मीद से। हम इन तत्त्वों से बने हैं, फिर भी कृतघ्न क्यों हो जाते हैं?

प्रकृति से निकटता का अभिप्राय है कि आप प्रकृति के नियमों का पालन करें, उसके द्वारा निश्चित किए गए समय के अनुसार अपनी दिनचर्या निर्धारित करें। मोटे तौर पर इसे इस तरह भी समझा जा सकता है कि कृत्रिमता या बनावटीपन हमारे जीवन को खोखला और कमजोर करता है; जबकि जितना हम प्रकृति के निकट रहते हैं, उतना ही हमारा जीवन अधिक सौम्य और सहज रहता है। यही सौम्यता और सहजता हमें हमारे कार्य और जीवन को नियंत्रित करने की शक्ति और ऊर्जा प्रदान करती है। हम अपने समय को अपने अनुसार निर्धारित कर सकने में सफल रहते हैं और जिन लक्ष्यों को हमने अपने जीवन का ध्येय बनाया है, उन्हें पाने में हमें सफलता मिलती है।

□

17

मन की भावनाओं का प्रकटन

प्रत्येक व्यक्ति—प्रत्येक दूसरे व्यक्ति के प्रति—प्रत्येक वस्तु के लिए उत्तरदायी है। हम बड़े होकर सभ्य नागरिक बनें, इसके लिए हमें बचपन से अनुशासित रहने की आवश्यकता है। सामाजिक जीवन के छोटे-मोटे कर्तव्यों में हमारा सबसे महत्त्वपूर्ण कर्तव्य यह है कि जो प्रशंसा का पात्र नहीं, उसकी प्रशंसा न करें; परंतु यह और भी महत्त्वपूर्ण है कि जो वास्तव में प्रशंसनीय है, उनके प्रति हम स्पष्ट तौर पर अपने विचार व्यक्त करें।

प्रतिकूल व्यवस्था को अनुकूल बनाने के लिए ज्ञान और विवेक की आवश्यकता है। राह में काँटे पड़े हुए हों तो विवेक यह कहता है कि उनको हटा दो, जला दो या जमीन में गाड़ दो; उन काँटों पर पाँव से या अन्य अंग से खून मत बहाओ। प्रतिकूलता का अभाव हुए बिना उसका स्थान अनुकूलता ग्रहण नहीं कर सकती। जब तक अनुकूलता उत्पन्न न होगी, तब तक मार्ग में आगे बढ़ना नहीं हो सकता। प्रतिकूलता अनुकूलता में तभी परिवर्तित हो सकती है, जब विवेक और ज्ञान से कार्य किए जाएँ। अंधे होकर भागने से मार्ग नहीं तय हो सकता। विवेक और ज्ञान के साथ उद्यम करने से मार्ग में पहाड़ भी हो तो वह हटाया जा सकता है या उसके ऊपर मार्ग बनाया जा सकता है; परंतु उस पर्वत से सिर फोड़ने से कोई लाभ नहीं हो सकता, जहाँ मार्ग नहीं बन सकता।

प्रतिकूल सामाजिक परिस्थितियों में भी जन्म लेनेवाले अनेक लोगों ने अपनी सोच और अपने कार्य से न सिर्फ अपने खानदान का नाम रोशन किया, बल्कि देश एवं समाज के लिए भी उन्होंने अपना महत्त्वपूर्ण योगदान

दिया। महात्मा ज्योतिबा फुले, महर्षि वाल्मीकि, डॉ. भीमराव अंबेडकर आदि ने अपनी सोच और कार्य के बल पर अपनी सामाजिक परिस्थितियों को बदलकर देश के उत्थान में अपना महत्त्वपूर्ण योगदान दिया।

प्रतिदिन के छोटे, परंतु अच्छे कार्यों से ही जीवन में उन्नति व सफलता मिलती है और छोटे-छोटे बुरे कार्यों से अपकीर्ति और अवनति हो जाती है। प्राय: छोटी-छोटी बातें और छोटी-छोटी वस्तुएँ व्यक्ति के हाथ से बड़ी बन जाती हैं। आप छोटी-छोटी बातों का ध्यान रखिए, बड़ी बातें अपना ध्यान खुद रख लेंगी।

प्रत्येक प्रगतिशील मनुष्य को अपने मानसिक, सामाजिक एवं नैतिक गुणों के विकास के प्रति गंभीर रहना चाहिए। अपनी रचनात्मकता को धार देने के लिए हमें प्रयासों को गति देने में परहेज नहीं करना चाहिए। पुस्तकों एवं यात्राओं पर पैसा खर्च करना फिजूल खर्च नहीं। यह तो एक तरह का सुरक्षित निवेश है, जो आपके जीवन को अधिक कारगर व सफल बनाने में महत्त्वपूर्ण साबित होगा।

प्रतिदिन के छोटे, परंतु अच्छे कार्यों से ही जीवन में उन्नति व सफलता मिलती है और छोटे-छोटे बुरे कार्यों से अपकीर्ति और अवनति हो जाती है। प्राय: छोटी-छोटी बातें और छोटी-छोटी वस्तुएँ व्यक्ति के हाथ से बड़ी बन जाती हैं। आप छोटी-छोटी बातों का ध्यान रखिए, बड़ी बातें अपना ध्यान खुद रख लेंगी।

मनुष्य अपने अवसर और उद्यम के अनुसार जैसा चाहता है, अपने आपको वैसा बना सकता है। वर्षों पहले एक युवक, जो मशीन का कार्य किया करता था, नदी में नहाने के लिए उतरा। तैरते-तैरते वह एक किनारे से दूसरे किनारे पर जा पहुँचा। उस हिस्से को उसने कभी देखा नहीं था। नदी का वह किनारा उसे बहुत मनोरम प्रतीत हुआ। उस समय वहाँ एक खाली मैदान था। उस रमणीय स्थान को देखते ही उसने यह दृढ़ विचार किया कि वह उस स्थान पर एक सुंदर कोठी का निर्माण कराएगा, जो उसकी पत्नी के नाम पर

होगी। कई वर्ष बीतने के बाद उसने अपने विचार को कार्यरूप में परिणत कर दिखाया। वहाँ पर बाग भी बन गया और एक अच्छा महल भी। लोग उसके मेहमान बनकर वहाँ आने लगे। वह बाग और मकान उस स्थान पर बनाने से पहले उसका नक्शा उस युवक के मन-मस्तिष्क पर बन चुका था। अत: एक दिन वे स्थूल रूप में भी निर्मित हो गए।

प्रबल इच्छा

प्रबल इच्छा का तात्पर्य उस दृढ़ निश्चय से है, जो हमें अपने किसी लक्ष्य या सपने की खातिर करना होता है। यह लक्ष्य शक्ति, पद, धन या ऐसी ही अन्य कोई वस्तु हो सकती है। कुछ बड़ा पाने या करने के लिए महत्त्वाकांक्षा अनिवार्य है। जीवन में कुछ बड़ा करने का दृढ़ निश्चय। एक स्कूली छात्र ने सॉफ्टवेयर कंपनी शुरू की—माइक्रोसॉफ्ट। इसी बीच उस छात्र ने हार्वर्ड विश्वविद्यालय में प्रवेश लिया। जब वह अपने स्नातक पाठ्यक्रम के द्वितीय वर्ष में था, कंपनी ने बहुत बड़ा लाभ कमाना शुरू किया। उसका सपना था कि वह अरबपति बने। उसने अपनी पढ़ाई छोड़ दी, क्योंकि कंपनी का काम बढ़ गया था। उसने अपने लक्ष्य को पहचाना और अपने जीवन के महत्त्वाकांक्षी कार्य को बीस वर्षों में पूरा कर लिया। उसकी प्रतिदिन की आय वर्ष 1998 में 800 करोड़ रुपए थी। आज वह इस धरती का सबसे धनी व्यक्ति है। कौन है वह महान् व्यक्ति? वह हैं—बिल गेट्स।

प्रबल इच्छा का तात्पर्य उस दृढ़ निश्चय से है, जो हमें अपने किसी लक्ष्य या सपने की खातिर करना होता है। यह लक्ष्य शक्ति, पद, धन या ऐसी ही अन्य कोई वस्तु हो सकती है। कुछ बड़ा पाने या करने के लिए महत्त्वाकांक्षा अनिवार्य है। जीवन में कुछ बड़ा करने का दृढ़ निश्चय। एक स्कूली छात्र ने सॉफ्टवेयर कंपनी शुरू की—माइक्रोसॉफ्ट। इसी बीच उस छात्र ने हार्वर्ड विश्वविद्यालय में प्रवेश लिया।

प्रमुख दार्शनिक व विचारक सुकरात कहा करते थे कि विभिन्न व्यक्तियों के व्यक्तित्व में कुछेक समानताएँ हो सकती हैं, परंतु किन्हीं दो व्यक्तियों का व्यक्तित्व बिल्कुल एक जैसा नहीं हो सकता।

प्रशंसा और प्रसन्नता

सच्ची प्रशंसा सुनकर कौन खुश नहीं होता! यह दवा हमेशा अपना असर दिखाती है। थोड़ा सा भी प्रयास करने पर आपको हर व्यक्ति में कुछ-न-कुछ प्रशंसा करने योग्य मिल जाएगा। अगर आप स्वभाव से ही ऐसे हैं कि किसी की बड़ाई करना आपको पसंद नहीं तो आपको कुछ अधिक प्रयास करना होगा और अपनी स्वाभाविक प्रवृत्तियों से लड़ना होगा। प्रशंसा करने में हमेशा शीघ्रता कीजिए और बुराई करने में विलंब। इससे आपके व्यक्तिगत जीवन, परिवार तथा कार्यस्थल पर जो परिवर्तन होंगे, उन्हें देखकर आप चकित रह जाएँगे। प्रसन्नता-युक्त जीवन की तरफ आपकी ओर से बढ़ाया गया यह पहला कारगर कदम होगा।

सच्ची प्रशंसा सुनकर कौन खुश नहीं होता! यह दवा हमेशा अपना असर दिखाती है। थोड़ा सा भी प्रयास करने पर आपको हर व्यक्ति में कुछ-न-कुछ प्रशंसा करने योग्य मिल जाएगा। अगर आप स्वभाव से ही ऐसे हैं कि किसी की बड़ाई करना आपको पसंद नहीं तो आपको कुछ अधिक प्रयास करना होगा और अपनी स्वाभाविक प्रवृत्तियों से लड़ना होगा।

प्रशंसा का एक अनिवार्य तत्त्व यह भी है कि इसकी शुरुआत स्वयं करनी चाहिए। जैसे ही आप प्रशंसा करना प्रारंभ करते हैं, अप्रत्यक्ष रूप से आपकी प्रशंसा के बीज रोपे जा चुके होते हैं। प्रशंसा के पुष्पों की सुगंध बेहद मोहक है। वे काम, जो हमारे खजाने, सिफारिश तथा प्रभाव से नहीं हो पाते, प्रशंसा के दो शब्दों से सिद्ध हो जाते हैं। इस दुनिया में हर व्यक्ति का कार्य किसी

दूसरे पर निर्भर है। प्रत्येक कार्य कोई भी व्यक्ति स्वयं नहीं कर सकता। उसके लिए उसे और लोगों के स्नेह, सहयोग व सहानुभूति की आवश्यकता होती है। साथी-सहयोगियों से काम लेने के लिए उन्हें साथ लेकर चलना बेहद जरूरी है। यदि साथी-सहयोगी कार्य करने में सक्षम नहीं हैं तो कार्य की गति धीमी तथा गुणवत्ता के ग्राफ में गिरावट तय है; उत्साह समाप्त होता जाता है, सो अलग।

प्रशंसा, पुरस्कार अथवा किसी और तरह से उन्हें प्रोत्साहित किया जा सकता है। यही माहौल कार्यालय या घर में भी बनाया जा सकता है। इसका एक फायदा यह भी होगा कि संबंधित व्यक्ति स्वयं को साबित करने के लिए अपनी प्रतिभा व क्षमता का पूरा प्रयोग करेगा। परिणामस्वरूप कार्य की क्वालिटी तथा क्वांटिटी में निश्चित रूप से इजाफा होगा। डर या दबाव में आकर व्यक्ति काम को औपचारिकतावश तो पूर्ण कर सकता है, लेकिन कभी भी अपना सर्वश्रेष्ठ नहीं दे सकता। इसके लिए हमें प्रशंसा रूपी रामबाण का सहारा लेना होगा।

प्रसन्न रहना स्वास्थ्य की दृष्टि से भी महत्त्वपूर्ण है। प्रसन्न रहनेवालों के मुकाबले निराशावादी लोग शीघ्र रोगग्रस्त होते हैं। ऐसे लोग अपने मानसिक तनाव के कारण स्वयं तो दुःखी होते ही हैं, अपने परिवार के सदस्यों तथा अपने अधीनस्थ कर्मचारियों को भी अपने व्यवहार से दुःखी कर देते हैं, जबकि आशावादी के साथ अच्छे लोगों की टीम थोड़े प्रयत्न से बन जाती है।

प्रसन्न रहना स्वास्थ्य की दृष्टि से भी महत्त्वपूर्ण है। प्रसन्न रहनेवालों के मुकाबले निराशावादी लोग शीघ्र रोगग्रस्त होते हैं। ऐसे लोग अपने मानसिक तनाव के कारण स्वयं तो दुःखी होते ही हैं, अपने परिवार के सदस्यों तथा अपने अधीनस्थ कर्मचारियों को भी अपने व्यवहार से दुःखी कर देते हैं, जबकि आशावादी के साथ अच्छे लोगों की टीम थोड़े प्रयत्न से बन जाती है। ऐसी टीम बनाकर वे बड़े-से-बड़ा कार्य कर डालते हैं। ऐसे लोग अपने दृढ़ संकल्प, कठोर श्रम एवं आत्मविश्वास से जीवन में जिस वस्तु

को पाना चाहते हैं, पा ही लेते हैं। ऐसे लोगों के निर्णय अपने स्व-विवेक पर आधारित होते हैं। वे सुनते तो सभी की हैं, किंतु करते अपने मन की हैं।

प्रसन्न वाणी हमारे मन-मस्तिष्क एवं स्वास्थ्य की आधारशिला है, जबकि अप्रसन्न वाणी हमारी मानसिक व शारीरिक व्याधियों की जन्मदात्री है। हमारे प्राचीन धर्मग्रंथों में शास्त्र-सम्मत वचनों के उपयोग को सम्यक् योग्य तथा शास्त्रों के विपरीत बोलने को वाणी का असम्यक् योग्य कहा गया है।

प्रसन्नचित्त रहना आपका जन्मसिद्ध अधिकार है। आप अपने स्वामी स्वयं हैं। अत: जैसे जीवन को बनाना चाहेंगे, प्रसन्नचित्त रहकर बना सकते हैं। प्रसन्नता ऐसा आधारभूत गुण है, जिसके बिना व्यक्ति चाहकर भी आशावादी नहीं बन सकता है। जब हम सकारात्मक सोचेंगे तो विनम्रता और प्रसन्नता जैसे गुणों को अपने भीतर विकसित कर पाएँगे।

प्रसन्नता कहीं नहीं मिलती, प्रसन्न हुआ जाता है। प्रसन्नता चुनी जाती है। स्वयं आशा को प्रसन्नता का एक रूप कहा जाता है। जब हम ऊब जाते हैं तो मनोरंजन से प्रसन्नता मिलती है। बहुत ज्यादा मनोरंजन ऊबा देता है तो काम से प्रसन्नता मिलती है। कहा जाता है कि योग में एक ऐसी स्थिति आती है, जब अनंत प्रसन्नता मिल जाती है। मोक्ष को भी चरम प्रसन्नता की प्राप्ति कहा जाता है।

प्रसन्नता कहीं नहीं मिलती, प्रसन्न हुआ जाता है। प्रसन्नता चुनी जाती है। स्वयं आशा को प्रसन्नता का एक रूप कहा जाता है। जब हम ऊब जाते हैं तो मनोरंजन से प्रसन्नता मिलती है। बहुत ज्यादा मनोरंजन ऊबा देता है तो काम से प्रसन्नता मिलती है। कहा जाता है कि योग में एक ऐसी स्थिति आती है, जब अनंत प्रसन्नता मिल जाती है। मोक्ष को भी चरम प्रसन्नता की प्राप्ति कहा जाता है।

प्रसन्नता का वास्तविक स्वरूप क्या है? इस पर गहराई से विचार करने की आवश्यकता है। लोगों में अधिकतर एक सामान्य धारणा यह रहा करती

है कि यदि उनके पास अधिक पैसा हो, साधन-सुविधाएँ हों तो वे प्रसन्न रह सकते हैं। ऐसी धारणाओं वाले लोग सदैव साधन-सुविधाओं के लिए रोते-रिरियाते रहने के बजाय एक बार दृष्टि उठाकर उन लोगों की ओर क्यों नहीं देखते कि प्रचुरता से परिपूर्ण होने पर भी क्या वे सुखी हैं, प्रसन्न व संतुष्ट हैं? यदि धन-दौलत एवं साधन-सुविधाएँ ही प्रसन्नता की हेतु होतीं तो संसार का हर धनवान् अधिक-से-अधिक सुखी और संतुष्ट होता; किंतु ऐसा कहाँ है! इससे स्पष्ट है कि वैभव और विभूति वास्तविक प्रसन्नता के कारण नहीं हैं। प्रसन्नता-प्राप्ति का हेतु मानकर इन भौतिक विभूतियों के लिए रोते-मरते रहना बुद्धिमानी नहीं है।

प्रसन्नता कोई ऐसी चीज नहीं है, जिसे आप भविष्य के लिए टाल दें या यह कुछ ऐसा है, जिसे आप वर्तमान के लिए डिजाइन करते हैं। प्रसन्नता कोई ऐसी वस्तु नहीं, जिसका पीछा करने की जरूरत है। वह तो अवसर आने पर स्वयं ही आकर मनो-मंदिर में हँसने लगती है। उसके आने का एक अवसर तो यही होता है, जब हम उसको पाने के लिए कम-से-कम लालायित, व्यग्र और चिंतित होते हैं।

प्रसन्नता कोई ऐसी चीज नहीं है, जिसे आप भविष्य के लिए टाल दें या यह कुछ ऐसा है, जिसे आप वर्तमान के लिए डिजाइन करते हैं। प्रसन्नता कोई ऐसी वस्तु नहीं, जिसका पीछा करने की जरूरत है। वह तो अवसर आने पर स्वयं ही आकर मनो-मंदिर में हँसने लगती है। उसके आने का एक अवसर तो यही होता है, जब हम उसको पाने के लिए कम-से-कम लालायित, व्यग्र और चिंतित होते हैं।

प्रसन्नता कोई पहले से निर्मित वस्तु नहीं है। वह आपके कर्मों से आती है। प्रसन्नता कोई लक्ष्य नहीं है, बल्कि उप-उत्पाद है। जो व्यक्ति हर कार्य को प्रसन्नतापूर्वक करता है, वह संजीवनी की ऊर्जा से भरा रहता है। उसके पास दु:खी रहने के लिए वक्त नहीं होता। इसलिए जो भी कार्य करें, उसमें प्रसन्नता ढूँढ़ें।

प्रसन्नता संजीवनी है। हँसना परमात्मा-प्रदत्त औषधि है। हँसने से दिल की धड़कन बढ़ती है, फेफड़ों में स्वच्छ वायु जाती है। खूब जोर-जोर से हँसने से चेहरे और मस्तिष्क में रक्त-प्रवाह तेज होता है तथा चेहरे पर लालिमा व निखार आता है, बुद्धि तीव्र होती है। उस दिन को बेकार समझो, जिस दिन तुम खुलकर न हँसे। प्रसन्नता हम पर ही निर्भर करती है।

प्रसन्नता-प्राप्ति का मुख्य रहस्य यह है कि मनुष्य अपने लिए सुख की कामना छोड़कर अपना जीवन दूसरों की प्रसन्नता में नियोजित करे। दूसरों को प्रसन्न करने के प्रयत्न में जो कष्ट प्राप्त होता है, वह भी प्रसन्नता ही देता है। छोटा-मोटा कष्ट तो दूर, देशभक्त तथा अनेक परोपकारियों ने अपने प्राण देकर भी अनिर्वचनीय प्रसन्नता प्राप्त की है। इतिहास ऐसे बलिदानियों से भरा पड़ा है कि जिस समय उनको मृत्यु-वेदी पर प्राण-हरण के लिए लाया गया, उस समय उनके मुख पर जो आह्लाद, जो तेज, जो मुसकान और जो प्रसन्नता देखी गई, वह काल के अनंत पृष्ठ पर स्वर्णाक्षरों में अंकित हो गई। प्रसन्नतापूर्ण व्यवहार हमारे भरे-पूरे व्यक्तित्व का परिचय देता है, जबकि झल्लाहट और खीझ इस बात को प्रकट करते हैं कि हम सामनेवाले से व्यवहार रखना नहीं चाहते।

प्रसन्नता-प्राप्ति का मुख्य रहस्य यह है कि मनुष्य अपने लिए सुख की कामना छोड़कर अपना जीवन दूसरों की प्रसन्नता में नियोजित करे। दूसरों को प्रसन्न करने के प्रयत्न में जो कष्ट प्राप्त होता है, वह भी प्रसन्नता ही देता है। छोटा-मोटा कष्ट तो दूर, देशभक्त तथा अनेक परोपकारियों ने अपने प्राण देकर भी अनिर्वचनीय प्रसन्नता प्राप्त की है।

□

18

जीवन-संग्राम के जोखिम

बहुत सी परिस्थितियों पर हमारा कोई वश नहीं होता, परंतु फिर भी उम्मीद की ज्योति हमारे चुनौती-पथ को प्रकाशित करती रहती है। स्थितियाँ कितनी भी नकारात्मक क्यों न हों, हमें उनमें उज्ज्वल पक्ष खोज निकालना ही चाहिए। जीवन-संग्राम के विस्तारित अध्यायों पर गौर करें तो स्पष्ट होता है कि जो लोग किसी भी तरह की आस्था को जिंदा रखते हैं, वे बुरी-से-बुरी परिस्थितियों को हँसते-हँसते झेल जाते हैं।

बहुत बार आपने देखा होगा कि मेलों में लोग मौत के कुएँ में मोटर साइकिल चलाते हैं। कैसे? आत्मविश्वास के कारण। कई लोग मौत के कुएँ में स्वयं को आग की भेंट चढ़ाकर छलाँग लगाते हैं। कैसे? क्योंकि उनमें पूर्ण आत्मविश्वास होता है कि वे यह कार्य अवश्य कर लेंगे। उन्होंने टाइम को मैनेज कर लिया है। उन्हें मालूम है कि एक पल की भी चूक उनकी मौत का कारण बन सकती है।

बहुत से मनोवैज्ञानिकों का मानना है कि व्यक्तित्व-निर्माण तथा आत्मविश्वास के उन्नयन में अर्जित व अनर्जित—दोनों कारकों की महत्त्वपूर्ण भूमिका होती है। भले ही हम अर्जित कारकों को ज्यादा सामाजिक महत्त्व देते हैं, लेकिन फिर भी ये दोनों कारक पूर्णतया अलग नहीं हैं।

बहुत से लोग अभी तक यह सोचते हैं कि व्यक्तित्व का संबंध व्यक्ति के शारीरिक बनाव-ठनाव से है। अगर कोई व्यक्ति तंदुरुस्त हो और अच्छे कपड़े पहने हुए हो तो कहा जाता है कि उस पुरुष/महिला का व्यक्तित्व बढ़िया है। लेकिन यह कोई विवेकपूर्ण दृष्टिकोण नहीं है। यदि व्यक्ति का

आंतरिक व्यक्तित्व कमजोर हो तो उसके बोलने या उसके व्यवहार से जल्दी ही उसकी असलियत खुल जाएगी। ऐसा व्यक्ति दूसरों पर कोई अमिट छाप नहीं छोड़ सकता। जीविका की सीढ़ी पर ऊपर चढ़ना बहुत कठिन कार्य हो जाता है। अतः किसी भी व्यक्ति को अंदरूनी और बाहरी—दोनों व्यक्तित्वों को सुदृढ़ किया जाना चाहिए।

बहुत से लोग जीवन-संग्राम में जूझने से पूर्व ही हथियार डाल देते हैं। ऐसे लोग घोर निराशावादी होते हैं। वे खेलने से पूर्व ही हार जाते हैं। सुकरात कहा करते थे—निराशा जब चरम सीमा पर पहुँच जाती है, तब हमारी जीभ बंद हो जाती है। जो अपना सामर्थ्य एवं क्षमता प्रदर्शित करने से पूर्व ही अपने को पराजित महसूस कर लेते हैं, उन्हें दुनिया की कोई भी ताकत विजयी नहीं बना सकती।

बहुत से लोग जीवन-संग्राम में जूझने से पूर्व ही हथियार डाल देते हैं। ऐसे लोग घोर निराशावादी होते हैं। वे खेलने से पूर्व ही हार जाते हैं। सुकरात कहा करते थे—निराशा जब चरम सीमा पर पहुँच जाती है, तब हमारी जीभ बंद हो जाती है। जो अपना सामर्थ्य एवं क्षमता प्रदर्शित करने से पूर्व ही अपने को पराजित महसूस कर लेते हैं, उन्हें दुनिया की कोई भी ताकत विजयी नहीं बना सकती।

बहुत से लोग, जो अपने-अपने क्षेत्रों में सिरमौर होते हैं, लेकिन जब बोलते हैं तो कोई भी प्रभावित नहीं होता। ऐसा इसलिए होता है कि कुछ बोलने या लिखने से पहले लोग सोचने या तैयारी करने की कोई जरूरत नहीं समझते।

बहुत थोड़े लोग ही ऐसे होते हैं, जिन्हें हर चीज वरदान के तौर पर मिलती है और साथ ही मेधा भी। बहुत महान् लोग अपने को लेकर हमेशा सजग रहते हैं। वे अपनी प्रतिभा को लेकर सजग रहते हैं। वे आत्मविश्वास को लेकर भी सजगता बरतते हैं। वे किसी जगह अपने कौशल को लेकर कमी महसूस करते हैं तो उसे दूसरी बातों से पूरा करने की कोशिश करते हैं।

बाधाओं पर जीत

बाधाओं पर विजय पाने के लिए हमें एक गुरुतर व्यवस्था निर्मित करनी होती है। यह नहीं समझना चाहिए कि सिर्फ दृढ़ इच्छा-शक्ति के सहारे ही हम सफलता अर्जित कर लेंगे। दृढ़ इच्छा-शक्ति सफलता की कुंजी अवश्य है, परंतु उस कुंजी को साफ करना, उसे ताले में लगाने और घुमाने का हुनर भी हमें आना चाहिए। रास्ते में आनेवाली रुकावटों को दूर करके ही हम अपनी मंजिल तक पहुँच सकते हैं। प्रतिकूल व्यवस्था को अनुकूल बनाने के लिए ज्ञान और विवेक की आवश्यकता है। राह में यदि काँटे बिछे हों तो विवेक कहता है कि उन्हें हटा दो, जला दो या जमीन में गाड़ दो; उन काँटों पर पाँव रखकर व्यर्थ में खून बहाने से क्या लाभ? प्रतिकूलता का अभाव हुए बिना अनुकूलता नहीं आ सकती। जब तक अनुकूलता उत्पन्न नहीं होगी, तब तक मार्ग में आगे बढ़ना नहीं हो सकता। प्रतिकूलता अनुकूलता में तभी परिवर्तित हो सकती है, जब हमारे द्वारा किए जानेवाले कार्य विवेक और ज्ञान से परिपूर्ण हों। आँखों पर पट्टी बाँधकर भागने से रास्ता तय नहीं होता। विवेक और ज्ञान की ज्योति के साथ अंधकारपूर्ण पथ पर भी उपलब्धियों के दीप जलाए जा सकते हैं। विवेक और ज्ञान के साथ उद्यम से मार्ग में खड़ा पहाड़ हटाया जा सकता है या उस पर मार्ग निकाला जा सकता है। लेकिन उस पर्वत से सिर टकराने से कोई लाभ नहीं, जहाँ मार्ग नहीं बन सकता।

बाधाओं पर विजय पाने के लिए हमें एक गुरुतर व्यवस्था निर्मित करनी होती है। यह नहीं समझना चाहिए कि सिर्फ दृढ़ इच्छा-शक्ति के सहारे ही हम सफलता अर्जित कर लेंगे। दृढ़ इच्छा-शक्ति सफलता की कुंजी अवश्य है, परंतु उस कुंजी को साफ करना, उसे ताले में लगाने और घुमाने का हुनर भी हमें आना चाहिए। रास्ते में आनेवाली रुकावटों को दूर करके ही हम अपनी मंजिल तक पहुँच सकते हैं।

बड़ों का कहना है कि यदि आपके बारे में कोई बात कही जाती है और उसमें अगर सत्यता हो तो सबसे पहले हमें अपने आप में सुधार करना चाहिए। यदि यह असत्य हो तो इसे हँसकर टाल देना चाहिए। जब हताशा से भरे लोग आप पर बार-बार हमला करते हों तो ऐसी स्थिति में खुद पर काबू करना मुश्किल हो जाता है, एकाग्रचित्त और उत्साहित रहना भी कठिन हो जाता है। विभिन्न तरह के लोग अपने द्वारा किए गए व्यवहार या असहयोगात्मक शब्दों के प्रति अलग-अलग सिद्धांत अपनाते हैं। यह सोचना अव्यावहारिक ही होगा कि आपके सपने को पूरा करने में सभी लोग आपकी सहायता करेंगे। जरूरी यह है कि आप किसी से सहयोग न मिलने की स्थिति के लिए सदा तैयार रहें।

भय व चिंता से बचें। भय व चिंता की भावना हमारे अवचेतन मन को कार्य करने से रोक देती है। जिस कार्य को हम पूर्ण करना चाहते हैं, उसके संबंध में हमारी यह चिंता कि यह कार्य पूर्ण होगा या नहीं, हमारे उस कार्य के पूर्ण होने में बाधक बन जाया करती है; क्योंकि जिस समय मन में संदेह बस जाता है, उस समय उससे कोई भी रचनात्मक कार्य प्रभावशाली ढंग से नहीं हो सकता है।

भय व चिंता से बचें

भय व चिंता से बचें। भय व चिंता की भावना हमारे अवचेतन मन को कार्य करने से रोक देती है। जिस कार्य को हम पूर्ण करना चाहते हैं, उसके संबंध में हमारी यह चिंता कि यह कार्य पूर्ण होगा या नहीं, हमारे उस कार्य के पूर्ण होने में बाधक बन जाया करती हैं; क्योंकि जिस समय मन में संदेह बस जाता है, उस समय उससे कोई भी रचनात्मक कार्य प्रभावशाली ढंग से नहीं हो सकता है। हमें चाहिए कि हम भय को तुरंत त्याग दें, क्योंकि वह हमारे सामने उसी संकट को ला खड़ा करता है, जिससे हम भयभीत रहते हैं। भय हमारी संकट-निरोधक शक्ति को क्षीण करता है, उसकी कमर तोड़ देता है। हमें

जिस चिंतन की आवश्यकता है, वह उसकी शक्ति को कमजोर कर देता है। जब तक मन अशांत है, तब तक वह कभी भी प्रभावशाली ढंग से नहीं सोच सकता है। वह किसी भी रचनात्मक विचार या कार्य को जन्म नहीं दे सकता। भय स्वाभाविक रूप से हमारे मनन या चिंतन करने की प्रक्रिया को भी निष्क्रिय बनाता है और हमारी शक्ति को भी कम करता है।

भय की आशंका चिंता को जन्म देती है। कहीं ऐसा न हो जाए, वैसा न हो जाए, उधर कोई है, उसने ऐसा कहा आदि-आदि विचार चिंता के मुख्य कारण हैं। मनुष्य का कोई कार्य न होने पर या कोई अन्य कारण से वह चिंताग्रस्त हो जाता है। धीरे-धीरे चिंता उसे अनेक रोगों; जैसे—रक्तचाप व हृदयाघात आदि से जकड़ लेती है, जो मनुष्य की सफलता के लिए घातक होते हैं। चिंता को ढूँढ़ने के लिए मनुष्य को कहीं जाना नहीं पड़ता, बल्कि यह कहें कि चिंता अपने शिकार को स्वयं ढूँढ़ लेती है। मनुष्य चिंता के अनेकानेक कारण बना लेता है। घर-परिवार की चिंता, बच्चे की बीमारी, पढ़ाई आदि की चिंता, नौकरी की चिंता, शादी की चिंता, धन की कमी; आस-पड़ोस सुखी है, उसे लेकर चिंता, सफेद होते बालों की चिंता, वृद्धावस्था की चिंता आदि-आदि। मनुष्य पग-पग पर चिंता के कारण बना लेता है और उन्हें जबरदस्ती गले लगाकर बैठ जाता है, स्वयं को भ्रम और भय की स्थिति में रखता है।

भय की आशंका चिंता को जन्म देती है। कहीं ऐसा न हो जाए, वैसा न हो जाए, उधर कोई है, उसने ऐसा कहा आदि-आदि विचार चिंता के मुख्य कारण हैं। मनुष्य का कोई कार्य न होने पर या कोई अन्य कारण से वह चिंताग्रस्त हो जाता है। धीरे-धीरे चिंता उसे अनेक रोगों; जैसे—रक्तचाप व हृदयाघात आदि से जकड़ लेती है, जो मनुष्य की सफलता के लिए घातक होते हैं।

भय मूर्खता है। भय से डरने पर भय और बढ़ता है। उससे लड़ने पर भय दूर भागता है। मन को स्थिर रखकर अपने आत्मज्ञान से विपदाओं

को दूर भगाएँ। जो ऐसा करता है, वही सफलता प्राप्त करता जाता है। अब साहस भी कहाँ से प्राप्त करें? जब आप एक बार साहस करके कोई कठिन कार्य करते हैं तो आपका जितना साहस था, वह दुगुना हो जाता है।

भविष्य के भय में खुद को मत डुबोइए; अभी जो पल मिला है, उसमें जिएँ। इच्छा-शक्ति, वीरता, साहस, उद्यम ऐसे गुण हैं, जिनसे शत्रु डर जाते हैं और हमारे मार्ग में रुकावट डालते-डालते परेशान हो उठते हैं। मगर कई लोग कठिनाइयों और नाकामियों का सामना करने के लिए तैयार नहीं होते, क्योंकि उन्होंने कभी किसी काम में डटे रहने की इच्छा-शक्ति ही विकसित नहीं की होती। इसलिए नाकामी हाथ लगने पर वे बहुत जल्दी हथियार डाल देते हैं। लेखक मोरली कालाघन कहते हैं, "नाकाम होने पर कई लोग इस तरह व्यवहार करते हैं, जिससे वे खुद को बहुत हानि पहुँचाते हैं। वे खुद पर तरस खाने लगते हैं, सभी को दोषी ठहराते हैं, अपना मन खट्टा कर लेते हैं और हार मान लेते हैं।" मन के मते न चालिए, पलक-पलक मन और।

भविष्य के भय में खुद को मत डुबोइए; अभी जो पल मिला है, उसमें जिएँ। इच्छा-शक्ति, वीरता, साहस, उद्यम ऐसे गुण हैं, जिनसे शत्रु डर जाते हैं और हमारे मार्ग में रुकावट डालते-डालते परेशान हो उठते हैं। मगर कई लोग कठिनाइयों और नाकामियों का सामना करने के लिए तैयार नहीं होते, क्योंकि उन्होंने कभी किसी काम में डटे रहने की इच्छा-शक्ति ही विकसित नहीं की होती।

मन एवं अनुशासन

मन को अनुशासन पसंद नहीं है और अनुशासन के प्रयासों का वह प्रतिरोध करेगा। उसे किसी भी दूसरी चीज से आजादी अधिक पसंद है और उसे अनुशासन में लाने के लिए आपके किसी भी प्रयास में वह बाधा डालेगा, जो वह हर हालत में कर सकता है। यह आपको अभ्यास करना

भुलाने की चेष्टा करेगा, आपको ललचाएगा कि आप अभ्यास टाल दें या फिर आपको आलसी बनाएगा। यह आपको रोकने और परेशान करने के लिए अनेक दाँव-पेंच अपनाएगा; लेकिन आप अधिक शक्तिशाली हो सकते हैं और अवश्य होना चाहिए। हमेशा याद रखें कि पसंद आपकी है। आप मन का दास होना चाहेंगे या उसके स्वामी?

मन को यदि झील की उपमा दी जाए तो उसमें उठनेवाली प्रत्येक लहर, प्रत्येक तरंग जब दब जाती है तो वास्तव में वह बिल्कुल नष्ट नहीं हो जाती, वरन् चित्त में एक प्रकार का चिह्न छोड़ जाती है तथा ऐसी संभावना का निर्माण कर जाती है, जिससे वह लहर दोबारा फिर से उठ सके। हमारा प्रत्येक कार्य, प्रत्येक अंग-संचलन, प्रत्येक विचार हमारे चित्त पर इसी प्रकार का एक संस्कार छोड़ जाता है; और हालाँकि ये संस्कार ऊपरी दृष्टि से स्पष्ट न हों, फिर भी ये अज्ञात रूप से अंदर-ही-अंदर कार्य करने में विशेष प्रबल होते हैं।

मन को यदि झील की उपमा दी जाए तो उसमें उठनेवाली प्रत्येक लहर, प्रत्येक तरंग जब दब जाती है तो वास्तव में वह बिल्कुल नष्ट नहीं हो जाती, वरन् चित्त में एक प्रकार का चिह्न छोड़ जाती है तथा ऐसी संभावना का निर्माण कर जाती है, जिससे वह लहर दोबारा फिर से उठ सके। हमारा प्रत्येक कार्य, प्रत्येक अंग-संचलन, प्रत्येक विचार हमारे चित्त पर इसी प्रकार का एक संस्कार छोड़ जाता है; और हालाँकि ये संस्कार ऊपरी दृष्टि से स्पष्ट न हों, फिर भी ये अज्ञात रूप से अंदर-ही-अंदर कार्य करने में विशेष प्रबल होते हैं।

मन में इस प्रकार के बहुत से संस्कार पड़ने पर वे इकट्ठे होकर आदत या अभ्यास के रूप में परिणत हो जाते हैं। कहा जाता है, आदत द्वितीय स्वभाव है। पर यही नहीं, वह प्रथम स्वभाव भी है और मनुष्य का सारा स्वभाव है। हमारा अभी जो स्वभाव है, वह पूर्ण अभ्यास का फल है। यह जान सकने से कि सबकुछ आदत का

ही फल है, मन को सांत्वना मिलती है; क्योंकि यदि हमारा वर्तमान स्वभाव केवल अभ्यासवश हुआ हो तो हम चाहें तो किसी भी समय उस अभ्यास को नष्ट भी कर सकते हैं। बुरी आदत का एकमात्र प्रतिकार है उसकी विपरीत आदत। सभी खराब आदतें अच्छी आदतों द्वारा वशीभूत की जा सकती हैं। सतत अच्छे कार्य करते रहें और सदा पवित्र विचार मन में सोचा करें। चरित्र बस, पुनः-पुनः अभ्यास की समष्टि मात्र है और इस प्रकार का पुनः-पुनः अभ्यास ही चरित्र का पुनर्गठन कर सकता है।

मन में किसी कार्य को करने के लिए उस कार्य के प्रति एक कल्पना, विचार आदि उत्पन्न होते हैं कि किस प्रकार हम यह कार्य कर सकते हैं? अब ये विचार मन में कैसे आएँ? आत्मविश्वास से। जब तक किसी व्यक्ति में आत्मविश्वास नहीं होगा, उसके मन में उस कार्य की ठोस कल्पना नहीं बन सकती, जिससे वह उस कार्य को सुगमता से कर सके। मन-ही-मन घुटते रहने की बजाय किसी ऐसे व्यक्ति से अपने हृदय की पीड़ा या द्वंद्व को प्रकट कर दें, जिसे आप अपना विश्वासपात्र मानते हों।

मन में किसी कार्य को करने के लिए उस कार्य के प्रति एक कल्पना, विचार आदि उत्पन्न होते हैं कि किस प्रकार हम यह कार्य कर सकते हैं? अब ये विचार मन में कैसे आएँ? आत्मविश्वास से। जब तक किसी व्यक्ति में आत्मविश्वास नहीं होगा, उसके मन में उस कार्य की ठोस कल्पना नहीं बन सकती, जिससे वह उस कार्य को सुगमता से कर सके। मन-ही-मन घुटते रहने की बजाय किसी ऐसे व्यक्ति से अपने हृदय की पीड़ा या द्वंद्व को प्रकट कर दें, जिसे आप अपना विश्वासपात्र मानते हों।

यदि आपने ये सभी कदम सफलतापूर्वक उठा लिये हैं, तब इस बात की पक्की संभावना है कि आप पहले से ही उत्साह से भरे हुए हैं और अपने लक्ष्य की दिशा में बढ़ने के लिए फड़फड़ा रहे हैं। आप इस संबंध में

वस्तुतः कठिन परिश्रम करने के लिए तैयार होंगे; रात को देर तक जागेंगे, सुबह जल्दी उठकर पुनः उस पर कार्य करेंगे। इसके बारे में आप खुद को उच्चतम सीमा तक शिक्षित करने के इच्छुक होंगे। आप महसूस करेंगे कि इसके बारे में जब आप सोचते हैं, आपकी उमंग आपकी नसों से छलकी पकड़ रही है। आप उन ऊँचाइयों को जीतने के लिए तैयार होंगे, जिन्हें हासिल करने के लिए आप बने थे।

□□□